本书获得四川省哲学社会科学重点研究基地——四川省犯罪防控研究中心立项资助

毒品犯罪刑事政策之反思与修正

DUPIN FANZUI XINGSHI ZHENGCE
ZHI FANSI YU XIUZHENG

张洪成 著

中国政法大学出版社

2017·北京

图书在版编目（CIP）数据

毒品犯罪刑事政策之反思与修正/张洪成著. —北京：中国政法大学出版社, 2017. 10

ISBN 978-7-5620-7835-7

Ⅰ. ①毒… Ⅱ. ①张… Ⅲ. ①毒品—刑事犯罪—刑事政策—研究—中国 Ⅳ. ①D924. 364

中国版本图书馆CIP数据核字 (2017) 第264536号

出　版　者	中国政法大学出版社
地　　　址	北京市海淀区西土城路 25 号
邮寄地址	北京 100088 信箱 8034 分箱　邮编 100088
网　　　址	http://www.cuplpress.com (网络实名：中国政法大学出版社)
电　　　话	010−58908586(编辑部) 58908334(邮购部)
编辑邮箱	zhengfadch@126.com
承　　　印	北京九州迅驰传媒文化有限公司
开　　　本	880mm × 1230mm　1/32
印　　　张	8
字　　　数	210 千字
版　　　次	2017 年 10 月第 1 版
印　　　次	2020 年 6 月第 2 次印刷
定　　　价	39.00 元

目 录 CONTENTS

引　言

　　当前，毒品问题深深困扰着各国政府，各国均根据本国国情采取多种措施来应对这种世界性的公害问题。我国是世界上受到毒品危害最为深重的国家之一，鸦片战争给中华民族带来的灾难，在每个民众的心中留下了深深的烙印。自清末开始对毒品实施管制以来，严厉惩处毒品犯罪就一直是我国禁毒的主旋律，但受动荡的社会形势的影响，直至新中国成立前，我国的禁毒在政策、立法层面虽然遵循严厉禁毒的指导思想，但是实际的执法、司法却多与这一思想相悖离，使得毒品违法犯罪问题不但未能得到有效的遏制，反而呈现愈演愈烈之势。到新中国成立之前，我国的毒品问题更是令人触目惊心。据统计，当时的吸毒人数占到了全国总人口的5%，毒品犯罪人数更是数不胜数。毒品的泛滥不仅对国民的身心健康造成了严重的危害，也对社会治安秩序、经济秩序构成了严重的威胁。为了国家、社会的稳定与发展，为了国民的身心健康，新中国将禁毒活动与革命运动相结合，采取了严厉的禁毒政策，开展了轰轰烈烈的禁毒人民战争。在各种综合措施的作用下，新中国成立后的三年就禁绝了毒品，从而为我国在国际上赢得了"无毒国"的美誉。此后相当长的一段时间内，我国的毒品犯罪形势处于相对比较平稳的状态。

20 世纪 80 年代，伴随着我国改革开放的实施和深入发展，与我国毗邻的金三角地区毒品开始逐步渗透进我国，加之巨额经济利益的刺激，毒品问题在我国死灰复燃，并在此后的几十年逐步呈大蔓延之势。20 世纪 90 年代以来的相关统计数据表明，我国每年的吸毒人数、毒品犯罪案件数、毒品犯罪人数等均呈高速增长态势。在这样的背景下，国家对毒品犯罪问题一直保持高度关注的态度，并切实采取各种措施进行毒品犯罪的打击与整治。

通过对禁毒政策演变的历史考察可以发现，厉行禁毒是我国一贯的国策，这一问题甚至被上升到国家基本战略的高度。在这一指导思想下，严厉打击毒品犯罪就是历届政府的基本政策。从一百多年的禁毒历程看，这一政策虽然在不同的历史时期存在一定的偏离或者曲折，但其总体趋势并未发生变化，只是具体的治理效果存在巨大差别。自改革开放以来，伴随着国家社会治安秩序的恶化，党和政府相继发动了三次"严打"专项行动，这也深深地影响了我国毒品犯罪刑事政策的制定与执行。虽然改革开放初期的毒品犯罪被归类为经济犯罪，后来又被划归为妨害社会管理秩序的犯罪，但无论是经济秩序，还是社会管理秩序，都是国家基本秩序的重要内容，因此，毒品犯罪也一直被视为应当严厉打击的行为之一。这一基本思想直接导致我国对毒品犯罪治理，选择了"严打"的刑事政策。相应地，我国的刑事立法、司法也作出了回应：立法上，逐步增加毒品犯罪的罪名、降低毒品犯罪的入罪门槛、提升毒品犯罪的法定刑、增设毒品犯罪从重处罚的情节等；司法上，多次重申毒品犯罪应当贯彻"严打"的刑事政策、降低毒品犯罪主观明知的认定标准、强化毒品犯罪死刑适用的严刑立场、肯定诱惑型特殊侦查措施的合法性等。

进入 21 世纪，随着我国法治的发展，毒品犯罪的刑事治理被进一步纳入法治化的轨道。为了充分保障公民的人身、自由权利，国家提出了宽严相济的刑事司法政策，而这后来也发展为我国犯罪治理过程中的基本刑事政策，用以指导刑法立法、司法、执法等各个方面。毒品犯罪的刑事政策自然应当受到这一基本刑事政策的指导与制约。于是，在司法过程中，毒品犯罪"严打"政策出现了一定的缓和，尤其是在相关的司法解释、最高人民法院发布的毒品犯罪会谈纪要等规范性文件中，均多次强调了毒品犯罪的刑事司法要贯彻宽严相济的刑事政策。但从实质上看，毒品犯罪的刑事政策仍然保持了"严打"的惯性，尤其是在立法上，不但未进行任何从轻处罚的法律修订，相反，在 2015 年还通过《刑法修正案（九）》进一步扩大了毒品犯罪的犯罪圈。而在司法上，虽然强调了要进行一定的从宽考量，并且制定了一些从宽处罚的基本规则，但"严打"的基本思维仍然贯穿在整个司法过程，这从毒品犯罪重刑率平均高于一般刑事案件 10% 左右的数据可见一斑。从当前世界性刑事法治的发展趋势看，这是不合时宜的。尤其是在国际性的文件已经明确毒品犯罪属于非暴力犯罪的前提下，对其过多地判处死刑、无期徒刑等刑罚，更是与世界性的非暴力犯罪废除死刑、刑罚轻缓化等刑罚发展趋势相背离。

在我国法治发展完善的过程中，理性认识毒品及毒品犯罪，修正毒品犯罪的刑事政策就显得极为重要。笔者认为，应当确立一个以"宽严相济刑事政策"为指导的毒品犯罪刑事政策，这一刑事政策，必须在刑事立法、司法过程中得到充分的体现与贯彻。其基本思路为：宽严相济的刑事政策应当制约毒品犯罪的具体刑事政策，严打的刑事政策必须受到宽严相济刑事政策的制约；在毒品犯罪的治理过程中，必须看到刑法的最后性、补充性特质，综合运用前刑法手段对相关涉毒行为进行管控，只有在相关的行政管理、治安处罚等手段不能有效遏制时，才可以考虑刑法的介入；在具体措施上，应当通过立法、司法的方式贯彻以"宽严相济刑事政策"为指导的毒品犯罪刑事政策。前者如取消运输型毒品犯罪的独立罪名地位，对容留他人吸毒罪进行"以营利为目的"的主观限缩，完善毒品犯罪的财产性配置；后者如慎重使用主观明知的推定规则，严格限制毒品犯罪死刑的适用，重新审视作为毒品犯罪从重处罚情节的毒品再犯问题，理智处理毒品犯罪中毒品纯度与数量的关系等。

可以预见，毒品违法犯罪问题在我国今后的相当长一段时间内仍将快速发展，我国对毒品犯罪严厉打击的刑事政策亦仍将继续，但在宽严相济基本刑事政策的制约下，严打政策将会变得逐步理性，"以宽济严"必将成为常态，但针对较为严重的走私、贩卖、制造毒品等严重毒品犯罪行为，在当前的社会现实下，仍应进行严厉惩处。随着刑法理论的深入发展、刑事政策理论与实务的进一步科学完善，在国家、社会与民众对毒品、毒品犯罪等的认识的逐步深入的基础上，毒品犯罪的死刑必将被大大限制，而司法上对毒品犯罪的限制，必将为立法上最终废止死刑提供必要的借鉴。

毒品犯罪刑事政策相关概念辨析

第一节　毒品的概念

　　正确界定毒品的概念，是进行毒品犯罪研究的先决条件，也是有效打击这一国际罪行的基础。只有构建合理的、能被人们普遍接受的毒品及毒品犯罪概念，才能真正实现国际禁毒合作。从相关涉毒行为的入罪来看，毒品犯罪是国家行政取缔措施在毒品这一特殊物质上的具体表现，故从自然犯与法定犯的区分标准看，毒品犯罪当属法定犯的范畴，而毒品的定义、范围乃至毒品犯罪内涵与外延的不断变更正是其表现形式之一，故无论是毒品还是毒品犯罪的范围，其变异性均比较大。正因为毒品的种类不断推陈出新，国家取缔的毒品范围不断变化，由此导致人们很难为毒品下一个非常确定的概念，因为概念的内涵一旦确定，势必使其外延相对固化，而现实中毒品种类及范围的变化又必然影响了概念的确定性，即便是一般的概念，我们也无法为其作出非常确定的界定，"过分强调确定性，有可能使我们崇拜一种难以容忍的刻板"[1]，但在特定的时期，作

---

〔1〕〔美〕本杰明·内森·卡多佐著，刘培峰、刘骁军译：《法律的生长》，贵州人民出版社 2003 年版，第 11 页。

出一个相对能为当代的理论及实践界普遍接受的定义却是理论研究者的神圣任务。

从毒品存在的时间看，实质意义上的毒品已经存在几千年，而从其历史看，现代意义上的毒品初始是作为药物或者其他无害化的物质出现并加以使用的，如在鸦片被作为毒品加以管制以前，其在很多地区被作为治疗腹泻的药物使用，即使现在，在一些边远地区，鸦片仍是人们治疗腹泻的必备品。而古柯等植物，在南美等地区，则一直是人们用于提神的草药，而且印第安人有咀嚼该物质以提神，甚至作为行军能量补充的必备品的习惯。即使现在，在很多南美的少数民族地区，咀嚼古柯叶仍然是居民的生活习惯。而在我国西南、西北一些边远的少数民族地区，使用大麻草、食用罂粟籽的行为仍然存在，这甚至已经作为部分地区民族的生活习惯，而成为其文化、生活的一部分。但按照现在的毒品目录，像鸦片、古柯等这些少数人作为生活习惯而使用的物质，无疑均属于毒品的范畴，由此，法律与传统、习惯就发生了冲突。因此，如何定义毒品，使其概念的内涵、外延能为社会公众所接受，并且充分地实现国家的刑事政策，就成为一个难度较大的课题。

从现代社会人们对毒品的界定来看，毒品是一个包含了价值判断的概念，"毒品不是一个无色无味的中性名称，而是含有贬义的僭越社会规范的用语"[1]。各国、各民族在社会规范认同上的差异，使得人们对毒品的认定范围存在较大差别，由此导致毒品犯罪认定上的分歧。人们对毒品的认识，存在着立足于其物质属性的事实概念与立足于价值判断的法律概念。

---

〔1〕 许桂敏："扩张的行为与压缩的解读：毒品犯罪概念辨析"，载《河南省政法管理干部学院学报》2008年第5期。

一、"毒品"的事实概念

"毒品"是汉语中约定俗成的专有名词，顾名思义就是能使人产生"毒瘾"的药品，其正式的名称应该是由"鸦片烟毒"的称谓演变而来的，是对能够使人形成瘾癖的麻醉药品和精神药品的统称。而罂粟、鸦片等物质在我国出现的早期，其名称也并非"毒品"，而是有其特殊的名称，如"阿芙蓉""阿片"等，这就说明毒品应当属于一个法律的、价值的概念，像"阿芙蓉""阿片""鸦片"等毒品并不因为其名称的改变而改变其毒品的本质属性。因此，按照"毒品"这个名词在我国出现的历史看，毒品的事实概念首先应当是对人体有害的，能使人形成瘾癖的药品或者其他物品。

而在国外，其语言中并没有"毒品"这个专有词汇，与毒品对应的词汇为"麻醉品和精神药物"。国际禁毒公约和正式的规范性文件均称之为"列入国际管制清单的麻醉品和精神药物"，以此为基础，多数国家也都直接采用此称谓。另外，也有一些国家在法律中采用专有名词来定义"列入国际管制清单的麻醉品和精神药物"，但与汉语中的毒品称谓一样，麻醉药品、精神药品在被命名为毒品以前，这些物质在各个国家、民族一般都具有自己的特定名称。

从多数"毒品"的医学属性看，"毒品"首先是一种药品，是用来防病、维护健康、治病或缓解病痛的物质之一。它能够恢复和维护病人一定程度的生理功能，使某些疾病的恶化过程减缓；可以延长生物体的寿命，或使人安乐死，或起到助产、节育等作用。如果对毒品不正确地使用或者滥用，那么，这种可以作为"药品"的物质便失去了医学上的含义和作用，逐渐被人们认为是"毒品"。

一位名叫莫德尔的西方学者于 1967 年曾给毒品下过这样的一个定义："毒品是由其化学特性改变现存生物体的结构或功能的任何物质。"[1]这项定义的中心内容是强调毒品具有活跃的化学成分，其基本功能是能够改变现存的生物体的结构或者功能，从而影响人类的肉体或精神行为。按照这一定义，不但非法的物质，如海洛因、大麻等，即使现存的合法物质，如酒精、烟草、咖啡、茶叶甚至食品等也都被看成了毒品，因为从化学、医学角度看，每一种物质都包含有活跃的化学成分，而且酒精、烟草、咖啡、茶叶等物质也具有改变生物体结构或者功能的作用，这也是毒品的本质属性的表现。但从现代各国的立法看，几乎没有哪个国家将酒精、烟草、咖啡、茶叶等物质规定为毒品的，相反这些物质甚至成为国家财政收入的主要来源。故每一种物质在其使用中都有积极的和消极的后果，只要其在本质上具备一定的毒害性，并且长期服用能够使人成瘾、并改变人体生理结构的药物，均可谓毒品。

我国也有学者认为："毒品是以各种方式吸进人体的并且最终能给人带来危害的各种非食物的自然物品或化学合成物品。"[2]而我国在《禁毒法》起草过程中，卫生部门和药监部门从药理学的角度给毒品下了一个事实概念："本法所称的毒品，是指基于非医疗和非科学目的走私、贩卖、运输、制造、持有与使用的麻醉药品、精神药品。"[3]以上的定义从自然属性的角度来界定毒品概念，具有自然科学上的依据，即"毒品"首先是一种

---

〔1〕 亢泽春等："山东某高校学生毒品知识调查分析"，载《河北医药》2008年第9期。

〔2〕 张文峰主编：《当代世界毒品大战》，当代世界出版社1995年版，第1页。

〔3〕 于志刚："'毒品'定义应否包含违法性"，载《检察日报》2007年5月8日，第3版。

"药品"，能为人类提供一定的医疗帮助，但出于非医疗用途的过量使用，会产生强烈的毒副作用，在一定的历史时期，由于受到人们的认识水平和科技发展水平的限制，毒品与药品之间并没有严格界限。使用适当，毒品就是药品；失控滥用，所谓药品也就是毒品。

从毒品的事实概念上看，毒品应当是指出于非医疗和科学用途而反复使用的，并能使人产生瘾癖，且不易戒断，对公民个人、社会、国家具有严重危害的药品。毒品的本质属性应当是其成瘾性及危害性。

从该定义可以发现，在事实层面，毒品应当具备以下几个特征：①毒品一般都属于药品。通过国际禁毒公约及相关的外国立法司法实践也能发现，中国的毒品在国外的名称是麻醉药品和精神药品，其都属于药品的范畴；②毒品具有成瘾性，反复使用该物质，能使人产生瘾癖，并使人产生对该物质的耐受性；③毒品一般对公民个人、社会及国家具有危害性，无害的物质无论其能否使人成瘾都无法将之纳入毒品的范畴。

我国台湾地区的"毒品危害防治条例"第2条第1款从事实的角度论述了毒品的概念："本条例所称毒品，指具有成瘾性、滥用性及对社会危害性之麻醉药品与其制品及影响精神物质及其制品。"该概念可以说正是从事实的角度阐释了毒品的定义，而同条的第2款又采取列举的方式，根据各类毒品的成瘾性、滥用性及对社会危害性程度的差别，将毒品分为四级：第一级主要包括吗啡、海洛因、鸦片、古柯碱及其相类制品等；第二级主要包括古柯、大麻、罂粟、配西汀、安非他命、潘他唑新及其相类制品等；第三级则包括异戊巴比妥、西可巴比妥、纳洛芬及其相类制品等；第四级主要包括二丙烯基巴比妥、阿普唑他及其相类制品等。随着级别数字的提高，毒品的毒性逐渐变低，其成瘾性、危害性等也相对变小。

毒品所具有的这些特性是现代毒品概念得以建构的前提和基础。按照现代社会的观念，法律上的毒品概念要依存于事实上的毒品概念，只有事实上的毒品概念才能为其提供正当性支持。

二、"毒品"的法律概念

毒品的法律概念其实就是指毒品的违法性，一种物质究竟能否成为法律规制内容中的毒品，主要取决于该物质有无被法律纳入毒品的范畴。强调毒品的法定性这样一个结论，是为了说明，决定何种物质成为毒品的权力只能由国家通过法律规定的方式行使。但究其根源，乃是因为毒品与非毒品之区分绝非一个事实判断，而是一个规范判断。因为，毒品进入法律视野，虽与其物质属性，即事实概念相关，但还要考虑其他相关因素，如对于该物质的社会容忍度、该物质之通常使用方式等。如烟草与酒精等可能使人形成瘾癖的饮料，从其本质属性和社会危害性的角度看，其不次于毒品目录中所列举的很多毒品，[1]但是由于法律未将这些物质纳入毒品的范畴，而无法对涉及这些物品的行为进行法律规制。可见，在建构毒品的概念时，脱离历史、政治、法律、文化等因素来判断，最多只能得出毒品的事实概念，而这个概念对于作为法定犯的毒品犯罪来讲，从司法的角度看，恰恰没有任何意义。

归根结底，毒品作为一个法律概念，实源于自然科学尤其是医学和药物学的发展，以及对毒品物质特性认识的不断深入基础上的规范认识。医学、化学和药物学的发展，揭示了毒品

---

[1] 参见高巍：《贩卖毒品罪研究》，中国人民公安大学出版社 2007 年版，第19~20 页。

的化学结构以及对使用者生理、心理的作用方式。立法者非常关注毒品对于公民的巨大生理伤害和心理摧残，采取各种措施对其予以法律的规制，但各国的社会现实和立法理念并不尽相同，故各国对于毒品的法律界定也略有差异。即使是同一个国家，其在不同时期，对毒品的定义也是存在差别的，毒品的概念总是处在不断的发展过程中。所以，"法律意义上的毒品，明显是一个相对的概念。必须站在社会历史的高度，借鉴最新医学及药物学的研究成果，注重其历史性、文化性，方能有比较贴切的认识。此外，在立法模式选择上，毒品之界定模式也应该尊重刑法明确性原则和分权原则，避免过度的随意性立法干预公民之基本自由与权利。"[1]事实上，毒品的法律概念充分考虑了社会的文化、政治等方面的因素，是带有明显政治、社会倾向的法律概念。故不同国家，甚至同一国家的不同时期的法律对毒品的规定都是不同的。

按照《加拿大刑法》的相关规定，"非法药品"指受控制的药品或者药品前体，其进口、出口、生产、出售或者持有是受到《管制毒品与麻醉药品法》的禁止或限制的。[2]而《管制毒品与麻醉药品法》对这些物品以列举的方式作出规定，为司法实践提供了一定的便利。

《芬兰刑法典》则认为，毒品物质是《毒品物质法案》（1993 年／1289 号）中涉及的毒品物质。而"非常危险的毒品物质"则被定义为其过量使用可能导致死亡，或者即使在短期服药或完全停药的症状下也会造成对健康的严重危害的毒品物质。[3]

---

〔1〕　高巍：《贩卖毒品罪研究》，中国人民公安大学出版社 2007 年版，第 15～16 页。

〔2〕　罗文波、冯凡英译：《加拿大刑事法典》，北京大学出版社 2008 年版，第264 页。

〔3〕　肖怡译：《芬兰刑法典》，北京大学出版社 2005 年版，第 140～141 页。

这实际上也是委诸其他法律对毒品种类的最初规定，属于列举式的规定。

我国台湾地区的相关规定认为，所谓毒品，是指具有成瘾性、滥用性及对社会危害性之麻醉药品与其制品及影响精神物质与其制品。该定义采用了概括的方式对毒品的概念作出界定，但是正如前文所言，该定义更多地是从事实的角度论证毒品概念的。但有时社会危害性的判断亦须考虑社会相当性的问题，即必须考虑政治的、文化的、社会的因素加以综合判断。

我国《刑法》则通过明确的方式对毒品的概念作出了界定，有学者称之为概括列举式的毒品定义方式。《刑法》第357条第1款规定："本法所称的毒品，是指鸦片、海洛因、甲基苯丙胺（冰毒）、吗啡、大麻、可卡因以及国家规定管制的其他能够使人形成瘾癖的麻醉药品和精神药品。"在此规定的基础上，为了保证司法操作上的方便，国家食品药品监督管理局每年都定期出台一个毒品目录，对毒品的名称、种类等作出详细的规定。

其实，国际禁毒公约对毒品的范围也在不断地进行修订，如1988年《联合国禁止非法贩运麻醉药品和精神药物公约》（以下简称《1988年公约》）所规定的毒品目录明显宽泛于1961年的《麻醉药品单一公约》和1971年的《精神药物公约》；同样，我国国家食品药品监督管理局公布的毒品目录中毒品的种类也在不断地发生变动。依据2013年制定的毒品目录，目前我国毒品种类270种，其中麻醉药品品种121种，精神药品品种总数149种。实际上，每次毒品目录的修订，都会有新类型的物品被纳入毒品范围；相应地，也可能会有一些种类的毒品从该目录消失，而成为合法使用的药物。

三、软性毒品是否为毒品

毒品的种类多种多样，人们对其分类的方法也五花八门。

目前世界范围内的毒品按照其作用方式的不同，以联合国的分类标准，将其分为麻醉药品和精神药品。麻醉药品是指连续使用后产生生理依赖性，能形成瘾癖的药品，包括鸦片类、可卡因类、大麻类及合成类麻醉品类，如杜冷丁、美沙酮等；精神药品，是指直接作用于中枢神经细胞，使之兴奋或者抑制，连续使用后能产生依赖性的药品，分为镇静剂、兴奋剂和致幻剂。镇静剂是对中枢神经系统有抑制镇静作用的药品。其可以减轻人的心理活动能力，常见的镇静剂有巴比妥类安眠药、苯丙二氮杂䓬类安眠药、安眠酮等。兴奋剂又称中枢神经系统兴奋剂，它可以使人情绪亢奋。常见的兴奋剂有安非他命类等合成毒品及非安非他命类的哌醋甲酯、苯甲吗啡、咖啡因和安纳咖等。致幻剂是使人产生幻觉或者错觉的毒品，常见的有麦斯卡林、致幻蘑菇菌等天然毒品和麦角二乙酰胺等合成毒品。

虽然将毒品分为麻醉药品和精神药品属于国际通用做法，但是，也不排除其他分类标准。如有论者就从毒品作用程度的角度将毒品分为硬性毒品和软性毒品。而所谓的软性毒品，主要是指毒性较小、不容易成瘾，但可以同样起到毒品的致幻效果的精神药品。一般主要指的是新型毒品，其种类主要有K粉、摇头丸、大麻、冰毒片剂等。一些人，尤其是青少年错误地认为，软性毒品不像海洛因、可卡因等硬性毒品，不会上瘾，少量食用不会有什么危害，且成瘾性也不高，正是这种错误的观点使软性毒品在迪厅、夜总会大流行。软性毒品的这些特征及人们的认识误区也导致各国的法学界及司法实践对应否将软性毒品纳入犯罪的范围，派生出旗帜鲜明的两种态度。

在充分注重公民个人权利保障的欧洲国家，其将服用软性毒品的行为予以合法化。以欧洲对毒品最为宽容的荷兰为例，立法者认为毒品问题已经被现实的统计数字及多年的禁毒经验证实为是永远无法解决的，要真正实现控制毒品的目的，只能通过正确的引导，从而取代持续的执法取缔，因为从各国的禁毒历史及现状考察，其他持续将使用毒品认为是反社会行为之国家，最后都无法控制毒品使用之状况。因此，1976 年的《荷兰鸦片法案》将毒品区分为软性毒品和硬性毒品两大类，并且创造性地将毒品视为社会问题，避免刑事政策介入。在禁毒工作上，主要采取社会措施、医疗措施，以优先于司法打击、取缔之态度，并且容许一定程度之持有及贩卖、进出口软性毒品，但对于不合法之持有及贩卖、进出口等行为仍然设有重刑之规定。另外，国家还通过严格的程序规范，引导人们正确认识毒品的危害，并积极配合国家的禁毒活动，使人们通过自身道德、知识的提升来逐渐取缔毒品。

此种容许一定程度使用、买卖、进出口软性毒品政策之优点，在于国民对使用软性毒品之高度接受，因为通过一定的方式使用软性毒品就不必到处躲藏，不用担心因购买或者使用毒品而受到处理。通过这一措施，使用硬性毒品的人数大幅下降，转而使用软性毒品，从而导致因使用过量硬性毒品而死亡之人数及因使用毒品感染艾滋病者均大幅下降。而容许使用软性毒品政策之缺点在于，经过多年的实践积累，人们发现使用毒品之总人数并未下降，很多原来吸食使用硬性毒品的人仅仅是转向使用软性毒品而已；而且，允许买卖、进出口软性毒品政策对其他国家的禁毒工作构成了重大冲击，因为其他国家在毒品查缉过程中发现，荷兰成为摇头丸毒品之最大来源国。

荷兰虽然承认一定程度的买卖、进出口、吸食软性毒品行为非但不是犯罪行为，甚至连违法行为都很难算上，但这并没有否定软性毒品属于毒品的范畴，只是因为其毒性较小，国家放松管制而已，更何况通过其他辅助措施来保证对吸食者的矫治，以期减少毒品的危害，应该说也属于一种变相的禁毒活动，只是这种禁毒措施欲取得成效，有赖于国民素质的整体提升。

而在我国及世界上的多数国家，软性毒品，即大麻类、安非他命类物质仍然属于毒品的范畴，对这些物质实施了走私、贩卖、运输、制造、非法持有等行为的，仍然可能构成犯罪，而且从我国现在的实际情况看，这些软性毒品正是应当重视的新型毒品，其在青少年中具有广阔的市场，是我国禁毒工作面临的一个主要难题。

但是，伴随着社会的发展及人们对毒品认识程度的加深，软性毒品的使用等行为均属于个人的隐私，在不危害他人、社会、国家的情况下，国家应当充分保障这些吸食者的个体权利，而相应的贩卖者等的行为也必将通过规范的方式予以合法化，因此，从发展趋势看，软性毒品等必将脱离毒品的范畴。

首先，从软性毒品的成瘾性上看，其明显弱于其他毒品，既然事实上的毒品一般都具有较强的成瘾性，那么对游离于成瘾边界的物质能否再肯定其毒品的药理属性，就是存在疑问的。

其次，软性毒品的社会危害性明显小于其他硬性毒品。软性毒品成瘾性小的特征决定了走私、贩卖、制造等行为对于社会、国家等的危害性明显偏小，因为其对国民的健康威胁微小，对于社会管理秩序的危害亦非常轻微，因吸毒行为而伴生的违法、犯罪行为亦相对较少。

再次，国家加强对软性毒品的规范管理，可以避免因为贩卖、使用毒品等行为所带来的不利后果，而且在一定程度上甚至可能增加国家的财政收入，这从烟草、酒精等行为的管制经验中能得出这个结论。对走私、贩卖、制造软性毒品等行为进行规范管理，可以便利国家对相关地区的毒品使用情况进行监管，避免产生伴生的危害，如艾滋病等。

最后，使用软性毒品，在公民自由权利逐步彰显的时代，应当属于个人的隐私行为，属于个人生活方式，不能以国家强制来压制危害性不大的个人行为。由此直接导致了国家应当考虑将走私、贩卖、运输、制造软性毒品的行为予以合法化，并将软性毒品的进出口、买卖、运输、制造等行为纳入合法的范畴，以此保障个人购买软性毒品的便利性。

四、本书对"毒品"的界定

从以上的分析我们可以看出，毒品的概念包括事实概念与法律概念。从其界定方式看，主要包括概括式、列举式和概括列举式三种，应当说每种方式均有其优缺点。我国采用的是典型的概括列举式。从表面上看，我国的立法已经明确了毒品的概念，在理论及实践上就没有讨论毒品概念的必要，但事实上，笔者认为我国现行法所规定的毒品概念是存在疑问的。

按照我国《刑法》的规定，理论及实践界一致认为，成立毒品，必须具备危害性、成瘾性、违法性三个特征，但是，这样的提法实际上为司法机关人为地设置了障碍。如果《刑法》为毒品设置的定义被具体操作，那么司法机关就必须证明涉案的物品系毒品，如何断定是毒品？必须鉴定该物质具备毒品的上述三个特征。首先看危害性，这是一个抽象的概念，既然刑法将该物质纳入规制范围，就默认了国家系出于行政取缔目的而认可该物质的滥用可能对国家、社会及个人造成危害的结果，如果可以认定国家制定毒品犯罪的正当性的话，那么该疑点可以暂时消除。其次，再看违法性，这个概念相对比较容易判断，因为国家食品药品监督管理局会定期公布毒品目录，只要该物品属于取缔的范围，就视为毒品，肯定其违法性，这一标准也容易操作。事实上，现代法律中所称的毒品区别于一般药品的主要标准也在于其违法性，"麻醉药品和精神药品由'药品'转化为'毒品'，应强调其'违法性'要素：①违法性是毒品的一个特征或属性，在不区分合法与非法的情况下，往往难以认定某一物品是药品还是毒品。……②从毒品禁戒的角度来看，不强调非法性，难以贯彻罪刑法定原则。……③从违法行为的判断上，需要评价其非法性。……"[1]因此，在毒品的法律概念中，违法性是绝对不能否定的特征之一。最后，成瘾性，这就成为一个难题了。因为在司法实践中，从来没有哪个司法机关去主动认定物品的成瘾性，事实上，这也无法鉴定，即使鉴定，也是费时费力的事情，与刑事案件的诉讼期限相冲突。更何况现在出现的很多新型毒品，其成瘾性本身就很难判断，比如，摇头丸等新型毒品，其成瘾性相当低，如果不具备成瘾性，或者司法机关不能证明其成瘾性，如果严格贯彻《刑法》的规定及精神，就不能说该物品系毒品。而如果认为立法机关委托国家食品药品监督管理局进行毒品目录的修订，就等于肯定了其成瘾性，如果再通过复杂的法律规定一个成瘾性，又有何实际意义呢？事实上，目前的司法机关界定毒品时，均是对涉案的物质进行属性鉴定，然后将该物质与毒品目录进行对比，如果属于目录中的物质，则肯定该物质的毒品性质；反之则否定毒品的性质。如此一来，将成瘾性加以强调就等于是多余的，这应当属于事实毒品概念研究的问题。

　　由以上分析我们可以发现，虽然毒品的事实概念具有重要意义，法律上的毒品概念也必须以其为基础来进行构建，但于司法实践而言，毒品事实概念中的毒品属性等则属无意义、无法被具体操作的概念。笔者认为，毒品的概念应当是：所谓毒

―――――

〔1〕　于志刚："'毒品'定义应否包含违法性"，载《检察日报》2007年5月8日，第3版。

品，是指国家管制的麻醉药品与精神药品。通过该定义就可以明确知道，一个东西是否毒品，直接看国家委托的食品药品监督管理局所制定的毒品目录中是否含有此物质，即是否具有违法性，而违法性的设定机关为全国人大及其常委会，具体负责制定目录的为国家食品药品监督管理局，其制定的毒品目录可以视为接受全国人大及其常委会的委托从事的立法，即该目录可以视为刑法典规定毒品时的空白罪状。至于成瘾性、危害性等，则属于毒品的事实概念所要解决的问题，属于立法过程中应当考虑的问题，即食品药品监督管理局在制定毒品目录时要考虑这些特征。因此，在刑法中没有必要对成瘾性、危害性等作详细记述，否则容易束缚司法机关的手脚，人为地扩大其证明责任。

第二节　毒品犯罪的概念

对犯罪含义的界定可以从实质意义与形式意义两方面展开。日本学者就进行了此种区分，指出："所谓实质意义的犯罪，是指广泛的反社会的行为，即侵害社会生活利益（法益）的人的行为。……所谓形式意义的犯罪，是指在实质意义的犯罪中具有可罚性的，即在法律中被科以刑罚的行为。"[1]与此相对应，犯罪的概念也可以分为实质的犯罪概念与形式的犯罪概念，实质的犯罪概念建立在对行为的本质属性，即对反社会性的认知基础上；而形式的犯罪概念，则强调行为的构成要件符合性。同样地，毒品犯罪的概念也可以分为形式的犯罪概念与实质的犯罪概念。

---

〔1〕　陈兴良：《刑法的启蒙》，法律出版社2003年版，第106页。

一、"毒品犯罪"的形式概念

毒品犯罪是国际公约规定的一种国际罪行，但对其概念，却并没有一个通行的定义。许多学者认为《1988 年公约》的第 3 条就是各缔约国国家的毒品犯罪定义，但也有学者认为该条只是对毒品犯罪的具体行为作了详细的列举，并未为毒品犯罪下定义。我国《刑法》也只是对各种具体毒品犯罪分条予以规定，并没有毒品犯罪的明确定义。因此，法学理论界对毒品犯罪的概念有许多不同的主张。

一种观点认为："毒品犯罪是指违反国家禁毒法规，走私、贩卖、运输、制造毒品以及从事与上述毒品犯罪直接相关的或其他与毒品有关的应受刑罚处罚的犯罪行为"[1]。而所谓的与走私、贩卖、运输、制造毒品直接相关的犯罪行为，则主要是指非法持有毒品、非法提供毒品、非法种植毒品原植物以及非法携带制毒物品进出国（边）境的行为；其他与毒品相关的犯罪行为，是指窝藏毒品，毒赃，包庇毒品犯罪分子，引诱、教唆、欺骗他人吸毒，强迫他人吸毒的行为。这实际上是对我国《刑法》所规定的毒品犯罪种类的列举，按照该论者的观点，我国毒品犯罪的核心罪名就是走私、贩卖、运输、制造毒品罪，其他罪名均是由该核心罪名衍生出来的罪名。

另有观点则是依据《1988 年公约》的第 3 条第 1 款和第 2 款的规定，认为毒品犯罪主要包括生产、制造、配制、兜售、出售、以任何条件交付、发送、运输、过境发送、出口或进口麻醉药品或精神药物及为实施上述行为而占有或购买麻醉药品或精神药物；为生产麻醉药品而种植罂粟、古柯或大麻植物；

---

〔1〕　赵长青主编：《中国毒品问题研究》，中国大百科全书出版社 1993 年版，第 259 页。

明知其用途是非法种植、生产或制造麻醉药品或精神药物而制造、运输或分销设备或相关物质的;组织、资助此类犯罪行为的。此外,协助犯罪人转移、隐瞒财产的行为等也属于毒品犯罪的范围。这些行为其实均是国际公约规定的犯罪行为,其抽象性较差,而且随着毒品犯罪形势的发展,毒品犯罪肯定会不断扩张或者限缩。

上述对毒品犯罪的界定均可谓毒品犯罪的形式概念,有论者就认为,"毒品犯罪的形式概念特指我国刑法所规定的有关毒品的犯罪构成"[1],亦即刑法学毒品犯罪概念。事实上,毒品犯罪的形式概念一般均是对具体犯罪的列举,而对毒品犯罪的社会危害性则明显认识不足。如第一种毒品犯罪的界定,仅对毒品犯罪的核心罪名及衍生罪名作了概括,却未涉及此类犯罪的本质,即国家将其规定为犯罪的原动力问题。按照我国的刑法理论,毒品犯罪的本质在于其社会危害性。而国际公约上的毒品犯罪的定义也存在同样的弊端。整体而言,形式概念在司法上具有操作的便利性,易于为实战部门掌握,但是其过于僵化,尤其是作为法定犯的毒品犯罪,其种类处在不断的变化过程中。如吸毒行为,在有些国家属于犯罪,而有些国家则最多属于违法,甚至有的国家肯定其合法性,故通过列举犯罪种类的方式来界定毒品犯罪的概念,具有容易产生频繁变更的缺陷,是不明智的。

二、"毒品犯罪"的实质概念

正因为毒品犯罪的形式概念存在无法说明毒品犯罪本质的缺陷,故从本质上论述毒品犯罪的概念就成为必然。有论者就

---

[1] 许桂敏:"扩张的行为与压缩的解读:毒品犯罪概念辨析",载《河南省政法管理干部学院学报》2008年第5期。

认为，"毒品犯罪是一个外延极广的概念，在许多国家，毒品犯罪并不是刑法学的概念，而是犯罪学的概念"[1]。只有从犯罪学的角度才能为毒品犯罪提供实质的解释。换言之，符合刑法的毒品犯罪也一定充足了犯罪学上的毒品犯罪，而后者不仅包括触犯刑律的犯罪行为，还有失范、越轨的违法行为。

在犯罪学的视野里，相关涉毒行为之所以成为犯罪，是因为该类行为存在失范、越轨的本质特征，其为社会文化规范、民众生活习惯所不容。正是从这个角度看，该行为才有可能上升为犯罪，即任何一类行为被规定为犯罪，总有其根源上的可归责性。笔者认为，意图从犯罪学上找到毒品犯罪的本质，确定其实质概念，是一个进步，似乎也很合理，但是这个观点恰恰忽视了毒品犯罪的法定犯特质。法定犯的本质就在于很难判断其与社会文化规范的重大冲突关系。有时候，如果国家不将此类行为纳入犯罪的范畴，其可能永远属于社会亚文化甚至主流文化的范畴，是可以与主流文化并行不悖的。因此，犯罪学上的毒品犯罪概念受制于社会的评判，而法律上的毒品犯罪概念取决于法律的评价。"如果法律没有将其犯罪化，任何人都不能将其视为犯罪，这种行为也就不具有犯罪的意义"[2]。由此看来，探究实质的毒品犯罪概念应该站在刑法学的立场，虽然犯罪学的方法可以为其提供一定的思路。毕竟，"在社会生活中，由于价值标准的多样性，不同的主体对犯罪存在不同的评价标准，所以，就形成了多种论域的犯罪概念。……不同论域之间，犯罪概念所指称的对象、本质和其他属性、内容和形式

---

〔1〕　赵秉志、于志刚：《毒品犯罪》，中国人民公安大学出版社 2003 年版，第 50 页。

〔2〕　白建军：《关系犯罪学》，中国人民大学出版社 2005 年版，第 11 页。

等都不同"。[1]

从我国《刑法》第 13 条规定的犯罪定义看，刑法学上实质的犯罪概念必须考虑行为的社会危害性，从犯罪的本质属性上进行界定。以此为基础，论证毒品犯罪的本质，即毒品犯罪之于社会的危害性，就能为实质概念指明道路。"毒品犯罪的实质概念特指该类犯罪的社会危害性。即在犯罪学意义上的违反我国禁毒法律、法规，非法进行麻醉药品、精神药品相关活动，具有社会危害性的违法、犯罪行为。"[2]这种概念充分考虑了毒品犯罪的形式概念与实质概念，更类似于综合的概念，但其从不同角度论述社会危害性的观念，无疑属于实质的犯罪概念。

三、本书对"毒品犯罪"的重新界定

从我国刑法用语的规范性上看，刑法学上的毒品犯罪概念首先是一个以犯罪学为主要特征的概念，其次才是刑法学者对于刑法典中毒品犯罪立法的概括。从规范的角度看，毒品犯罪应当不属于严格的刑法学概念。因为在整个刑法学中，不存在毒品犯罪这个法律概念。所谓的毒品犯罪，只是理论及实践出于方便的考虑，对相关的涉毒行为所作的总括性称呼，即如果要正确界定毒品犯罪的概念，必须从犯罪学意义上首先确定其核心内涵，对其入罪化的根本原因进行分析。但如果从刑法学角度论证，那么所谓的毒品犯罪应当属于类罪的范畴，即泛指所有涉及毒品的犯罪行为。具体而言，就是指我国《刑法》第347~357 条规定的 11 个刑法条文中的 12 个罪名，但在具体的刑

---

〔1〕 王牧："犯罪概念：刑法之内与刑法之外"，载《法学研究》2007 年第 2期。

〔2〕 许桂敏："扩张的行为与压缩的解读：毒品犯罪概念辨析"，载《河南省政法管理干部学院学报》2008 年第 5 期。

法条文中却从未出现过"毒品犯罪"这个词语，毒品犯罪的概念也只是在一些司法解释或者司法解释性文件中出现过，因此，对毒品犯罪的定义就处于一个开放的状态。

从这个角度看，毒品犯罪的概念是超脱刑法语境而独立存在的价值事实。但是，毒品犯罪作为一个在刑法学上具有重要意义的概念，又不能不作出界定。正如前文所言，形式上的毒品犯罪概念具有僵化性，必须考虑毒品犯罪的实质概念，以实质概念来软化、概括形式概念，只有结合了形式与实质的毒品犯罪概念，才是真正具有长久生命力而又不失操作性的概念。

笔者认为，所谓毒品犯罪，是指违反禁毒法规，破坏毒品管制活动，具有严重的社会危害性，依法应受刑罚处罚的行为。该定义综合考虑了毒品犯罪的实质侧面与形式侧面。从实质上讲，只有破坏毒品管制活动，具有严重的社会危害性的涉毒行为才能入罪；而从形式上讲，行为是否犯罪，应看其是否违反毒品管制法规，这突出了毒品犯罪的法定性特征。二者的结合就使得毒品犯罪的概念既有抽象的规定性——社会危害性，又有具体的操作性——违反毒品管制法规。

四、《刑法》中毒品犯罪的具体分析

毒品犯罪的概念虽然可以从构成要件的角度作出一个相对统一的界定，但是，同样的毒品犯罪，在我国刑法中，亦是具有多层次含义的，即毒品犯罪不单纯是指齐备所有构成要件的刑法学意义上的概念，亦可能是仅仅具备相关毒品犯罪的客观方面构成要件的行为。后者已经具备了侵害法益的犯罪本质，只是基于责任要素或刑事责任等方面的原因，不以犯罪论处而已。这从我国《刑法》第349条规定的包庇毒品犯罪分子罪和窝藏、转移、隐瞒毒品、毒赃罪这两个具体罪名中即可得到

例证。

我国《刑法》第 349 条第 1、2 款规定：包庇走私、贩卖、运输、制造毒品的犯罪分子的，为犯罪分子窝藏、转移、隐瞒毒品或者犯罪所得的财物的，处 3 年以下有期徒刑、拘役或者管制；情节严重的，处 3 年以上 10 年以下有期徒刑。缉毒人员或者其他国家机关工作人员掩护、包庇走私、贩卖、运输、制造毒品的犯罪分子的，依照前款的规定从重处罚。该条包括的两款法律，均提到了"犯罪分子"，这里的犯罪分子，主要是指实施了相应的毒品犯罪行为的行为人，而作为这两个具体犯罪的上游犯罪的毒品犯罪，是否必须指严格意义上的完全齐备构成要件的犯罪行为呢？答案是否定的。按照笔者的观点，这里的毒品犯罪分子不仅包括严格意义上的犯罪人，即"已经被法院作出有罪判决的人""即使暂时没有被司法机关作为犯罪嫌疑人，但确实实施了犯罪行为，因而可能被公安、司法机关作为犯罪嫌疑人、被告人而成为侦查、起诉对象的人"，实际上，"实施了符合客观构成要件的违法行为，但没有达到法定刑事责任年龄，不具有责任能力的人，原则上也属于犯罪分子"。[1]同样，窝藏、转移、隐瞒毒品、毒赃罪中的上游毒品犯罪，也不限于齐备走私、贩卖、运输、制造毒品所有构成要件的犯罪行为，即使上游的走私、贩卖、运输、制造行为仅具有客观行为，也应当属于该条所规定的"犯罪"的应有内容，即在完全齐备构成要件的毒品犯罪上层，还有一个仅具备犯罪构成客观要件的毒品犯罪概念存在。

---

[1] 参见张洪成、黄瑛琦："包庇毒品犯罪分子罪研究"，载《犯罪研究》2009 年第 2 期。

第三节　刑事政策与毒品犯罪刑事政策之厘清

一、刑事政策的概念

在刑法学上，刑事政策是一个含义非常复杂的概念，正如有论者所言，有多少个研究者，可能就有多少个刑事政策的概念。早在 19 世纪末，德国刑法学家李斯特就指出："现代刑事政策不可能有很长的发展史。它产生于 19 世纪的后 1/4 世纪。它与社会政策同时发展，齐头并进。然而，社会政策的使命是消除或限制产生犯罪的社会条件；而刑事政策首先是通过对犯罪人个体的影响来与犯罪作斗争的。一般来说，刑事政策要求，社会防卫，尤其是作为目的刑的刑罚在刑种和刑度上均应适合犯罪人的特点，这样才能防止其将来继续实施犯罪行为。从这个要求中，我们一方面可以找到对现行法律进行批判性评价的可靠标准，另一方面我们也可以找到未来立法纲领发展的出发点。"[1]这开创了学界对刑事政策进行系统研究的先河，而刑事政策的概念、功能等也就一直成为学界热烈讨论的话题。

从刑事政策的研究历程看，现代刑法学起步较早、理论相对较为发达的西方国家对该议题的研究较为成熟，而我国对该问题的系统研究则是 21 世纪以来的事情。当前学界的研究中心仍然集中在刑事政策的概念、功能等层面，也有部分学者开始对具体犯罪的刑事政策进行系统的分析与研究，并充分发挥刑事政策对于现行刑事立法、司法、执行等的批判功能。但客观而言，何谓刑事政策，在我国刑法学界仍然备受争议，所以学者们在不同角度讨论这一问题时，也都进行过各种限定性的

---

[1] [德] 弗兰茨·冯·李斯特著，徐久生译：《德国刑法教科书》，法律出版社 2000 年版，第 13 页。

解释。

综合学界对刑事政策的理解，目前有两种代表性的观点。日本学者大谷实认为："所谓刑事政策，是国家机关（国家和地方公共团体）通过预防犯罪、缓和犯罪被害人及社会一般人对于犯罪的愤慨，从而实现维持社会秩序的目的的一切措施政策，包括立法、司法及行政方面的对策。"[1]按照这一定义，刑事政策的制定及实施者是国家机关，包括国家和地方公共团体，其目的是维持社会秩序，具体的内容包括立法、司法及行政方面的对策。由此，刑事政策实质上是一种将危害社会秩序的行为、反社会行为当作犯罪来制止的对策。这一定义一般被称为狭义的刑事政策概念，目前被学界广为接受。与此相关联的还有广义的刑事政策概念和最狭义的刑事政策概念。前者是指国家有关犯罪的所有对策的总称，即只要是国家采取的可能会实现犯罪预防目的的所有对策，均属刑事政策的范畴；后者认为刑事政策是指对犯罪人及具有犯罪危险性的人所采取的强制措施。正如有论者所言，最广义的刑事政策和最狭义的刑事政策均存在明显的不足，"若按最广义的刑事政策的概念，则刑事政策的对象过于广泛，和社会政策等难以区别。若按最狭义的刑事政策的概念，则刑事政策的对象过于狭窄，会将少年的不法行为之类的重要事项从刑事政策的领域中遗漏。"[2]狭义的刑事政策概念，基本上得到了学界的一致认可，目前属于接受程度较高的概念。

针对"政策"这一词语在我国汉语中的特殊意蕴，我国有

---

〔1〕［日］大谷实著，黎宏译：《刑事政策学》，法律出版社 2000 年版，第 3 页。

〔2〕［日］大谷实著，黎宏译：《刑事政策学》，法律出版社 2000 年版，第 3 页。

学者对刑事政策展开了具有中国特色的解读："刑事政策是指代表国家权力的公共机构为维护社会稳定、实现社会正义，围绕预防、控制和惩治犯罪所采取的策略和措施，以及对因此而牵涉到的犯罪嫌疑人、犯罪人和被害人所采取的态度。"[1]这一定义充分考虑了中国语境下"政策"的含义，并对刑事政策相对宽泛的内容进行了限缩，认为刑事政策主要包括有效预防、控制和惩治犯罪，合理对待犯罪嫌疑人和犯罪人，合理对待刑事被害人等内容；刑事政策最终的目的是维护社会稳定、实现社会公正；刑事政策的决策主体是代表国家权力的公共机构，刑事政策是以上诸多内容所形成的一个系统。从刑事政策所涵括的过程看，既包括公共机构所采取的立法政策，也包括司法、执法政策，甚至为了预防控制犯罪而采取的社会政策也应当包含在刑事政策的范围之内。

上述两个定义目前在我国学界均具有代表性，其内涵差别不是很大，都从刑事政策的制定与实施主体、目的、手段、内容等角度进行了列举，并将立足点都限定在犯罪的对策或者措施总和的限度内，其最大的区别在于后一定义更加明确地将对犯罪嫌疑人、犯罪人和被害人所采取的态度单独罗列，作为刑事政策内容之一。事实上，前一定义虽然没有明确涉及此部分内容，但通过其字里行间的表述还是能得出类似结论的。因此，二者的差别可能更多地体现在语句的表达上，刑事政策所具有的内涵及外延差别不大。故笔者认为，后一概念因为立足于我国的国情与法治、政治、社会文化，其所定义的概念可能更加符合我国的语境。因此，本书在写作过程中，主要采用这一观点作为论述毒品犯罪刑事政策的前提和基础。

------

〔1〕　刘仁文："论刑事政策的概念与范围"，载《法学评论》2004 年第 6 期。

二、刑事政策与刑法的关系

关于刑事政策与刑法的关系，主流观点认为，刑事政策是刑法的灵魂与核心，刑法是刑事政策的条文化与定型化。因此，刑事政策对于刑事立法有着直接的指导意义。[1]刑事政策是宏观的策略，其在一定程度上可以概括为刑法政治的范畴；而刑法则是规范，是一种调整行为的准则，相较于刑事政策，刑法是具体的东西。一般而言，宏观的刑事政策对具体的刑法规范具有指导作用，刑法的制定、实施等需要在刑事政策的指导下完成。"刑法的制定与实施一直以刑事政策为指导，而刑事政策的是非优劣，也通常以刑法的适用状况作为检验标准。"[2]但刑法又并非完全隶属于刑事政策，刑法对刑事政策亦有一定的制约作用，套用一句比较概括性的语言："刑事政策与刑法关系的核心，是在区别二者前提下的互动、制约、促进关系。刑法对刑事政策的制约主要涉及刑事政策的制定和实施，这是法治的要求，是权利保障的要求；刑事政策对刑法的指导主要体现在法律的制定、实施和法律变革上，这是时代发展的要求，也是社会防卫的要求。"[3]因此，刑事政策对刑法立法、刑罚裁量和刑罚的执行均有指导作用。而刑事政策亦并非完全不受刑法的制约，刑事政策的制定与执行也必须在刑法的限度内进行，这是刑事法治的基本要求。

即使出现极端情况，在特定情势下，需要对现行的刑法进

---

〔1〕 卢建平、刘春花："我国刑事政策的演进及其立法影响"，载《人民检察》2011 年第 9 期。

〔2〕 张永红："刑法的刑事政策化论纲"，载《法律科学（西北政法学院学报）》2004 年第 6 期。

〔3〕 卢建平："刑事政策与刑法关系的应然追求"，载《法学论坛》2007 年第 3 期。

行颠覆性修改，这种对颠覆性刑事立法具有指导意义的刑事政策，其本身亦不能违背刑法的基本原则，不能违背刑事法治的基本理念与思想。完全脱离刑事法治思维的刑事政策，或者频繁更改的刑事政策，可能会带来法治的破坏。有学者通过对新中国成立以来刑事政策的演变进行剖析，指出"无论是'严打'刑事政策的刑法化还是宽严相济刑事政策的刑法化，都表明我国刑法的刑事政策化倾向是极为明显的。尤其是'严打'与宽严相济这两种刑事政策存在一定的背离性，在这种情况下，前后相续地影响刑法，十分明显地带来了不良后果，需要此后用较长时间予以消化"[1]。

在现代法治社会，刑法与刑事政策的关系应当得到更进一步的厘清，总体上可以概括为"刑法的刑事政策化"与"刑事政策的刑法化"。前者主要是指在刑法中贯彻刑事政策的内容，从而使刑法成为落实与实现刑事政策的工具。这是一种理想状态下的产物。但鉴于刑事政策有基本的刑事政策和具体的刑事政策之分，刑法也存在立法和司法的分野，"就刑事政策与刑法立法来讲，刑事政策是刑法的灵魂，刑事政策高于刑法；就刑事政策与刑事司法来讲，刑法则高于刑事政策，刑事政策只能在刑法的框架内运作。指导刑法立法的刑事政策是基本刑事政策；影响刑法司法的是具体刑事政策"[2]。基本刑事政策，是在较长时期内在犯罪控制全过程中起主导作用的刑事政策；具体刑事政策，则是在犯罪控制的某一领域或某一阶段中起作用的刑事政策，齐备具体性和对基本刑事政策的依从性的特征。

---

〔1〕　陈兴良："刑法的刑事政策化及其限度"，载《华东政法大学学报》2013年第4期。

〔2〕　储槐植："犯罪学的重点研究对象和司法实践的基本指导思想"，湖南长沙犯罪学基础理论专业委员会1999年年会。

基本刑事政策通常是长期的、稳定的，是预防和控制犯罪的规律性的东西。所以，基本刑事政策能够指导刑法立法，它高于刑法，也可以说，刑法是基本刑事政策的具体化、法律化。对于具体刑事政策，或者说临时性刑事政策，其能否揭示预防和控制犯罪的规律还有待实践检验，所以，其不可能指导刑法立法。对于刑法司法，基本刑事政策已经法律化，所以贯彻刑法就是贯彻基本的刑事政策。具体的刑事政策主要是对刑法司法发生作用，但这种作用只能在刑法之下发挥。[1]作为现代国家治理犯罪的基本刑事政策，其对刑法立法的指导地位是毋庸置疑的，刑法的刑事政策化也主要是在这个层面上讲的；而具体的刑事政策则主要体现在对具体刑法司法的指导上，其侧重的是在出罪功能上的制约作用。虽然刑法的刑事政策化可以在法治的环境下合理地贯彻刑事政策的精神，具有一定的必要性，但这种刑法的刑事政策化又是有其限度的。超出合理限度的刑法刑事政策化对于刑事法治是一场灾难。因此，在坚持刑法的刑事政策化的同时，如何避免过度的刑法刑事政策化，这是一个需要充分重视的问题。[2]

刑事政策刑法化的基本含义有二：一是刑事政策内容或者精神的刑法化，即刑事政策的基本内容或者精神体现在刑法中，刑法整体或者部分地体现或反映某项刑事政策的内容或者精神；二是某项具体的刑事政策被条文化、规范化，成为刑法内容的一部分。刑事政策刑法化需要具备一定的条件：只有与犯罪和刑罚设置以及定罪量刑相关的刑事政策才能刑法化；只有被实践证明行之有效的刑事政策才能刑法化；只有长期、稳定的刑

〔1〕 周洪波、单民："论刑事政策与刑法"，载《当代法学》2005年第6期。
〔2〕 陈兴良："刑法的刑事政策化及其限度"，载《华东政法大学学报》2013年第4期。

事政策才能刑法化。在刑事政策刑法化的形式上，基本刑事政策应当法典化，具体刑事政策应当司法化。[1]刑事政策的刑法化是现代刑事法治发展的必然结果，也是现代刑事法治的应有内容。通过总则性的刑事政策来规范和制约整个刑法立法与刑法司法活动，是保障公民基本权利的要求。但刑事政策的刑法化过程，必须考虑刑法的稳定性与刑事政策变动性之间的矛盾，尽量选取相对较为稳定、较为宏观的刑事政策纳入刑法范围，否则可能会破坏刑事法治。正如上述论者所言，基本刑事政策可以法典化，而具体刑事政策则只能司法化。因为具体刑事政策虽然是在基本刑事政策的指导下制定的，但不能否定在个别情况下可能与基本的刑事政策存在冲突，而且具体刑事政策会伴随着社会治安形势的变化而呈现出极大的变动性，因此，具体的刑事政策只能在司法过程中对具体个罪的认定（尤其是出罪）、刑事责任的裁量（主要是从轻、减轻处罚）、刑罚的执行（主要是减刑、假释等）起指导作用。

虽然刑法与刑事政策的关系细究起来较为复杂，但是刑事政策之于刑法立法、司法的指导意义却是普遍认可的事实。尤其是在立法过程中，将刑事政策在规范性文件中加以体现，是现代性刑事法治的基本要求，因此，有什么样的刑事（立法）政策，就会有什么样的刑事立法。好的刑事（立法）政策会导致好的刑事立法；相反，坏的刑事（立法）政策会导致坏的立法。[2]故我们可以从相反的角度来思考，在正常状态下，刑法立法、司法的现实，从一定程度上又反映了国家的刑事政策立

---

〔1〕　柳忠卫："刑事政策刑法化的一般考察"，载《法学论坛》2010 年第 3 期。

〔2〕　刘仁文：《刑事政策初步》，中国人民公安大学出版社 2004 年版，第 51 页。

场。因此，本书即从现行刑法的立法、司法制度入手，通过对现行刑法中毒品犯罪的刑事立法、司法的探究，以反思现行毒品犯罪的刑事政策。

三、毒品犯罪刑事政策

毒品犯罪刑事政策作为刑事政策的下位概念，其内涵的确立必须以刑事政策为基础。在前文界定刑事政策的基础上，笔者将毒品犯罪的刑事政策认定为：代表国家权力的公共机构为维护社会稳定、实现社会正义，围绕预防、控制和惩治毒品犯罪所采取的策略和措施，以及对因此而牵涉到的毒品犯罪嫌疑人、犯罪人和被害人所采取的态度。

毒品犯罪刑事政策在总体上可以概括为，国家针对毒品犯罪所采取的基本立场和治理对策，反映了国家对待毒品犯罪的基本态度。从宏观层面看，我国毒品犯罪刑事政策必须受到整体犯罪刑事政策的制约与指导，而毒品犯罪的总体政策又指导具体毒品犯罪的刑事政策，这些政策均指导和制约刑事立法、司法等活动。而微观层面上，国家的毒品犯罪刑事政策必须通过一系列的具体措施来贯彻，这些具体的措施包括毒品犯罪的立法、司法、执行、刑法之外的其他措施等。由此看来，毒品犯罪刑事政策的具体贯彻及其表现形式范围甚广，可能都无法用简单的语言进行总结与概括。本书为了论述上的方便，加之写作的重心主要在于刑法方面，主要从刑法的立法、司法角度来全面分析与研究我国毒品犯罪的刑事政策。

正如前文所言，在理想的状态下，刑事政策一般都会通过刑法来具体地反映，即刑法立法、司法、执行等都会客观地反映刑事政策的基本立场。但事实上，在很多时候，刑法立法、司法可能会与刑事政策悖离，即具体的立法、司法，尤其是司法，很多时候会反映更加具体的刑事政策，而与国家总的刑事政策产生分歧。在这种情况下，就需要国家根据经济、社会的发展状况，对刑法立法、司法、具体的刑事政策与总的刑事政策的关系进行全面的检视，以确定是否需要进行相应的调整。

我国毒品犯罪刑事政策之演变

第一节　清朝之前毒品犯罪的刑事政策：
鸦片处于合法阶段

在中国历史上，罂粟属于外来物品。据相关史料记载，鸦片早在隋唐时期即作为珍贵的药材由阿拉伯商人传入我国，并受到中医的重视，被载于《本草纲目》等医药经典之中，历经唐、宋、元各朝 700 余年，在我国处在平稳的阶段。随着民间将鸦片作为药材使用范围的扩大，种植的面积也在逐步增加。在这期间，罂粟和鸦片仅限于在特定的群体中出现，其功能亦仅限于观赏和药用，并没有被民众滥用。到了明朝，罂粟的种植更加普遍，但是在民间非法使用的鸦片主要来自于海外走私。这种情况一直持续到明朝中期，而且当时的明朝政府也明确允许鸦片的输入。但在明朝万历年间，政府为了进一步规范鸦片药材的使用，明确规定通过税收的方式来加强对鸦片的管理，"前明万历十七年，定阿片每十斤税银二钱，是为中国征税之始"。[1]

---

〔1〕（清）李圭：《鸦片事略（卷上）》，第 5 页，载豆丁网 http://www.docin.com/p-3218799.html.

一般认为，中国大陆的鸦片烟滥用始自明朝天启年间。明朝天启四年（1624年），荷兰人战败澎湖退出台湾后，将爪哇盛行的烟草与鸦片拌和吸食的方法介绍到台湾，随后这种吸食法开始传入中国大陆。[1]史料记载："其时沿海居民得南洋吸食法而益精思之，煮土成膏，镶竹为管，就灯吸食其烟，不数年，流行各省，甚至开馆卖烟。"[2]从此，鸦片吸食开始在中国流行起来，但因为罂粟及鸦片的存在范围——当时的鸦片滥用仅限于上流社会，而这些亦并未引起当局者的足够重视，鸦片仍然被作为一般的药品进行相应的征税管理。

第二节　清代毒品犯罪刑事政策之梳理

一、清初毒品犯罪刑事政策（康熙至乾隆时期）

（一）前刑法手段之采纳——经济手段控制

清初，随着鸦片的大量出现，吸食鸦片的成本在不断降低，而鸦片烟的吸食方法也在民间得到普及，由此导致鸦片吸食之风在下层社会蔓延。但是，鉴于当时社会形势的复杂，以及清政府对于鸦片烟毒危害认识的不足，在清朝前期，鸦片仍然具有一定的合法地位，国家仍然采用征税的方式来控制鸦片烟的泛滥。与此同时，清政府为镇压沿海地区特别是台湾海峡地区的抗清力量而颁布的《禁海令》规定，"寸板不得下海"，完全隔绝海外贸易，客观上起到了遏制毒品来源，进而遏制吸食毒品的客观效果。清康熙二十三年（1684年），在收复台湾（郑

---

〔1〕覃珠坚、张晓春：《中国禁毒法规介评与适用》，中国人民公安大学出版社2012年版，第1页。

〔2〕（清）李圭：《鸦片事略（卷上）》，第5页，载豆丁网 http://www.docin.com/p-3218799.html.

氏政权归顺）后，曾一度开放海禁，允许沿海船员出海贸易。由此，依然列入药材项下的鸦片得以大规模进入我国大陆。在李圭的《鸦片事略》中就有记载："康熙二十三年，海禁驰，南洋鸦片列入药材，每斤征税银三分。"[1]后乾隆年间，鸦片的输入分为两类：作为药材使用的正当鸦片输入与作为毒品使用的非法鸦片输入。对于前者，政府仍意图通过提高税收等经济手段予以调控，"乾隆二十年税则，仍载鸦片一斤估价五钱，似征税如故也"[2]。

（二）严惩毒品犯罪的刑事政策之形成

1. 从经济手段控制到刑事制裁措施之运用

在清初的禁烟运动中，当时的闭关锁国政策在一定程度上阻塞了鸦片的涌入，因此，政府对鸦片的使用仍然主要依靠药品管理规定，通过征税以防范其流通。但随着假借进口药材为名的鸦片走私活动的加剧，国内鸦片烟毒逐渐泛滥，不仅对公共健康造成了严重的危害，也危及国家的税收甚至清政府的统治。因此，清政府开始逐步采取一定的刑事措施来抵制鸦片烟的非法贩运、罂粟的种植等。如，雍正年间，于 1729 年和 1730 年分别颁布了《惩办兴贩鸦片烟及开设烟馆条例》（以下简称《禁烟条例》）和《惩治流寓台湾之人民兴贩鸦片条例》。前者是世界上最早的禁毒法规，在世界上首次提出毒品犯罪的概念，并将贩卖鸦片、私设鸦片烟馆、包庇鸦片走私等行为纳入刑法规制的范畴；后者主要惩治台湾岛民离岛贩卖鸦片的行为。

---

〔1〕（清）李圭：《鸦片事略》（卷上），第 5 页，载豆丁网 http://www. docin. com/p-3218799. html.

〔2〕（清）李圭：《鸦片事略》（卷上），第 5 页，载豆丁网 http://www. docin. com/p-3218799. html.

2. 对毒品犯罪严刑峻法刑事政策之形成与运用

与当时的严刑峻法相对应，自清初将相关的涉烟行为规定为犯罪以来，政府就广泛采用了生命刑、劳役刑、流刑、身体刑等严酷的刑罚惩治犯罪行为。《禁烟条例》规定，对私设烟馆引诱良家子弟吸食的，按邪教惑众论处，可判生命刑（斩监候）、身体刑（仗一百）、流刑（流放三千里）的处罚；对贩卖鸦片的人要按照收买违禁货物予以流放、关押。[1]由此可见，《禁烟条例》已经将私设烟馆与贩卖鸦片界定为需要严刑惩治的犯罪行为。该条例作为世界上首个采用刑罚手段惩治毒品犯罪的法律，开创了国际禁毒史的先河。在雍正和乾隆在位的近 70 年时间里，清政府相继颁布了一系列的禁毒法规、上谕、关册等规范性文件，拉开了以刑罚手段惩治毒品犯罪的帷幕，使我国的禁烟活动由单纯的经济手段控制转向经济手段为辅、刑法惩治为主。

同时，为了保证严厉的刑事惩处措施能够真正得到贯彻，政府加大了对相关禁毒人员失职行为的惩处力度，并且明令禁止官员、兵丁吸食毒品。雍正和乾隆年间的各项禁烟法规及禁烟的圣旨，均要求对当朝官吏包庇鸦片走私、索取赃款、吸食鸦片的行为进行惩处。虽然对犯罪行为的处罚只是"照枉法律治罪"或"交部严加议处"[2]，并没有具体的处罚措施，但也表明了清朝统治者从治理吏治腐败入手根除鸦片祸害的决心和立场，在我国禁毒史上具有重要的意义。

---

〔1〕 覃珠坚、张晓春：《中国禁毒法规介评与适用》，中国人民公安大学出版社 2012 年版，第 3 页。

〔2〕 于恩德：《中国禁烟法令变迁史》，伪蒙疆政府榷运清查总署 1934 年，第 16 页。

（三）清初毒品犯罪刑事政策之评析

1. 立法设置不健全

清初对贩卖鸦片、私开烟馆等部分涉及毒品流通与消费的犯罪行为采取了刑事制裁措施，开创了世界范围内规制毒品犯罪的先河。与当时的刑事政策相适应，提倡严刑峻法，过分注重了刑法的威慑功能。但由于当时既无先朝成例可以遵循，又无国内外禁烟经验可资借鉴，加上历史条件的限制以及国家对鸦片烟毒性质、危害等认识的欠缺，所制定的禁烟法规并不完善。具体表现在：①由于清政府秉持了只有分则单独规定罪刑，而无总则指导的刑事立法技术，导致具体罪名之间显得较为孤立、片面，致使打击范围的不科学性。其典型表现就是，对于鸦片烟的贩卖、私开烟馆等行为进行了规定，在吸食方面只限制陆路水师兵丁、将士，而对于普通民众吸食鸦片的行为却没有禁止，并未设置吸食鸦片烟罪或者非法持有鸦片烟罪予以规制，由此导致毒品的末端消费环节无法有效纳入打击范围。事实上，只要有毒品消费市场的存在，就不可能真正有效地禁绝毒品。②对鸦片烟犯罪，采用当时通行的死刑、肉刑等制裁措施，一味的重刑并不能真正起到有效遏制毒品犯罪的目的。

2. 司法认定过于随意

法律规定得过于抽象，导致司法认定出现诸多困难。首先，雍正、乾隆时期虽然有大量的禁烟法规和禁烟谕旨存在，但没有一项法规或谕旨对作为毒品的鸦片与作为药材的鸦片进行明确区分。由于当时对作为药材的鸦片输入是通过关税加以控制的，使得许多鸦片贩子借"进口药材"之名行走私毒品之实以逃避惩罚。如当时的欧洲，利用药用鸦片的理由大肆向中国出口鸦片烟，导致我国的鸦片烟进口量大幅度增加。据相关史料记载："到了雍正七年（1729 年），每年鸦片输入量已达 200

箱。……每年从国外输入鸦片的数量有增无减，由原来的 200
箱增加到 600 箱。乾隆继位后，重申禁烟，并对进口鸦片征税，
但这些措施也没能制止鸦片吸食的蔓延与进口的扩大。乾隆后
期，每年输入鸦片有数千箱之多。"〔1〕而鸦片进口量的增加，直
接导致国内吸食鸦片的人数急剧增加，"内地嗜食渐众，贩运者
积岁而多"〔2〕。所以，清初颁布的鸦片烟犯罪制裁法令表面上
看起来异常严厉，却无法发挥惩治兴贩鸦片犯罪行为的作用。
概念本身的不明确，也为禁烟过程中的腐败行为埋下了伏笔。

其次，《禁烟条例》虽然明确规定贩卖鸦片、私设鸦片烟
馆、包庇鸦片走私等作为犯罪应严刑惩治，但没有明确的入罪
标准，如贩卖鸦片的数量、开烟馆引诱良家子弟吸食鸦片的人
数、包庇走私鸦片的数量等并不明确，由此导致在具体执法过
程中，法律条文被忽视与搁置，有法难依，有法不依。这种不
完善的禁烟法令没能阻止鸦片输入，自然也在情理之中了。

二、鸦片战争前断禁的毒品犯罪刑事政策

（一）断禁的毒品犯罪刑事政策之体现

随着政府对毒品危害认识的逐步深入，清政府采纳了一系
列措施，以严厉惩处毒品犯罪。在充分总结雍正、乾隆时期禁
毒刑事政策的基础上，嘉庆、道光两位皇帝进一步强化了对毒
品犯罪的严厉打击，实行断禁的刑事政策。其不仅表现在刑事
立法的趋严上，在刑罚制裁措施上也表现出了更加严厉的倾向。

---

〔1〕 参见朱庆葆："论清代禁烟的举措与成效"，载《江苏社会科学》1994 年
第 4 期。

〔2〕 （清）梁廷枏：《夷氛闻记》，中华书局 1959 年版，第 5 页。

1. 嘉庆年间断禁的毒品犯罪刑事政策之体现

为了进一步查禁鸦片烟，清政府在 1796 年发布了禁止鸦片进口的禁令，此后鸦片由纳税进口变为暗中偷运。[1]1800 年颁布了"查禁从外洋输入鸦片和在国内种植罂粟"的上谕[2]，对暗中偷运至我国的鸦片加大了查处力度。1815 年颁布了《查禁鸦片章程》，规定凡到澳门的外国货船必须按船查验，以禁绝鸦片来源。[3]外国船只进入我国港口必须有行商作保，担保该船没有携带鸦片。如果外国船只携带鸦片，行商必须立即呈报政府，将该船逐出港外。如行商与外国人合谋私运鸦片的，以贩卖鸦片罪论处。[4]这些措施，一定程度上打击了鸦片烟的走私行为，真正起到了堵源节流的作用。

嘉庆时期还继承了雍正以来对"兴贩鸦片"和"开设烟馆引诱良家子弟吸食"的处罚规定，处罚标准比雍正时期还要严厉，如开设烟馆，雍正时期最高可判斩监候，而嘉庆时期可判绞首。[5]对于贩卖鸦片的，"犯者拟罪，递加至徒流环首"。吸收康乾时期因毒品鸦片概念不明确导致的立法虽严但实际难以处罚的教训，嘉庆执政后颁布了一系列法规，明确规定任何种、购、运、售鸦片的行为都是非法行为，杜绝了不法商人借药品之名种植、运输、销售鸦片，私人购买鸦片也要受到处罚。

为了从源头和归宿上消灭毒品，嘉庆皇帝还颁布法律严惩

〔1〕 姚薇元：《鸦片战争史实考》，人民出版社 1984 年版，第 12 页。
〔2〕 [美] 马士著，张汇文译：《中华帝国对外关系史》（第 1 卷），上海世纪出版集团 2006 年版，第 200 页。
〔3〕 于恩德：《中国禁烟法令变迁史》，伪蒙疆政府榷运清查总署 1934 年，第 28 页。
〔4〕 参见崔敏主编：《毒品犯罪发展趋势与遏制对策》，警官教育出版社 1999 年版，第 170 页。
〔5〕 覃珠坚、张晓春：《中国禁毒法规介评与适用》，中国人民公安大学出版社 2012 年版，第 9 页。

吸食鸦片者。1813 年颁布了《买食鸦片治罪名则例》，对吸食鸦片的人按身份不同制定了不同的定罪量刑标准。官员买食鸦片的，仗一百，枷号两月；一般军民买食鸦片的，仗一百，枷号一月；太监买食鸦片的，枷号两月，发往黑龙江的该处官员为奴。这一举措开创了国际禁毒史上以刑罚手段制裁吸毒者的先例，也开启了后世几百年关于吸食鸦片应否治罪的理论先河。

2. 道光年间断禁的毒品犯罪刑事政策之体现

道光元年，查处叶恒澍夹带鸦片之案，皇上下旨："开烟馆者议绞，贩卖者充军，吸食者杖徒。"[1]自此拉开了制定一系列法规严控开设烟管、贩卖和吸食行为的序幕。1831 年颁布了查禁内地行销鸦片章程，禁止鸦片在内地的行销贩卖。1833 年颁布《禁种条例》，规定禁止鸦片在内地行销，禁止栽种罂粟、收浆煎熬鸦片烟，禁止出租田地房屋给他人种植罂粟、熬制烟膏，知情不举报的也要予以相应处罚；自首立功者从宽处罚；对毒品犯罪附加没收财产刑。[2]1839 年颁布的《查禁鸦片章程》对走私、运输、制造毒品，以及种植毒品原植物、吸食毒品等毒品犯罪各环节的行为，分别给予斩枭、斩立决、绞监候、杖流、杖徒、充军、发配、永枷不赦等处罚；并对首犯、从犯根据情节给予不同处罚；对于自首的免于处罚，同时还建立了鸦片烟毒过境地的倒查制度。

为了严惩禁烟过程中的贪腐渎职行为，道光皇帝继续加大了对禁烟官员的管理与惩治。1823 年制定了《失察鸦片烟条例》，专门惩处文武百官的禁烟失职行为，规定"文职地方官及

---

〔1〕　（清）李圭：《鸦片事略》（卷上），第 5 页，载豆丁网 http://www.docin. com/p-3218799. html.

〔2〕　赵秉志、于志刚：《毒品犯罪》，中国人民公安大学出版社 1998 年版，第 11 页。

巡查委员……若止系失于觉察，按其鸦片多寡，一百斤以上者该管大员罚俸一年，一千斤以上者降一级留任，五千斤以上者降一级调用。武职失察处分，亦照文职画一办理"[1]，文武官员禁烟失察的，同等对待。该条例颁布后，对东南沿海禁烟影响较大，官员基本能依照条例要求严查鸦片；而在内陆地区，该条例未得到认真贯彻，基本没有官员因禁烟失察而受到处分。

鉴于鸦片走私对当时清政府财政收入的严重影响，道光皇帝尤其注重对走私进口鸦片行为的查处，以限制官银外流。其在位期间，先后颁布了很多相关的法令：1829 年颁布了《查禁官银出洋及私货入口章程》7 条、《查禁纹银出洋及内地分销鸦片章程》6 条，重申了严禁外国商船贩运鸦片到我国的规定。

（二）嘉庆、道光时期断禁的毒品犯罪刑事政策之评析

1. 立法实现对毒品犯罪的全方位规制

鸦片战争前的嘉庆和道光年间，我国的法规初步形成了从禁止贩卖到禁止吸食的全面禁止烟毒的格局。如比较完整的惩治鸦片犯罪的法律——《查禁鸦片章程》规定了"输入鸦片罪、种植罂粟罪、制造烟土罪、贩卖烟土罪、吸食鸦片罪、开设烟馆罪、制造鸦片烟具罪等罪名"[2]，基本涉及毒品生产、流通、消费的方方面面，这就大大缩小了刑法打击的死角，一定程度上做到了有法可依。尤其难能可贵的是，将吸食毒品行为规定为犯罪，表明上述两位皇帝在位期间已经意识到毒品犯罪治理的视角不能局限于流通环节；而将吸毒行为犯罪化，表明了国家对毒品犯罪认识的逐步深化。禁令颁布初期，一些地方官员基本能认真执行，也取得了一定成效。

---

〔1〕（清）李圭：《鸦片事略（卷上）》，第 5~6 页，载豆丁网 http://www.docin.com/p-3218799.html.

〔2〕"我国关于禁毒的法律法规"，载 http://www.taodocs.com/p-37958911.html.

2. 明确了相关的法律概念和定罪标准

将药用鸦片与毒品鸦片统一认定为毒品，明确了鸦片的毒品性质，对于后世的法规制定起到了重要的作用，也杜绝了不法商人借药品之名行种植、运输、销售鸦片的犯罪之实。道光皇帝发动的第一次全国性禁烟运动取得成效，与正确认识鸦片的毒品性质有莫大的关联。在种植、贩运、销售鸦片的入罪标准上，采用不设门槛的方法来加大打击力度。同样，对于私开烟馆诱人吸食毒品的行为，也不设置单独的入罪标准，全部以犯罪论。

3. 对毒品犯罪严厉制裁与从宽处罚并存

嘉庆、道光年间，我国对鸦片烟毒采取断禁政策，因此对烟毒犯罪给予比较严厉的处罚，并且根据犯罪人身份的不同采取不同的量刑标准。同样是吸食鸦片行为，官员的处罚重于一般军民，一般军民又重于太监，这体现了国家在严厉禁毒的同时，亦不忘加强对特殊群体的严格管理。与此同时，规定出租田地房屋给他人种植罂粟的业主、与存在吸食鸦片行为的子弟一起居住的家长要承担连带责任。这种连带责任或者称之为株连，在现代法学家眼中，与"落后""野蛮""愚昧"挂钩，但在国家控制能力低下的情况下，推行连带责任能克服地方一级信息不灵、交通落后等制约因素，有效地维护政权统治。

在对毒品犯罪严厉处罚的同时，道光年间的禁烟法律首创自首、立功从宽处罚的罚则。《禁种条例》第 3 条规定，实施了有关毒品犯罪的人，如果能投案自首，并将其他私栽鸦片、私熬烟膏的犯罪分子揭发归案或扭送归案的，免予定罪，其财产不予没收。如果犯罪后投案自首，但未能揭发、扭送其他犯罪分子归案的，仅免予定罪，财产仍要没收。《查禁鸦片章程》第 9 条规定："事未发而自首者免罪；闻拏投首者减一等，首后复犯加一等治罪。"[1]意即实施的烟毒犯罪未被司法机关发现就投案自首的,不再治罪;犯罪后被人知晓且得知官府要来抓捕时投案自首的,不免予处罚,但减轻一等判刑。设立自首、立功从宽处罚的制度,一方面可鼓励犯罪分子主动认罪,悔改自新;另一方面保证了清政府在不增加司法投入的情况下获取有效线索和证据,有利于查获烟毒犯罪,惩治烟毒罪犯。

三、鸦片战争背景下弛禁的毒品犯罪刑事政策

在清政府的大力支持下,1839 年林则徐在广东举行了规模宏大的禁烟运动,在世界禁毒史上留下了浓重的一笔。禁烟运动对西方国家的鸦片走私等活动产生了重大影响,于是西方国家借口保护自己的合法贸易,对清政府发动了鸦片战争。由于当时清政府的国力羸弱,加上统治阶层的腐朽,在鸦片战争中完全被英法击败。第一次鸦片战争失败后,清政府签订了《中英南京条约》《中英五口通商章程》《五口通商附粘善后条款》《虎门条约》《望厦条约》《黄埔条约》等一系列不平等条约,给国家带来了深重的灾难,同时,随着清政府的不断弛禁,禁烟政策开始趋于宽松。

(一) 第一次鸦片战争后毒品犯罪刑事政策的转变

清政府原本坚持的严厉禁烟政策,因为战败受到了诸多的影响。如在道光皇帝统治的早期,其对于禁烟持比较坚定的态度,即使在鸦片战争期间的 1840~1841 年间,他还连续发布了 63 道禁烟上谕。但在战事不利的情况下,对林则徐的奏折给出了

---

[1] (清) 李圭:《鸦片事略》(卷上),第 30 页,载豆丁网 http://www.docin.com/p-3218799.html.

"无非空言搪塞，不但终无实济，反生出许多波澜"的责难。[1]
道光皇帝对禁烟的态度经历了初期的坚决禁止——无奈地维持
禁烟法令——最后破除禁烟法令的过程。

（二）第二次鸦片战争后毒品犯罪刑事政策的转变

第二次鸦片战争也以清政府的战败而告终，清政府又被迫
签订了一系列不平等条约，其中不少条约涉及鸦片烟的贸易问
题，英法等国家终于谋求到向中国合法输出鸦片的权利。各通
商口岸都成了鸦片贸易集散地，"鸦片在海关官员面前公开地通
过，而且是唯一不受检查的进口货"[2]。咸丰九年（1859年），
清廷颁布了《洋药经售条例》（洋药即指鸦片），实现了洋货商
人在内地对鸦片的垄断销售。1862年，又颁布改订禁开馆条例，
规定开设烟馆者，照开场聚赌例，拟杖一百，徒三年。

（三）鸦片战争期间禁烟刑事政策评析

1. 禁烟刑事政策宽松

在鸦片战争期间，不仅是最高统治者，相关的禁烟法令也
表现出对禁烟的宽容态度。如，《洋药经售条例》"规定以往的
禁烟毒条例一并删除，统统作废"[3]，一定程度上解除了以往
关于禁止贩卖鸦片和吸食鸦片的严厉禁令。比较而言，这两个
禁烟条例（《洋药经售条例》和改订禁开馆条例——笔者注）
比道光时期的禁令宽松很多，表现了咸丰对禁烟已经缺乏信心
与诚意。[4]清政府弛禁后的禁烟条例，不会带来实质成效。

---

〔1〕 马模贞主编：《中国禁毒史资料1929年~1949年》，天津人民出版社1998
年版，第207页。

〔2〕 崔敏主编：《毒品犯罪发展趋势与遏制对策》，警官教育出版社1999年
版，第180页。

〔3〕 于恩德：《中国禁烟法令变迁史》，伪蒙疆政府榷运清查总署1934年，第
93页。

〔4〕 朱庆葆："论清代禁烟的举措与成效"，载《江苏社会科学》1994年第5期。

2. 鸦片贸易的合法化阻碍了禁烟刑事政策的执行

两次鸦片战争的失败，使以英法为代表的西方国家获得了对中国的鸦片合法输入权。鸦片的大量输入，一方面对中国社会经济造成了极其有害的影响，"使得其财政与货币流通情况极为混乱"[1]；另一方面，导致国内贩卖与吸食的泛滥，统治者幻想不杜绝鸦片走私而单方面在国内禁贩、禁吸，以实现禁绝鸦片的目的落空。外来鸦片的合法进入，使得国内的禁毒措施完全流于形式，这也在一定程度上宣告了持续百年的禁烟运动已经彻底失败。

3. 民众吸食和种植鸦片合法化，鸦片流毒公开泛滥

清政府颁布的《洋药经售条例》，除保留"官员、兵丁、太监不准开设烟馆、兴贩鸦片、吸食鸦片""普通民众不准开设烟馆、吸食鸦片"外，允许"其余民人，概准买用"[2]。由此，就承认了普通民众吸食鸦片的合法化。虽然改订禁开馆条例是为了限制民众的吸食行为，但收效甚微。在鸦片战争前夕，全国烟民有 400 万人左右，烟民多集中于东南沿海和交通便利的都市。鸦片弛禁之后，内地开始广种罂粟，吸食人数迅速增加到 2000 万，占全国总人口 42 000 万的 5% 左右。……据有关研究，当时每 10 万中国人的鸦片使用量，是菲律宾的 9.4 倍、英国的 14 倍多、美国的 22 倍多、印度的 50 倍。[3]鸦片来源和消费市场的放开，无疑给鸦片的盛行大开方便之门，鸦片真正开始了对中国民众和政府的毒害。

外来鸦片的合法贸易，使得清政府对外贸易出现逆差，白

---

〔1〕 斯大林著作编译局：《马克思恩格斯论》，人民出版社 1957 年版，第 93 页。

〔2〕 中国史学会：《刘玉坡中丞致伊耆牛大人书稿（鸦片战争第三卷）》，神州国光社 1951 年版，第 220 页。

〔3〕 曹大臣："以土抵洋——近代中国禁毒史上的决策失误"，载《决策咨询》2001 年第 1 期。

银等货币大规模外流，客观上加大了政府的财政负担。对于清政府来说，虽然虑及鸦片对民众身心健康和农业生产有所危害，但征收鸦片税厘，是困境中一宗新的财源，于是在半推半就之中，放任土产鸦片的生产和销售，并于1887年开始在海关征收土产鸦片税厘，厘金大大低于进口鸦片，实施了"以土抵洋"政策。[1]该政策实施后，种植罂粟和炼制鸦片成为合法行为，鸦片种植业以空前规模在全国各地发展，"各省种罂粟者，连阡接畛，农家习为故常，官吏亦以倍利也，而听之"[2]。中国的鸦片流毒从此进入一个生产、贩售、吸食一体化时期，中国由一个单纯的鸦片消费国家发展成了一个鸦片生产与消费俱全的大国。此后，鸦片就开始了对中国长达百年的毒害。

四、清末渐禁的毒品犯罪刑事政策之提倡

到清朝末年，清政府深刻认识到鸦片烟毒不仅对民众的身心健康造成严重侵害，而且已经深深地危及统治秩序。同时，在国际社会的共同努力下，以英国为代表的西方国家被迫同意逐步减少直至禁绝对中国的鸦片贸易和走私行为。在这样的背景下，清政府对之前的鸦片弛禁政策表示悔过，重振严厉禁烟的决心。考虑到禁烟是一个长期的过程，清政府采取了比较可行的渐禁的刑事政策。于是，鸦片战争之前所制定的一些禁烟法律法规被重新修订或者重新施行。

---

〔1〕　曹大臣："以土抵洋——近代中国禁毒史上的决策失误"，载《决策咨询》2001年第1期。
〔2〕　中国近代史资料丛刊编委会：《鸦片战争》（第1卷），上海人民出版社2000年版，第300页。

（一）国内渐禁的毒品犯罪刑事政策之贯彻

1. 拟定《禁烟章程十条》

1906 年 11 月，清政务处依照光绪帝禁烟上谕的要求，本着"遏绝来源，限制销路，先劝导而后惩儆，宽既往而严将来"的原则，拟定了《禁烟章程十条》。相较于前期的禁烟法规，该法规对毒品犯罪的处置并不严厉，但注重禁烟的长期性和彻底性。以禁种禁吸为例："章程将禁止栽种罂粟放在首位，规定从事罂粟种植的农户每年减种 1/9，至第九年即 1915 年就可以完全禁止栽种。同时，进一步限制吸食，规定凡吸烟人必须到衙门或巡警局呈报，除 60 岁以上的可从宽免议外，其他的吸烟人每年要减少吸食量的二三成，四五年内完全断瘾。"〔1〕《禁烟章程十条》还限定于 1908～1917 年 10 年内逐步减少国内鸦片种植、销售、吸食，最终实现禁绝鸦片的目标〔2〕，这也是清末"十年禁烟"总体规划的具体内容。

2. 制定法律和地方法规以达到全面禁绝鸦片

在内忧外患的背景下，清政府被迫对相关的重要法律进行修订。1907 年，由修订法律大臣沈家本主持制定、日本法学家冈田朝太郎等人起草的《大清新刑律》，专门用一章规定了"鸦片烟罪"，分设了制造鸦片烟、贩卖鸦片烟、意图贩卖而收藏鸦片烟等十多个具体罪名。这些罪名的设置，参考了当时困扰我国的一些毒品犯罪类型，并综合了西方的立法经验与现代刑事立法观念。在刑罚设置方面，主刑上以有期徒刑为中心，附加刑方面则对部分毒品犯罪采用了罚金。由于该法典引入了罪刑

---

〔1〕 余子明："振奋民族精神 查禁鸦片毒品——清末禁烟运动及其教训"，载《华夏文化》1995 年第 4 期。

〔2〕 覃珠坚、张晓春：《中国禁毒法规介评与适用》，中国人民公安大学出版社 2012 年版，第 15 页。

法定、法律面前人人平等、罪刑相当等西方现代刑罚原则，与我国三纲五常的封建礼教相悖，该法典最终未能颁布实施。但是，国内的毒品犯罪形势异常严峻，加之国际社会要求中国采用有效法律禁绝毒品的呼声较高，万般无奈之下，清政府采用变通的方法，将《大清新刑律》中有关鸦片烟罪的第 21 章单列定名为《禁烟罚惩条例》，于 1909 年颁行，以作为对贩售吸食鸦片行为实施制裁的法律依据。

为了落实清朝禁毒法律，一些省份还制定了禁毒法规和条例。对中央政府的禁毒法律做进一步解释，并针对本省的特殊情况制定特殊措施。[1]这些禁烟措施，全面贯彻了国家禁烟政策，并对具体的法律进行了切合实际的细化与改造，保证了禁烟法律的有效落实。

3. 制定并执行权责明确的禁毒吏治

清末禁烟运动吸取了前朝禁烟官吏有法不依、执法犯法的教训，为彻底肃清毒害，重视官吏在禁毒活动中的作用。1908 年，吏部制定《禁烟考成议叙议处章程》，规定地方官对禁烟查办得力、有效的，予以升级奖赏；否则，予以降级处罚。此外，还有对地方官的禁烟实效进行考核的《禁烟稽核章程》，这些章程意在将禁烟成绩与官员政绩挂钩，推动地方官吏禁烟。

为保证地方官员能将禁烟活动落到实处，清政府要求度支部派员密查禁烟成效。1909 年，宣统颁布上谕，将各级官员禁种、禁烟的权责明确划分，避免了官员之间的互相推诿。1911 年 1 月 13 日，清政府针对弄虚作假现象再次申诰"其已经禁种之处，断不准毒卉复萌；其已经戒断之人，断不准旧污复染。凡未经禁绝者，著各督抚懔遵叠次谕旨，严饬所属，迅速查禁，

---

〔1〕 余子明："振奋民族精神　查禁鸦片毒品——清末禁烟运动及其教训"，载《华夏文化》1995 年第 4 期。

毋得任意延宕。倘各地方官仍前粉饰，即著从严参处"。[1]

4. 有效惩治官员的吸食鸦片行为

清政府认识到官员彻底戒烟对烟民能起到表率作用，是禁烟运动深入开展的关键，故严惩官员吸食鸦片行为，强制官员戒烟。1908 年，清政府专门任命了禁烟大臣，设立禁烟所，随后禁烟大臣制定了专门查验和禁止各级官员吸毒的法律，如《禁烟查验章程》《续拟禁烟办法》《续拟严定禁烟查验章程》，并在中央和地方设立禁烟公所以监督各级官员的行为。光绪皇帝为了昭示禁烟的决心，对 6 个月戒断期限（1907 年秋）已到但仍吸食如常的官员分别处置："降旨将无视禁烟令的睿亲王魁斌、庄亲王载功、左都御史陆宝忠、副督御史陈名侃等暂行开缺"[2]；其他各地官员再延期 3 个月，凡期限已满未戒断毒瘾，或者在查验中弄虚作假的，立即革职；毒瘾戒断后在抽查、复检中，被查出戒断后又复吸的，也立即革职。由于戒毒措施较为严厉且具有很强的针对性，大批官员戒除了鸦片。

5. 采取措施从源头上有效堵塞毒品来源

阻遏鸦片进口措施颇有成效，推动了禁烟运动的深入开展。到 1911 年 9 月 11 日，奉天、吉林、黑龙江、陕西、四川五省已完全禁绝洋土药输入。据海关十年报告，清末禁烟初期，每年鸦片尚有五六万担进口，但自 1908 年《中英禁烟条约》签订后，鸦片进口迅速下降，到 1911 年，减少到 2800 担以下。[3]外来鸦片的减少，本土罂粟种植量的大幅下降，使得我国从源

---

〔1〕《清实录（附宣统政纪）》（第 60 册），中华书局 1987 年版，第 828 页。

〔2〕 崔敏主编：《毒品犯罪发展趋势与遏制对策》，警官教育出版社 1999 年版，第 186 页。

〔3〕 徐雪筠等译编：《上海近代社会经济发展概况（1882~1931）》，上海社会科学院出版社 1985 年版，第 141 页。

头上堵塞了毒品的来源，这无疑是减少乃至禁绝毒品的重要措施。

（二）国际禁烟条约进一步推动了中国禁烟政策的贯彻

清末是一个特殊的时期，各国都在中国有着超越主权的特殊利益，尤以英国为甚。中国鸦片烟毒的泛滥，牵动着很多国家的神经，为了限制英国在华势力，同时也出于人道主义的考虑，国际社会对英国施加了一定的压力；与此同时，清政府也在进行不懈的外交努力，加之大批爱国人士在国外的努力，英国政府最终妥协让步，于1908年3月同中国签订了《中英禁烟条约》，约定印度鸦片输入额自1908年起，年减1/10，10年减净。在中国官民的共同努力下，大批烟馆、烟店关闭，部分省份实现罂粟禁种，大量烟民也逐渐戒断烟瘾。《中英禁烟条约》的签订，不仅代表了清政府外交上的重要胜利，还使清政府赢得了极其有利的禁烟外部条件，对清末禁烟运动也产生了相当积极的影响。后人曾评价说："苟无中英禁烟条约之订立，其禁烟成效或不若是之速。"[1]

（三）清末渐禁的毒品犯罪刑事政策之评析

清朝末年的禁烟运动不似道光帝统治前期的声势浩大，也并非单纯依靠严刑峻法，但成效确是卓著的，在禁种、禁贩、禁吸方面都有较好的成绩，这主要得益于清政府在深刻认识毒品犯罪的基础上采取的渐禁式刑事政策，当然也离不开国际社会的高度关注。但由于清政府国力赢弱，虽然其非常期望能够禁绝毒品，但心有余而力不足，最终没有肃清烟毒。但清末所采取的惩处毒品犯罪的刑事政策还是有不少值得借鉴之处的。

首先，禁烟活动遵从毒品治理的客观规律，成效显著。清

---

〔1〕 于恩德：《中国禁烟法令变迁史》，文海出版社1975年版，第120页。

政府意识到在烟毒泛滥极深的形势下，禁种、禁贩、禁吸都需要一个过程，禁烟后的经济填补也需要过程，所以禁烟活动逐渐推进，效果逐渐显现，不仅让民众认识到吸食鸦片是个体堕落、家庭贫困、国家衰微的重要原因，也净化了社会风尚，推动了农业的复苏与国民身体素质的提升。

其次，禁烟活动针对性较强。如对官员禁烟成效的考核、对官员吸毒的惩处，既保证了官员厉行禁毒的决心，也在一定程度上保证其廉洁性，这就说明了清政府看到了严格执法的重要性，而严格执法的根本在于执法者的廉洁，这对于今天也是具有借鉴意义的。

最后，从源头堵截毒品来源。禁止国外鸦片进口，同时在国内大力推行禁种措施，双管齐下，从源头上掐断毒品的来源，无疑是禁毒的有效举措。但其不足之处在于，对国内普通民众吸食毒品的禁绝态度和力度均不够，虽然为了有效降低吸食毒品的人数，清政府加强了对开设鸦片烟馆的查处力度，但治标不治本，从而导致单纯的源头堵塞收效甚微。

第三节　中华民国时期的毒品犯罪刑事政策

辛亥革命瓦解了清政府的统治，这直接导致清政府厉行的禁烟举措受到了冲击。原本需要地方政府予以全力配合与贯彻的禁烟政策，出现了松散的状态，很多尚未禁绝种植的省区，其罂粟种植面积迅速恢复和扩大，其中尤以云南、贵州为甚。而禁吸措施亦被抛弃，"上海、广州等大中城市的鸦片烟馆犹如雨后的毒菌一样，一齐冒出地面，一度收敛的鸦片势力在中国重新开始活动"[1]。为了在社会转型时期遏制毒品对于中华民

---

〔1〕　王宏斌：《禁毒史鉴》，岳麓书社1997年版，第330页。

族的危害，政府有效采取了一系列措施，严厉禁毒。

一、孙中山严厉惩处毒品犯罪的刑事政策

以孙中山为代表的革命党对中国社会的毒品犯罪问题深恶痛绝，对毒品给中华民族造成的深重灾难痛心疾首。孙中山就任中华民国临时大总统后，就颁布《大总统令禁烟文》，通令全国严厉禁止鸦片，"饮鸩自安，沉腼忘返者，不可为共和之民"。在具体的措施上，对内，继承与发展清政府推行的有效禁烟法令；对外，通过外交和国际条约坚持严厉禁毒的立场。

1. 孙中山严厉惩处毒品犯罪的刑事政策

（1）对于清政府的严厉禁毒法令的继承与发展。面对新政府禁烟法令不健全的现实，为了遏制鸦片之害，1912 年 3 月，孙中山颁布《大总统令禁烟文》，明确提出对清政府严厉的禁毒法令予以全面的继承与贯彻：命令内务部迅速审查前清朝所有禁烟法令，能够继续执行的，予以保留；规定不完善或不到位的，由内务部拟定暂行条例颁布执行。在对毒品犯罪的惩治上，孙中山先生在《大总统令禁烟文》提议，参议院在立法时要剥夺吸食鸦片者选举、被选举等一切公权。[1]剥夺吸毒者的选举权与被选举权等公民政治权利，表明了政府在严厉禁毒上的坚定立场。在鸦片毒害回流之时，上述法令对于稳定全国的禁烟大局起到了重要作用。

（2）通过外交途径严厉禁毒。为了全面禁绝鸦片烟毒，孙中山在退任中华民国临时大总统后，仍专门致信伦敦各报，要求英国正式解除向中国贩卖鸦片的约定。其提出，只在中国禁绝罂粟种植却不禁绝外商售卖，种植的问题将难以彻底解决。

---

〔1〕《政府临时公报》第 27 号（影印版），江苏人民出版社 1991 年版。

只有禁绝鸦片买卖，才能使禁种收到成效，希望英国能放弃承认对华鸦片贸易合法的《通商章程善后条约》，使中国禁烟活动能真正有成效。"贵国于吾新国定基之初，更施无上之仁惠，停此不仁之贸易。予切愿以人道与真正之名义，恳贵国准许吾人在本国境内禁止售卖洋药、土药、害人毒品，并许悬为厉禁，则栽种自能即停，谨为全国同胞乞助于英国国民。"[1]这一外交方式在英国国内产生了很大影响，在国际社会的压力下，英国政府被迫开始调整对华的鸦片输出政策。这对中国的禁毒活动产生了积极的影响。

2. 孙中山严厉惩处毒品犯罪的刑事政策评析

南京临时政府时期的禁烟举措是孙中山严厉禁毒思想的具体实践，这是其早期"以土抵洋"禁烟思想之后的重要转变。孙中山在革命早期积极支持"以土抵洋"政策，希望通过放任和鼓励土产鸦片的生产和销售，并征收低于进口鸦片的税厘，来抵制英国鸦片的输入。这实际上是对鸦片弛禁的一种态度。后孙中山认识到"以土抵洋"的做法，非但没有解决"抵洋"的问题，却造成"土""洋"毒品竞相泛滥，于是颁布相关禁令以绝鸦片祸害。受其影响，由革命党人控制的南方各省军政府，因地制宜地开展了严厉的禁烟运动，取得了一定的禁烟成效，并为以后的禁烟运动打下了良好基础。

二、袁世凯严厉的毒品犯罪刑事政策之延续

袁世凯于1912年3月10日就任临时大总统后，为顺应民意多次发布禁烟令，而在毒品犯罪的治理政策上，延续了孙中山严厉禁毒的立场。如1912年3月14日发布了重申严禁鸦片令，

---

[1] "孙中山致伦敦各报书"，载《孙中山全集》，中华书局1900年版。

命令各地官员"将从前禁吸禁运各办法继续进行，毋得稍有疏懈"[1]。

1. 袁世凯严厉的毒品犯罪刑事政策之贯彻

（1）制定颁布相对完善的禁烟法规。袁世凯时期的禁烟法令既有对清廷相关规定的沿用，也有自创的适合当时背景的禁烟法令。根据袁世凯的要求，1913 年北京政府法部对大清新刑律进行删改后形成的《暂行新刑律》中关于"鸦片烟罪"的条文，就是全部沿用《大清新刑律》的规定。袁世凯时期自创的禁烟法令有：1912 年 5 月制定的《禁烟法案》，该法案涵盖了总则、禁种、禁卖、禁吸等 4 章 15 条的内容，对鸦片的生产、流通、消费等各个环节均进行了详细的规定，尤其注重对本土罂粟种植的查处；同年 6 月 11 日发布的《通饬禁种鸦片文》，要求各省份一律不准再种烟苗，应当规劝烟农种植当地适宜的其他农产品，不要"轻弃农本植兹毒卉"，如有私种鸦片情事，即严厉惩处，并即刻拔除；为应对国际上吗啡、古柯等新型毒品问题而于 1914 年 4 月通过的《吗啡治罪条例》，规定对制造、贩卖、收藏、施打吗啡等行为，比照刑律鸦片烟罪定罪处罚，同时还规定，古柯、海洛因等毒品也适用该法规定。

（2）通过整顿吏治加强禁毒执法。中国政府多年禁毒的经验表明，吏治腐败一直是导致禁毒政策无法有效推行的毒瘤。因此，袁世凯政府也非常注重对官吏的整顿，并采取适当措施以鼓励其积极从事禁毒活动，打击吸毒的官吏。

1912 年 12 月，为表明政府履行《中英禁烟条约》的决心，袁世凯又通令各省行政长官，"查照条约，振刷精神，分别严禁，

---

[1] 徐辉琪："民初禁烟综论"，载华中师范大学中国近代史研究所编：《辛亥革命与 20 世纪中国——1990～1999 年辛亥革命论文选》，湖北人民出版社 2001 年版，第 1305～1328 页。

并按月将禁烟实在情形报明外交、内务两部，以资考核"[1]。内务部也发文通告各部都督，要求严格执行禁烟令，以期根绝鸦片烟毒。1913 年 10 月 27 日，袁世凯再发总统令，通令各省行政长官严格执行禁种、禁运、禁吸的法令。为了调动禁毒人员打击毒品犯罪的积极性，1914 年 5 月制定《烟案罚金及赌案没收钱财充赏办法》，对查获烟案有功人员进行奖励。1914 年 9 月，司法部制定了《拿获吗啡案充赏办法》，后来又制定了《查获罂粟种子奖赏办法》。

与此同时，官员吸毒的，会受到公权的褫夺和法律的制裁。1912 年 4 月 1 日公布的《参议院法》规定，吸食鸦片者不得为议员。1912 年 8 月公布的《众议院议员选举法》规定，吸食鸦片者不得有选举权和被选举权。上述法令使民初禁烟行动有法可依、奖赏有据，对调动稽查人员的积极性，减少毒品贩吸食起到了一定的积极作用。

（3）加强与国际社会的禁烟合作。1912 年，英、法、德、美、日等国在海牙召开了第二次万国禁烟大会，袁世凯派中国驻德公使梁诚出席会议，并参与议定了禁烟公约 25 条，史称《海牙禁烟公约》或《海牙国际禁止鸦片公约》；袁世凯还任命驻荷兰公使唐在复为出席海牙万国禁烟会议的全权代表；唐奉命在万国禁烟公约上签字，声明自签字之日起，中国实行公约。[2]《海牙禁烟公约》是世界禁毒领域第一个有法律约束力的国际文件，其规定了对毒品鸦片烟膏的制造、使用、管制，以及渐次

[1] 徐辉琪："民初禁烟综论"，载华中师范大学中国近代史研究所编：《辛亥革命与 20 世纪的中国——1990~1999 年辛亥革命论文选》，湖北人民出版社 2001 年版，第 1305~1328 页。

[2] 龚育之：《中国二十世纪通鉴（1901~2000）》，线装书局 2002 年版，第 796 页。

采取禁止的措施；规定缔约国应当制定法律管制生鸦片的生产、销售和进口；逐渐禁止熟鸦片的制造、贩卖和吸食；切实管理吗啡、海洛因、古柯等麻醉药品；要求缔约国减少在中国国内的生鸦片及鸦片烟膏贩卖店的数量，具有划时代意义。中国是该公约的 13 个创始签署国之一，这表明了袁世凯政府谋求国际合作力量禁绝烟毒和为进口鸦片的输入寻找阻断渠道的决心。

2. 袁世凯严厉的毒品犯罪刑事政策之评析

袁世凯在位期间延续了之前严禁鸦片的刑事政策，在国内制定相对完善的禁烟法律法规，全方位规制种植、贩卖、吸食鸦片等行为，意图对鸦片的生产、流通、消费进行一体化控制；在国际上，积极谋求国际势力的帮助，尽可能阻断毒品鸦片的进入。袁世凯政府禁烟法规是在国内外禁毒浪潮的冲击下不得已而为之的表面结果，但由于袁世凯政府要员普遍对烟毒存有弛禁态度，加之国内外的复杂局势，禁烟法规不可能得到一体遵行。[1]

在国家厉行禁毒的政策约束下，各地均根据实情，制定了具体的禁烟执行措施，使得民国初年的禁烟运动取得重大的胜利。民国初年颁布的法令也限制民间吸食，由于鸦片的来源和流通基本被控制，大批吸食者买不到鸦片，加之鸦片价格奇贵，非富贵人家已无力吸食，绝大多数的吸食者不得不戒断烟瘾。[2]但是，一方面囿于当时地方政府对于禁烟实际执行上的摇摆不定，另一方面中央政府对地方政府控制力弱化，政府本身制定的严厉禁毒的政策，在实际执行中大打折扣，很多有效的禁毒措施亦并未得到真正的贯彻落实。

---

〔1〕　覃珠坚："介评中华民国时期禁烟法规"，载《百色学院学报》2006 年第 4 期。

〔2〕　王宏斌："民国初年禁烟运动述论"，载《民国档案》1996 年第 1 期。

第四节　军阀混战时期多样化的毒品犯罪刑事政策

袁世凯政府倒台后，中国进入了漫长的军阀混战时期。中央政府各项法规法令虽有全面禁种、禁运、禁售、禁吸等内容，但因为中央政府对地方军阀控制力的丧失，这些法规法令基本被束之高阁。各地军阀为筹措军费，大肆敛财，故对鸦片采取弛禁的刑事政策，只有孙中山领导的广州军政府矢志不渝地推行严厉禁绝毒品的刑事政策，形成这一时期多样化的毒品犯罪刑事政策。

一、军阀混战时期多样化的毒品犯罪刑事政策

（一）各地大小军阀统治区域弛禁的毒品犯罪刑事政策

在此时期，中央政府对各路军阀已经丧失了统治能力，地方各行其是。中英联合会勘后，尽管民国初期以来中央政府颁布的禁烟法令法规仍然有效，但各地大小军阀为获取大量军费，在其占领地不仅征收各项苛捐杂税，而且罔顾禁毒法规采取弛禁鸦片的刑事政策。对于种植鸦片，军阀割据地的法令或政策要么鼓励，如陕西、奉天；要么放任不禁止，如江苏、浙江，以达到抽取税收的目的。真正禁止种植的只有山西和吉林两个省份，由此导致鸦片从源头上开始泛滥。到1925年，全国罂粟种植面积已达1800万亩，根据初步估算粮食大约少收54万斤。粮食减产，粮价上升，人民生活更加困苦。[1]此外，以军养毒、以军护毒，或者开厂制造鸦片、吗啡，公然售卖烟土等毒品，贩运或包庇私运毒品。至此，鸦片的种植、制造、贩卖、走私

---

〔1〕　转引自覃珠坚、张晓春：《中国禁毒法规介评与适用》，中国人民公安大学出版社2012年版，第31页。

全面放开，日本、英国、美国等列强纷纷染指中国的毒品贸易，烟毒蔓延速度很快超过清末"二次禁烟"以前的规模。此外，上至达官贵人，下到普通民众，均将鸦片及其吸食器具作为必需品，导致鸦片吸食的泛滥。

（二）孙中山领导下的广州军政府严厉禁绝毒品的刑事政策

在军阀混战期间，孙中山领导的广州军政府禁烟态度最为积极，明显贯彻了严厉禁绝毒品的刑事政策。孙中山在 1921 年8 月 22 日发布了《重申严禁鸦片令》，并在政府内设专门的"禁烟督办署"。1922 年 3 月制定的有关禁烟条例要求，种植罂粟者自条例施行之日起立即铲除。但由于中央法令对于各路军阀并无实质的约束力，故禁烟成效并不明显。1924 年孙中山令禁烟都督办重新拟定的《禁烟条例》对鸦片烟毒的种、运、售、吸都规定了处罚条款；在具体操作上，规定一切禁烟事宜由禁烟督办同各该地方军民长官办理，并随时派成员分赴各省、各属严密稽查。在禁烟过程中，孙中山先生态度坚定，坚决要求各地纠正寓禁于征的政策，打破通过税收控制鸦片的幻想，意图彻底解决烟毒问题。为加强禁烟事务，在大本营财政紧缺的情况下，优先考虑禁烟督办署经费。

二、军阀混战时期多样化的毒品犯罪刑事政策之评析

在军阀混战的情形下，中央政府的很多禁毒措施均无法有效地得到贯彻和落实，相反，各地军阀自己的禁毒政策却左右着中国的禁毒形势。多数地区的军阀均将毒品作为获取军费的重要手段之一，因此，武装贩毒、勒令或者鼓励种植罂粟就成为主要的举措。只有广州军政府在孙中山的影响下，真正从事严厉整治毒品犯罪的活动，但这并不足以抵消全国性的毒品合法运营。因此在军阀混战期间，种毒、吸毒成为一种合法的行

为，对鸦片的弛禁态度占据社会主流。

第五节　国民政府时期的毒品犯罪刑事政策

一、国民政府前期的毒品犯罪刑事政策

国民政府前期，由于政府机构更迭频繁，各地制定的禁烟法规也卷帙浩繁，由此导致禁毒刑事政策的变化相对较大。从其有关的毒品犯罪刑事立法上看，其表现出了相对理性的"渐禁"政策，而在司法上，虽然一直强调严格贯彻立法，但执行的却是"寓禁于征"的刑事政策，效果与"渐禁"的禁毒政策相去甚远。

（一）国民政府前期"渐禁"与"寓禁于征"的毒品犯罪
　　　刑事政策

在国民政府前期，由1923年建立的孙中山大元帅大本营发展而来的广州国民政府，推行了一系列改革措施和法令支持禁烟，表明了严厉禁绝毒品的立场：1925年7月颁布禁烟训令，同月颁布了重新修订的《禁烟条例》；1926年9月制定颁布了《戒烟药膏专卖总局组织章程》《戒烟药膏专卖总局职掌规则》和《戒烟药膏专卖总局收买药料暂行规则》，10月制定了《各属禁烟局职务规程》等。1926年底，由广州国民政府变更而来的武汉国民政府，由于存在时间短，并没有自创的禁烟法律法规，但仍然秉持广州国民政府的禁烟立场，其禁毒思想与广州国民政府一脉相承。

1. 国民政府前期"渐禁"的毒品犯罪刑事政策之体现

受孙中山等提出的三民主义及随后发展的新三民主义影响，国民政府前期在立法指导思想上较为注重体恤民情，反映在禁毒问题上，就是采取"渐禁"的禁烟政策，在民众逐渐理解与

认同的过程中禁绝毒品，禁烟立法态度较为严谨。在禁毒法律的贯彻落实上，《禁烟条例》规定，限 4 年将鸦片烟完全禁绝，禁绝前，成立禁烟督办公署负责鸦片专卖，以有效规范鸦片烟的买卖。而在禁吸上，国民政府前期广泛实行"设牌专卖""凭证使用"等政策，民众如果是因为治疗疾病必须用鸦片的，要经过国民政府注册的医生出具证明特许使用；确有烟瘾的，经禁烟机关核准申领牌照按量供应，但每年的用量要递减 1/4，4 年后戒断。

2. 国民政府前期"寓禁于征"毒品犯罪刑事政策之推行

国民政府前期，国内的政局相对不稳，较为理性的"渐禁"式禁烟政策虽然是总的刑事政策，但是在具体的实践中总会出现一定的偏离。1925 年 8 月，宋子文接任广州国民政府财政部部长后，为了加强财政收入，实行"招商代销"的办法，命令所有烟商必须按时领取代销执照，缴纳烟税，从而改变了民国政府的禁烟政策，又开始推行"寓禁于征"。[1]1926 年 6 月，国民政府决定北伐，为了充裕军饷又推行此政策。从此，该政策成为国民政府基本的禁烟政策。

（二）国民政府前期"渐禁"与"寓禁于征"的毒品犯罪刑事政策之评析

国民政府前期，民间禁烟活动积极，"1924 年，上海 40 个公团成立了中华国民拒毒会，随后在全国建立分会达 400 多个。各地也建立了不少禁烟组织，如拒毒社、拒毒分会、去毒社、禁烟促进会等"[2]，积极从事禁烟宣传，筹集资金开展戒毒活动，并通过各种途径揭露政府包庇私运烟土的行为。但是，这

---

〔1〕　覃珠坚："介评中华民国时期禁烟法规"，载《百色学院学报》2006 年第 4 期。

〔2〕　王金香："南京国民政府初期的禁烟"，载《民国档案》1996 年第 2 期。

个时期国民政府采取的"渐禁"禁毒政策得需要一定的时间才能见成效，而"寓禁于征"禁毒政策的根本目的在于筹措军饷，故禁烟的效果并不理想，甚至挫伤了普通民众禁烟的积极性。民间烟毒继续泛滥，上至达官贵人，下至普通百姓，均有大量烟民存在，私运、私种的情况没有得到解决。

二、国民政府中期的毒品犯罪刑事政策

（一）南京国民政府"寓禁于征"的毒品犯罪刑事政策

1. 南京国民政府"寓禁于征"的刑事政策之体现

1927年"四·一二"政变后，以蒋介石为首的国民党定都南京，成立南京国民政府，武汉国民政府被撤销。南京国民政府除在中央设有禁烟局外，各地的禁烟局、禁烟分局、禁烟稽查处、禁烟所、禁烟分所林立，并于1927年9月到1928年4月制定颁布了一系列禁烟法律法规。1927年颁布《禁烟暂行章程》13条，规定：从1928年起3年内完全禁绝鸦片；禁止种植鸦片和输入吗啡、海洛因等项毒品；25岁以下禁绝吸食鸦片……仍将领证特许贩卖的鸦片称为"戒烟药品"，规定商民贩卖"戒烟药品"必须申领特许证，"戒烟药品"一律由政府抽税，第一年税率为70%，第二年税率为100%，第三年税率为200%，税后贴用政府统一制作的印花税票。[1]同年11月颁布的《修正禁烟条例》20条、1928年颁布的《再次修正禁烟条例》21条对《禁烟暂行章程》进行了两次修订，内容几乎无变化，只是对领取特许证、印花税等进行了更为严格的规定，目的在于抽税。1928年财政部颁布的《征收戒烟药料特税章程》规定财政部在各省扼要地点设立专运所，每1000两征收特税国

〔1〕 王立红、刘玉珍、曾秀敏："国民政府初期的禁烟政策"，载豆丁网 http://www.docin.com/p-712798770.html.

币300元。此外，还有《戒烟药料印花领用章程》《戒烟药料护运章程》《各省检查烟苗局章程》等法律法规。这些规定利用了民众渴望禁烟的良好愿望，表面看似禁烟态度坚决，实际上都是为抽取烟税解决政府军费问题服务，为"寓禁于征"的禁毒策略提供法律保障。在烟税的巨大利润引诱下，各地罂粟种植有增无减，制造毒品的规模越来越大。与此同时，境外烟毒也源源不断地涌入内地，吸食烟毒者越来越多。据拒毒会1931年调查，当时中国有烟瘾者至少500万人，加上山东、陕西、河北、察哈尔、热河、绥远六省服代用品500多万人，每人年纳税20元，即有20 000万元收入，足担中国全部军饷之半数。[1]

2. 南京国民政府的"寓禁于征"刑事政策之评析

"寓禁于征"的刑事政策，一直是处于动荡时期的国内政府禁毒的主要政策。其一方面要求禁绝毒品，另一方面又允许在向政府缴税基础上公开种植罂粟、公开制造鸦片，还允许公然运输各类毒品，允许公开开馆吸食鸦片。内容的自相矛盾必然导致禁烟没有实效，特别是作为手段的"征"，在吏治腐败的年代，很容易滋生贪腐犯罪。虽然这一时期，全国破获了一些烟毒案件，收缴了一些毒品，收监了烟贩和吸毒人员，禁烟行动取得了一些成绩，但禁毒的直接目的被增加政府税收的根本目的所取代，导致禁毒的效果大打折扣。禁烟政策的偏差，加上政治局势动荡和吏治腐败，成为南京国民政府初期烟毒难以肃清的主要原因。正如财政部次长郑洪年所言：目下禁烟计划，仅为筹款之计。如谋禁烟，不但不能禁烟，实足纵毒。[2]

---

〔1〕 转引自覃珠坚、张晓春：《中国禁毒法规介评与适用》，中国人民公安大学出版社2012年版，第33页。

〔2〕 吴永明："南京国民政府禁烟述略"，载《江西社会科学》1998年第7期。

（二）南京国民政府"断禁"的毒品犯罪刑事政策

1. 南京国民政府"断禁"刑事政策之提出

"寓禁于征"的政策使各级官员纷纷借禁烟之名，勾结烟贩滥卖鸦片，中饱私囊，导致政府既没有达到禁烟目的，也难以借税收名义敛财。在该政策的指引下，当时的禁烟形势非但没有好转，甚至还呈现持续恶化的状态，引发民众的强烈不满。当时，不少人谴责政府利用鸦片税的丑恶行径。立法院院长胡汉民指出："如果吸烟可以罚金了事，岂不是替有钱的人开方便之门，把禁烟行政的威信与价值陡然降落下来吗?"[1]中华国民拒毒会认为："鸦片为帝国主义侵略之工具，为军阀官僚生存之命脉，实三民主义之劲敌，亡国灭种之祸根。惟按目下之禁烟计划观之，则不但与三年禁绝之政策背道而驰，更与总理遗训势不两立……（禁烟政策）言为福国，实为祸国，言为利民，实为害民。"[2]与此同时，在国际禁烟会议上，国际社会对中国政府禁烟不力的批评与日俱增，国际舆论的巨大压力迫使南京政府对"寓禁于征"政策进行修正，以保证禁烟的目标和禁烟的法令能够落到实处。随着张学良东北易帜，"军政时期"结束，"训政时期"开始，政府开始实施一系列有利于国计民生的政策，禁烟政策也由"寓禁于征"转向"断禁"，并在全国掀起一场禁烟运动。

2. 南京国民政府"断禁"的刑事政策之体现

从 1928 年到 1934 年，蒋介石政府颁布了一系列禁烟法规，从以税收为目的转向以禁烟为目的，以兑现其承诺的"此后国

---

〔1〕 转引自王金香："南京国民政府初期的禁烟"，载《民国档案》1996 年第 2 期。

〔2〕 转引自吴永明："南京国民政府禁烟述略"，载《江西社会科学》1998 年第 7 期。

民政府绝对不从鸦片得一文钱，如有此种嫌疑，由本会（禁烟委员会，笔者注）告发，我们就认这个政府是破产的而不信任他"[1]。

这一时期体现"断禁"刑事政策的行为有：首先，修订《中华民国刑法》中的鸦片罪，将毒品范围扩大到吗啡、海洛因、高根（古柯）等各类毒品，犯罪种类也包括制造、贩卖毒品、毒具，贩卖罂粟种子，持有吸毒工具，吸食毒品，为他人施打吗啡。其次，针对禁毒执法工作颁布了一系列的法律，如1929年9月通过的《公务员禁烟考成条例》，1930年通过的《调验公务员简则》《医院兼理戒烟事宜简则》《市县立戒所章程》《禁烟纪念日纪念办法》《检查邮件和私递麻醉药品办法》《二成戒烟经费支销办法》《中央及各省市调验所规程》《各地水陆公安机关考查烟犯办法》《麻醉品管理条例》，随后又颁布了《检查舟车飞机私运鸦片办法》《关于军人包庇种运吸贩鸦片烟惩治办法》《禁烟法施行条例》《县长履勘烟苗条例》《厉行禁绝鸦片及其他代用品实施办法》《陆海空军审判法》等法律法规，涉及禁烟官员考核、戒烟所管理、查禁烟毒、禁烟查验等方面，内容全面。南京国民政府颁布的这一系列法律法规，不仅对鸦片犯罪从种、贩、制、吸等各个环节进行打击，而且加强了对禁烟官员的管理，以肃清毒害，保证了相关的"断禁"措施能够有效地贯彻落实。

3. 南京国民政府"断禁"的刑事政策之评析

南京国民政府认识到整顿吏治对禁烟的必要性，将禁烟的重点从增加税收转变为加强公务员和军人队伍管理，这对禁毒工作起到了较大的促进作用，也顺应了国际舆论与民众的要求，

---

[1] 转引自王金香："南京国民政府初期的禁烟"，载《民国档案》1996年第2期。

禁烟诚意实足。虽然这一时期密集的法律法规意欲将"断禁"的刑事政策予以贯彻，但从鸦片中收特税以解决财政困难的饮鸩止渴的做法由来已久，"断禁"政策并未能根除政府相关部门和官员利用鸦片税的劣根性，所以禁烟成效不大，烟患依然猖獗。此后，为了镇压人民革命，筹集巨额款项，南京政府罔顾禁烟法律法规和禁绝烟毒宣言，以"断禁"之名行"寓禁于征"之实。

三、南京国民政府后期的毒品犯罪刑事政策

（一）南京国民政府"二年禁毒、六年禁烟"的刑事政策

1. 南京国民政府"二年禁毒、六年禁烟"的刑事政策之体现

南京国民政府认识到"断禁"政策不符合当时中国的实际情形，必须使禁烟与发展边省交通和救灾理财同时并进，因此自 1935 年起，重设禁烟机构，颁布一系列禁烟法规，意图在 1940 年彻底禁绝毒品和鸦片。1935 年 5 月，国民党中央政治会议决定废止《禁烟法》，撤销禁烟委员会，于 11 月设置禁烟委员会总会，1936 年改称禁烟总会，用围剿工农武装的办法来办理禁烟事宜，力度和决心不可谓不大。1935 年 4 月 1 日，蒋介石以军委会委员长的名义，发布"禁烟通令"，同时公布《禁烟实施办法》和《禁毒实施办法》，宣布：自 1935 年至 1936 年底，以两年为期，彻底禁绝毒品（吗啡、古柯、海洛因等毒品，笔者注）；自 1935 至 1940 年底，以六年为期，彻底禁绝鸦片。[1] 自此，"二年禁毒、六年禁烟"运动迅速在全国展开，"二年禁毒，六年禁烟"的刑事政策逐渐形成。

---

〔1〕《民国时期的禁烟禁毒活动——马模贞中国禁毒史资料》，天津人民出版社 1998 年版，第 1093 页。

　　为了全面严厉地打击毒品违法犯罪，国民政府对以往打击毒品犯罪有效的法律法规予以重新整合，并根据六年禁绝毒品鸦片的总体计划，颁行了一大批极具影响力的法律法规。如，在日本发动全面侵华战争前，禁烟总会颁布《禁烟禁毒实施规程》附定《禁烟禁毒查缉章程》《取缔商运烟土暂行规则》《取缔土膏行店暂行规程》，将之前国民政府制定的数十项禁烟法规予以了整合。随后陆续颁布了《限期办理吸户登记办法》《戒烟医院章程》《限期戒烟补充规则》《购用麻醉品暂行办法》《特许商人采办烟土暂行规则》《特许设立土膏行店暂行规则》《禁烟治罪暂行条例》《禁毒治罪暂行条例》《禁烟考成暂行办法》《禁烟禁毒考成规则》《禁烟调验规则》《公务员调验规则》等三十多项法规，内容涉及烟民戒毒和管理、麻醉药品购销管理、烟毒治罪、公务员管理等各个方面。

　　2. 南京国民政府"二年禁毒、六年禁烟"刑事政策之评析

　　"二年禁毒、六年禁烟"刑事政策的制定和实施，体现了南京国民政府在"渐禁"中"严禁"毒品的立场，是民国时期禁烟禁毒运动的高潮，无论从深度还是从广度上，都是前所未有的。在此期间，政府颁行的禁烟禁毒法规数量多且严密，构成了一个禁烟禁毒法律体系，为禁烟毒运动的开展提供了政策指导，其在中国禁毒史上具有相当的影响。而从其内容看，禁烟法律既有刑事方面的，也有行政方面的；不仅毒品的种类相对前朝更加全面，而且毒品违法犯罪的罪名也涉及毒品种植、加工制造、贩运、吸食等各个环节，比以往各时期更完备。渐禁的策略有利于维护社会稳定，"二年禁毒、六年禁烟"前期的禁毒工作取得了显著成效。但日本发动侵华战争后，一方面禁烟的范围缩小，受 1937 年 12 月建立的伪中华民国临时政府管辖的山西、河北、河南、山东及北平、天津地区，未再受到国民政

府禁烟策略的影响；另一方面，禁烟机构的职能变得分散，名存实亡，禁烟工作未能最终贯彻执行。

（二）抗日战争时期南京国民政府"断禁"的毒品犯罪刑事政策

进入全面抗战以后，中国形成日本的沦陷区、国民党统治地区与共产党领导的革命根据地分立的局面，原南京政府提出的"二年禁毒、六年禁烟"策略受到严重影响。日本在占领的沦陷区大力推行"鸦片毒化政策"，以颁行禁烟法令的形式来实施毒品的合法化，在部分沦陷区划出"无粮带"，采取迫令和诱骗的手段让沦陷区的民众种植罂粟；强迫各阶层民众吸食毒品，并逼令强卖毒品。随着沦陷区范围的不断扩大，"鸦片毒化政策"推行到除了新疆、宁夏、甘肃、西藏、青海、四川、云南、陕西、贵州西部之外的整个中国，不仅为军国主义的侵略行动筹措了大量经费，还在客观上刺激了沦陷区毒品的大量激增，击垮了中国民众的体质和意志，从根本上破坏了中国的经济结构，成为世界禁毒史上最黑暗的一页。国民党统治地区的南京政府意识到毒化问题的严重性，蒋介石代表政府宣布："继今以往，日日皆为厉禁之时，处处皆为禁绝之地，检举绝不间断，嫌疑必予澈究。无论种、运、售、吸、判、藏，苟有犯者，皆服上刑，官吏凭是以为考成，人民籍此以判良莠。"[1]禁毒政策再次进入断禁时期。

1. 国统区南京国民政府"断禁"的毒品犯罪刑事政策之体现

为确保六年禁烟计划不至于在最后关头夭折，国民政府在应对抗日大局时，仍然声明六年禁烟政策绝不因抗战而停止。

---

〔1〕 转引自吴永明："南京国民政府禁烟述略"，载《江西社会科学》1998 年第 7 期。

为适应战时需要，在 1938~940 年先后补充制定或修改了部分禁烟禁毒的法规条例。包括：《修正禁烟治罪暂行条例》《修正特许商人采办烟土暂行规则》《各省市筹办强民工厂办法》《肃清私存烟土办法大纲》《检查各省市烟民暂行办法》《消灭各省私存烟土办法》等。这一时期的禁烟法规主要包括四个方面内容：一是突出严刑峻法，提高司法效率以确保禁政推行；二是继续加强烟民的管理，通过逐年减少供应量达到巩固戒断的目的；三是继续加强烟土贩运的管理和控制，将"寓禁于征"策略的重点改为巩固禁政成效；四是肃清民间残存烟土，彻底断绝毒源。[1]

2. 国统区南京国民政府"断禁"的毒品犯罪刑事政策之评析

国民政府这一时期的"断禁"政策，虽然未能彻底禁绝烟毒，但成效卓著：一方面，巩固和延续了之前"六年禁烟"的策略；另一方面，在绝大多数地区遏制了公开种、贩、售、吸鸦片的活动，在禁吸、禁售、禁运特别是禁种方面取得了相当成果。最难能可贵的是，在抵抗日寇的艰难局势下，国民政府毫不动摇、坚持不懈地进行禁烟运动。国民政府严厉的禁绝态度和颁布的严刑峻法对于当时烟毒炽盛的形势起到了一定的震慑和治理的作用。

（三）解放战争时期南京国民政府"严打与宣教并存"的毒品犯罪刑事政策

1. 解放战争时期南京国民政府"严打与宣教并存"的毒品犯罪刑事政策之体现

1945 年，日本侵略者投降后，中国进入长达五年的解放战

---

〔1〕　覃珠坚、张晓春：《中国禁毒法规介评与适用》，中国人民公安大学出版社 2012 年版，第 38 页。

争时期，国民党控制的国统区与共产党控制的解放区分庭抗礼。此时，曾受日本毒化的沦陷区，大片良田被罂粟覆盖，严重影响农业生产；制毒工厂生产的毒品可供全国各省使用；交通便利的大城市成了毒品集散地；烟馆、毒品发售所、注射毒品小摊遍及城乡。国统区的毒品问题也很快再次蔓延，"甲基安非他命"等合成毒品也开始在南京、上海、重庆等大城市出现。国统区政府开始实施严打与宣教并存的毒品犯罪刑事政策，以期禁断毒品。

国民政府对原有的法规，如对《肃清烟毒善后办法》《肃清华侨烟毒办法》《禁烟禁毒治罪条例》进行了修订，并增订了《收复地区肃清烟毒办法》《举发烟毒案件给奖办法》《禁烟考核奖惩规则》《各省市县设置肃清烟毒调验所办法》《收复地区戒烟院所设置办法》《收复地区公私医院诊所办理戒烟调验监督规则》《收复地区各省市监制戒烟药剂管理配发办法》等，以进一步肃清烟毒。这个时期的法令、法规注重加强禁毒执法及对毒品犯罪的治理，故有关查禁、奖励查缉检举以及治罪的法规占据主导地位；强调了收复区烟民施戒及善后救济事务，还推行禁烟联保连坐以提高戒断监督。善后的法令与之前的相比，在刑罚惩罚方面更为严厉，如1947年4月重新修正颁布的《收复地区肃清烟毒办法》，明确规定在施戒期限届满后，经检举调验尚有瘾者，即以复吸论罪，处死刑或无期徒刑。[1]在严厉打击毒品违法犯罪的同时，禁烟法令突出了对禁烟的宣传和督导，意图从人们的思想上真正根除毒品的毒瘤。

---

〔1〕 转引自吴永明："南京国民政府禁烟述略"，载《江西社会科学》1998年第7期。

2. 解放战争时期南京国民政府"严打与宣教并存"的毒品
　　犯罪刑事政策之评析

国民政府通过修订或增订的一系列法规广泛开展禁烟行动，由于宣传面广泛、措施严峻，对禁烟起到了一定的推动作用，取得了显著的成绩。1945 年四川、西藏、甘肃罂粟种植面积共计 3206.4 公顷，到 1947 年已经减少到 1287.7 公顷，把鸦片经济视为命脉的西南各省，罂粟种植面积也大幅度减少。对于烟毒的治理，南京国民政府付出了努力，也取得过一定的的成绩，但始终未彻底肃清烟毒。三大战役开展后，国民政府的禁毒政策又陷入困顿。

由上可见，南京国民政府在其治理的初期、中期、后期都颁行了质量较高、数量较多的禁烟、禁毒的法律法规，取得了较好的成绩，至少扼制住了北洋军阀时期烟毒大泛滥的局面。但由于缺乏长远整体的禁烟计划，禁政在"寓禁于征""渐禁""断禁"间不断摇摆，加之"籍烟生利"的劣根性始终伴随政府的禁政事业以及连年混战的动荡格局，国民政府始终无法完成肃清烟毒的历史使命。而新中国成立后，实行禁烟肃毒的人民战争，历经三年图治，创造出"无毒中国"的人间奇迹，这是南京国民政府难以望其项背的。

第六节　革命根据地和解放区的毒品犯罪刑事政策

在南京国民政府积极应对毒品犯罪问题的同时，中国共产党领导的革命根据地和解放区也在因地制宜地采取各种措施制止鸦片流毒。

一、革命根据地"因地制宜"和"严禁"的毒品犯罪刑事政策

在抗日战争时期，共产党在数省交界的地方，建立了诸多的革命根据地，也称"边区"。由于毗邻沦陷区或者国统区，根据地也受到不同程度的烟毒危害，种植鸦片、贩运毒品、吸食毒品等现象非常严重。据 1942 年陕甘宁边区统计，全边区烟民每月总共消耗在百万元（边币）以上。少数部队官兵和机关工作人员也染上了毒瘾，甚至参与贩毒。在陕甘宁边区处理的刑事案件中，以毒品案为多。据陕甘宁边区 1939～1941 年 6 月 20 个县的统计，由司法机关审理的烟毒案件就有 1157 件，占全部刑事案件的 25.41%。[1]

（一）革命根据地"因地制宜"和"严禁"的毒品犯罪刑事政策之体现

为粉碎日军的毒化阴谋，肃清根据地的毒品犯罪，保卫根据地人民身心健康，陕甘宁、晋察冀、晋冀鲁豫、晋西北、山东等根据地成立专门的禁烟毒机构，如禁烟督察处、禁烟督察分处、禁烟督察局、禁烟局等，制定和颁布了大量的法律、法令、条例、规程、办法，在根据地开展声势浩大的禁烟禁毒运动，基本遏止了毒品在根据地境内的蔓延，成就显著。这些禁烟禁毒法律法规主要包括：《晋察冀根据地关于严禁播种罂粟的命令》《晋察冀边区行政委员会关于开展灭毒运动的命令》《晋冀鲁豫边区毒品治罪暂行条例》《晋西北禁烟治罪暂行条例》《陕甘宁边区政府关于成立陕甘宁边区禁烟督察处命令》《山东

---

[1] 齐霁："抗日根据地禁毒立法问题研究"，载《抗日战争研究》2005 年第 1 期。

省禁毒治罪暂行条例》等 20 部，其中陕甘宁根据地就制定了
15 部禁毒法律法规，内容全面系统，贯彻了"因地制宜"和
"严禁"的禁毒政策，为遏制毒品在根据地的蔓延起到了重要
作用。

"因地制宜"的禁毒政策体现在，不同的根据地考虑本区域
毒品泛滥的形势，制定不同的禁烟法令，规定严厉程度不同的
刑罚。例如，同是吸食注射烟毒，所有根据地政府都规定限期
戒绝，到期仍未戒断，再犯的，处劳役和远地劳役，3 次以后再
犯处死刑；有些地方规定过期再犯处 3 年以下有期徒刑；有些
地方是逐次提高相关费用，让"烟民自感经济困难，而不得不
自行戒绝"。[1] "严禁"的刑事政策表现为：①均明确规定毒品
犯罪的种类，涉及吸、种、贩、售各环节，有利于对毒品犯罪
展开打击。《陕甘宁边区禁烟毒条例（草案）》规定的毒品犯
罪种类有：吸食或注射烟毒罪，种植鸦片烟苗罪，制造吸食或
注射烟毒器具罪，抗拒执行禁烟禁毒职务罪，帮助或庇护他人
吸食、注射及买卖、贩运烟毒罪，买卖或贩运烟毒罪，设立传
布烟毒商店机关罪等 7 种。②严禁种植罂粟。③严禁制造毒
品。④严禁贩卖或贩运烟毒。⑤禁止或限制吸食及注射烟毒。
⑥严禁设立传布烟毒的商店、烟馆。⑦禁止帮助或庇护他人从
事毒品犯罪活动。⑧奖励查获烟毒者和举报人等。⑨政府公务
员、军人、学校教职员从事毒品犯罪活动要从重处罚。事后的
毒品犯罪打击与事前的严禁防范相结合，有利于深度肃清
烟毒。

---

[1] 齐霁："抗日根据地禁毒立法问题研究"，载《抗日战争研究》2005 年第
1 期。

（二）革命根据地"因地制宜"和"严禁"的毒品犯罪刑事政策之评析

革命根据地通过设立的禁烟机构，贯彻执行禁烟法律法规，将"因地制宜"和"严禁"的毒品犯罪刑事政策落到实处，虽然这些立法存在标准不统一、内容不严谨的缺陷，但政策的落实，仍有效地遏制了根据地境内的各种毒品犯罪活动，有力地打击了日军对抗日根据地的毒化政策；节约了社会财富，促进了根据地经济的发展，提高了根据地人民的健康水平，从人力物力上支援了抗日战争。人民群众也在禁烟运动中受到教育、鼓舞，积极主动参与禁烟戒毒，非烟民群众从生活上帮助有困难的瘾民戒烟，瘾民们体验到温暖，增强了戒烟的决心，人民群众的积极参与是禁烟工作顺利开展的根本。

二、解放区"严打与教育一体化"的毒品犯罪刑事政策

（一）解放区"严打与教育一体化"的毒品犯罪刑事政策之体现

解放战争期间，中国共产党领导的解放区（边区）也存在敌伪迫种的烟苗和私运流入的烟毒，部分烟民仍没有完全戒断烟毒，面对此情势，解放区政府延续了抗日战争时期革命根据地的立法模式，由各解放区依据本地特点制定适宜的禁烟禁毒法律法规，严厉惩治种植、贩卖、制造和吸食鸦片的犯罪分子，并设立禁烟机构予以执行。例如，晋察冀边区于 1945 年 10 月 13 日设禁烟督察局，并于 1945 年 10 月 17 日颁布了《关于严加管理烟毒的布告》，规定禁止私买私卖鸦片及其制造品、代用品，贩运尤为严禁；种植罂粟之户，以及存有鸦片之户，应按期限呈交禁烟督察局，违者从严治罪；烟民须向禁烟督察局登记，逐渐戒除。1946 年 2 月 25 日，晋察冀边区行政委员会重申

《严禁种植鸦片令》，规定边区各地，一律严禁种植鸦片，违者依法严惩不贷。[1]此外，1949年7月，又颁布《华北区禁烟禁毒暂行办法》，严厉禁止和制裁种植、私存、制造、买卖、贩运和吸食鸦片及其他毒品的行为。此外，陕甘宁边区政府颁布了《查缉毒品办法》，热河省人民政府颁发了《戒烟禁毒公告》，辽吉区行政公署公布了《禁毒禁烟条例》等。

解放区政府认识到烟毒已成为社会瘤疾，单靠政府的力量是不可能禁绝烟毒的，因此广泛开展社会宣传、教育工作，深入动员群众，增强群众禁绝烟毒的意识与观念，依靠群众自己的力量自觉禁烟。晋察冀边区首先召开各种禁烟会议，揭露种、吸鸦片的危害，阐明禁烟的意义，后又通过《晋察冀日报》《晋绥日报》《新华日报（华北版）》等报刊倡导禁烟，在群众中形成了戒烟光荣、吸烟可耻的观念。

（二）解放区"严打与教育一体化"的毒品犯罪刑事政策之评析

解放区通过贯彻"严打与教育一体化"的毒品犯罪刑事政策，取得了良好的禁烟成绩。首先，禁烟禁毒法令的实施，使得解放区在鸦片的禁种、禁售、禁运和禁吸方面有了明确的法律规定和相对一致的量刑标准，为严厉打击毒品犯罪提供了法律保障。其次，烟田减少，良田增多，促进了农业生产的恢复和发展。再次，大批烟民戒断烟瘾，参加生产，在增强体质的同时，有力地促进了解放区的农业生产建设。最后，查获、缉私鸦片，切断了毒品来源，保证禁毒运动取得胜利，也为新中国三年实现全面禁烟奠定了坚实的基础。

---

〔1〕　李晓晨："华北抗日根据地和解放区的禁烟禁毒"，载《社会科学论坛》2001年第12期。

第七节　新中国成立后毒品犯罪刑事政策之演变

一、新中国成立初期"惩办、教育改造与群众运动相结合"的毒品犯罪刑事政策

中国共产党历来坚持严厉禁毒的方针政策，这从抗日革命根据地和解放区制定和执行的禁烟法律法规可见一斑。新中国成立初期，百废待兴，鸦片烟毒的泛滥仍然是社会的一大瘤毒，罂粟种植面积较多，制造毒品的工厂、作坊遍地，走私贩运鸦片严重，吸毒人数众多，公职人员参与毒品违法犯罪活动频繁，特别是留存大陆的一批反革命分子，疯狂地进行制毒、贩毒活动，借以拼凑经费反攻大陆，这些都对中国共产党领导的新生政权造成危害。对毒品犯罪进行严厉打击，既是维护国民公共健康的需要，也是维护人民政权的重要举措之一。因此，新中国成立初期，就确立了严惩毒品犯罪的基本刑事政策，并将这场规模宏大的禁毒活动与群众运动相结合，由此主导全国的禁毒运动。

（一）"惩办、教育改造与群众运动相结合"的毒品犯罪刑事政策之体现

中国共产党一贯重视禁毒法制建设，新中国成立初期，党和政府继续重视禁毒立法工作，制定发布了不少禁毒法令。这一时期全国性的禁毒法律法规有 1950 年 2 月 24 日政务院发布的《关于严禁鸦片毒品的通令》、1952 年 4 月 15 日中共中央发布的《关于肃清毒品流行的指示》、1952 年 7 月 30 日公安部发布的《关于开展全国规模的禁毒运动的报告》、1952 年 10 月政务院通过的《中华人民共和国惩治毒贩条例（草案）》等。在中央禁烟立法的同时，各大行政区、省市人民政府积极响应，也配套

发布相关禁毒法令，如《西南军政委员会关于禁绝鸦片烟毒的实施办法》（1950 年 7 月 31 日通过，1950 年 12 月 19 日修正）、《西南区禁绝鸦片烟毒治罪暂行条例》（1952 年 12 月 28 日西南军政委员会公布）、《关于决定查获毒品之处理办法的通令》（1950 年 9 月华东军政委员会发布）、《东北区禁烟禁毒贯彻实施办法》（1950 年 10 月 13 日东北人民政府公布）等。

作为具有总纲性的禁毒法令，《关于严禁鸦片毒品的通令》首先摆明了限期禁绝毒品与广泛禁烟毒宣传的立场，并要求各级政府设立禁毒委员会予以贯彻。通令要求对制造、贩运、销售烟毒的行为严厉制裁，自通令颁布之日起，凡继续贩运、制造和销售毒品者，要"从严治罪"，以切断烟毒流通渠道。要求各级政府严厉查禁种植罂粟，发现有种植鸦片烟的农民，一般只要接受铲除，只给以训诫或者少量罚金即可，但"在某些少数民族地区，如有种大烟者，应斟酌当地实际情况，采取慎重措施，有步骤地进行禁种"。而对于私存烟土与吸食烟毒者区别对待，相对宽容：对"散存于民间之烟土毒品"，限期交出，"为照顾其生活，得分别酌予补偿"，但如逾期不交，则按其情节轻重，"分别治罪"。要求吸毒烟民，限期向有关部门登记，并定期戒除，如隐不登记，或逾期犹未戒除者，则"予以处罚"。[1]为帮助烟民戒除烟毒，各级卫生机关要配制和推广戒烟药方，并设立戒烟所。《关于肃清毒品流行的指示》明确指出，应采取惩办与改造教育相结合的方针，打击惩办少数，改造教育多数。一方面，为了根除制造、贩卖毒品或包庇掩护毒犯的现象，"在全国范围内有重点地大张旗鼓地发动一次群众性的运动，来一次集中彻底的扫除"，严厉打击集体大量的制毒、贩毒犯和严重

---

〔1〕　牛何兰主编：《中外禁毒史》，云南人民出版社 2012 年版，第 56 页。

违法的工作人员、主犯、惯犯与拒不坦白者。另一方面，对少量贩卖者、从犯、偶犯、彻底坦白者从宽教育改造；并将众多吸毒者排除在此次运动的对象之外。《中华人民共和国惩治毒贩条例（草案）》共18条，对制造、贩卖、运送毒品的量刑标准作出了明确规定，虽然草案未颁行，但对各省处理毒贩问题提供了参考。

各级党委、人民政府根据中央的指示精神，在1952年禁毒运动中通过组织报告员、宣传员、宣传车，召开报告会、专题谈论会、毒犯家属会、展览会、控诉会、公审大会，以及宣传画、戏剧、歌剧等民众耳熟能详的形式，广泛地开展口头宣传教育，宣传毒品的危害与党的禁毒政策，使禁毒活动深入人心。据统计，云南省各地共召开各种会议8万多次，受教育人数约400万余人次。[1]贵州省共召开各种禁毒会议和举办各种禁毒宣传活动17 848次，参加会议和受教育群众达50余万人。[2]不少群众积极行动起来，协助政府和公安部门检举揭发制、贩、运毒的犯罪行为，并动员烟民主动登记和坦白自首。据考证，云南省共收到举报贩毒材料16.4万多件，[3]贵州省共收到群众举报信29 041件。[4]

新中国成立初期的禁毒法，体现出原则性与灵活性的结合、全国法与地方法的结合，紧密结合禁毒斗争形势，并以群众运

---

〔1〕 云南省地方志编纂委员会总纂、云南省公安厅编撰：《云南省志·公安志》，云南人民出版社1996年版，第326页。

〔2〕 金士宝、廖以文："贵州肃毒"，载马维刚编：《禁娼禁毒》，警官教育出版社1993年版，第291页。

〔3〕 云南省地方志编纂委员会总纂、云南省公安厅编撰：《云南省志·公安志》，云南人民出版社1996年版，第326页。

〔4〕 金士宝、廖以文："贵州肃毒"，载马维刚编：《禁娼禁毒》，警官教育出版社1993年版，第291页。

动的形式同其他各项社会改革运动密切结合，从而收到了相互推动之效。

20世纪60年代初期以后，私种罂粟和贩毒在部分地区出现反复。为了有效解决毒品死灰复燃的问题，1963年5月26日，中共中央颁布了《关于严禁鸦片、吗啡毒害的通知》，规定吸食毒品为犯罪行为，并严惩私藏毒品、吸食毒品、种植罂粟、私设地下烟馆、贩卖毒品等犯罪行为；对吸毒犯应强制戒毒，对毒品成瘾者，由指定专门机构严加管制，在群众监督下，限期强制戒除；规定凡自己吸食毒品者，只要自动交出毒品并坦白交待其犯罪行为，可从宽处理。1973年1月13日国务院颁发了《关于严禁私种罂粟和贩卖、吸食鸦片等毒品的通知》，重申1950年《关于严禁鸦片烟毒的通令》的内容，要求发动群众与私种罂粟和贩卖、吸食鸦片等毒品违法犯罪行为作斗争，规定严惩偷运、贩运毒品犯罪行为，对吸毒者实行强制戒毒。1978年9月13日国务院发布《麻醉药品管理条例》，对麻醉药品的概念、范围、生产、供应、使用、管理进行了全面规定，但由于条文比较笼统和粗糙，对麻醉药品管理的诸多具体内容并未涉及，操作性不强。

（二）"惩办、教育改造与群众运动相结合"的毒品犯罪刑事政策之评析

新中国成立初期至20世纪70年代末的毒品犯罪刑事政策，既是对中国一百多年禁毒经验的总结，也是共产党人在长期的革命实践中成功禁毒的相关政策的再现。虽然这一时期禁毒的立法比较粗糙和单薄，在定罪量刑方面也缺乏全国统一的标准，但胜在法律严密周全，形成了完整的禁毒治罪体系，并采取区别对待的政策，对军事行动已结束的地区和尚未完全结束的地区区别对待，对汉族聚居区和少数民族地区区别对待，对制造、

贩运、销售毒品与种植、私存、吸收毒品区别对待，在区别对待中严厉惩治少数危害较重的毒品犯罪，逐步地教育改造大多数危害较轻的毒品犯罪，既表明了政府禁毒的决心，也争取了胁从犯、偶犯和毒犯家属以及为数众多的吸毒烟民，使禁毒斗争得以顺利开展。与此同时，禁毒立法的贯彻实施依靠了广大群众的觉悟程度和斗争的积极性，在声势浩大的群众运动中开展，这既保证了民众自己不从事毒品违法犯罪，也客观上起到了监督其他人员涉毒的效果。而在透明状态下，属于较为隐蔽的毒品违法犯罪行为被暴露在群众监督的阳光下，必然会起到事半功倍的效果。1953 年，中国政府向世界庄严宣告：中华人民共和国为无毒国。新中国能在短短 3 年内禁绝毒品，禁毒刑事政策功不可没。

而这一刑事政策的成功，可归结于以下原因：①建立了强有力的具有禁毒职能的地方基层政权，党和国家的英明政策和强有力的领导并在人、财、物上提供保障是取得胜利的关键。②制定了严密周全、有针对性的法律。③发动强大的宣传攻势，教育广大民众自觉行动，禁绝烟毒。④保持政府和官员的廉洁。⑤广大人民群众积极参与禁毒运动。

但是自我国被世界公认为"无毒国"以后，鉴于当时中国特殊的社会形势，国家在禁毒政策的选取上以稳定、巩固现行的毒品犯罪形势为主，打击毒品、宣传禁毒的活动开展不足。从形式上看，虽然在 1952 年禁烟运动之后至 1979 年《刑法》出台前，政府也颁布了一些文件严禁毒品，但总体立法是缺失的，加上当时中国毒品犯罪形势的相对宽缓，政府也放松了对涉毒违法犯罪的教育及对禁毒的宣传教育，故难以实现对毒品问题的有效控制。在禁毒历史上，这一阶段的禁毒活动和毒品刑事政策基本上是被忽略的。

二、1997 年《刑法》颁布前渐趋严厉的毒品犯罪刑事政策

20 世纪 70 年代末 80 年代初，国际毒潮泛滥，国际毒贩把目标对准了中国，意图在中国开辟新的贩毒通道。由此，毒品问题在中国复萌与蔓延，非法种植毒品原植物问题屡禁不止，制造毒品问题日益泛滥，贩毒活动日益猖獗，吸毒人数迅速增多。邓小平同志曾指出："开放以后，一些腐朽的东西也跟着进来了，中国的一些地方也出现了丑恶的现象，如吸毒、嫖娼、经济犯罪等。要注意很好地抓，坚决取缔和打击，不能任其发展。"[1]毒品作为腐朽的东西又一次毒害中国，禁毒工作也提上了议事日程。

（一）渐趋严厉的刑事政策之体现

1. 毒品犯罪立法政策之体现

（1）1979 年《刑法》及补充立法对毒品犯罪的规定及评析。1979 年，全国人民代表大会通过了《中华人民共和国刑法》，结束了新中国近三十年没有刑法典的历史。此次刑事立法对毒品犯罪采取了比较冷漠的态度，对于毒品犯罪的关注不够，整个《刑法》分则只有第 171 条对毒品犯罪明确进行了规定："制造、贩卖、运输鸦片、海洛因、吗啡或者其他毒品的，处五年以下有期徒刑或者拘役，可以并处罚金。一贯或者大量制造、贩卖、运输前款毒品的，处五年以上有期徒刑，可以并处没收财产。"而对于走私毒品则是依据走私罪的规定定罪处罚，其体现在《刑法》的第 116 条："违反海关法规，进行走私，情节严重的，除按照海关法规没收走私物品并且可以罚款外，处三年以下有期徒刑或者拘役，可以并处没收财产。"第 118 条又对走

---

[1] "在武昌、深圳、珠海、上海等地的谈话要点（1992 年 1 月 18 日~2 月 21 日）"，载《邓小平文选》第 3 卷，人民出版社 1993 年版，第 379 页。

私罪的惯犯进行了从重处罚："以走私为常业的，走私、投机倒把数额巨大的或者走私、投机倒把集团的首要分子，处三年以上十年以下有期徒刑，可以并处没收财产。"有论者将毒品犯罪的立法特点总结为："一是规定的毒品犯罪的种类较少，仅规定了制造、贩卖、运输毒品罪和走私毒品罪。二是注重对毒品犯罪给予经济上的制裁。如对制造、贩卖、运输毒品罪分两种情况：情节一般的，可以并处罚金，惯犯或者犯罪数量大的，可以并处没收财产。三是对毒品犯罪处罚宽松。如制造、贩卖、运输毒品罪的最高法定刑为十五年有期徒刑；而走私毒品的，最重也仅至十年有期徒刑。"[1]实际上，当时毒品犯罪的立法还具有较为分散的特点，仅有的两个毒品犯罪的条文，还分列于不同的章节，制造、贩卖、运输毒品罪规定在《刑法》分则第六章"妨害社会管理秩序罪"中；而走私毒品的行为则规定在第三章"破坏社会主义经济秩序罪"的第 116 条和第 118 条，这一方面体现了毒品犯罪立法的松散，另一方面也体现了刑事立法技术上的缺陷。

对于这种立法状况，有学者认为："主要是因为这部刑法在制定的时候，我国还基本上处于'无毒国'的状态，毒品犯罪活动已经销声匿迹多年，虽然 20 世纪六七十年代毒品犯罪案件也偶有发生，但是无论是制造、贩卖还是运输数量都很少，毒品种类也很少，包括毒品消费市场都尚未形成，不足以再重现毒品毁家灭国的历史，毒品问题也没有上升成为严重的社会问题，因此，量刑偏轻是符合当时的社会现实的。"[2]应当说，除

---

〔1〕 刘建宏主编：《新禁毒全书（第五卷）：中国禁毒法律通览》（上册），人民出版社 2014 年版，第 12~13 页。

〔2〕 刘建宏主编：《新禁毒全书（第五卷）：中国禁毒法律通览》（上册），人民出版社 2014 年版，第 13 页。

了上述论者所说的现实原因外，立法者的态度及理论因素也导致了毒品犯罪立法的单薄。由于长期无毒国思想的浸淫，加上国际经济交流并不频繁，毒品犯罪作为牟利型犯罪在我国并未成为一个高度关注的立法议题，因此立法者对毒品犯罪的种类、手段、方法、犯罪的不同情节、社会危害程度等没有足够的认识。从理论层面看，当时我国的法律基础较为薄弱，立法技术较为粗糙，很多罪名、罪状的设置都是口袋式的。事实上，按照当时的立法司法实践，虽然没有单独的毒品犯罪罪名，但是却可以通过其他相关罪名实现处罚的目的，如走私毒品的行为就是通过走私罪来定罪处罚的；更何况1979年《刑法》中还明确规定了类推制度，这就为解决毒品犯罪提供了一个兜底性的法律。这些因素的综合作用，就直接导致了当时毒品犯罪刑事立法粗糙的结果。

进入20世纪80年代以后，我国的改革开放如火如荼地开展，市场经济快速发展，人们的价值观也在发生着深刻的变革，我国与国际社会的交流日益加强，毒品犯罪复苏、发展的诱发性因素增加，1979年《刑法》在打击日益复杂的毒品犯罪方面显得力不从心，对毒品犯罪采取新的打击策略势在必行。因此，新的刑事立法就表现出毒品犯罪新罪名的增设、法定刑的提高等。

1982年3月8日第五届全国人民代表大会常务委员会第二十二次会议通过了《关于严惩严重破坏经济的罪犯的决定》，鉴于1979年《刑法》对制造、贩卖、运输毒品罪处刑标准过低、不利于打击犯罪的局面，该决定第1条规定："……（一）对刑法……第一百七十一条贩毒罪……，其处刑分别补充或者修改为：情节特别严重的，处十年以上有期徒刑、无期徒刑或者死刑，可以并处没收财产。""国家工作人员利用职务犯前款所列罪行，情节特别严重的，按前款规定从重处罚。……"这就将贩卖毒品罪的最高法定刑从原来的 15 年有期徒刑提升至死刑；同时，该法还对"国家工作人员利用职务犯贩卖毒品罪，情节严重"的情形作出了从重处罚的规定。这充分体现了国家对毒品犯罪处以严刑峻法的思想。

随着我国对外开放的逐步深入，中外人员往来逐渐增加，加之我国毗邻的金三角等地区毒品的泛滥，从客观上刺激了走私毒品罪的急速增加，原来的立法在惩处走私毒品犯罪上显得力不从心。于是，1987 年 1 月 22 日，第六届全国人民代表大会常务委员会第十九次会议通过了《海关法》，该法第 47 条第 1～3 款规定："逃避海关监管，运输、携带、邮寄国家禁止进出口的毒品的，是走私罪"；"以武装掩护走私的，以暴力抗拒检查走私货物、物品的，不论数额大小，都是走私罪"；"犯走私罪的，由人民法院依法判处刑事处罚包括判处罚金，判处没收走私货物、物品、走私运输工具和违法所得。"同时该条的第 4 款还明确将单位纳入了走私毒品罪的主体范围："企业事业单位、国家机关、社会团体犯走私罪的，由司法机关对其主管人员和直接责任人员依法追究刑事责任；对该单位判处罚金，判处没收走私货物、物品、走私运输工具和违法所得。"相较于 1979 年《刑法》，其进步仅在于扩大了走私毒品罪的主体范围，而走私毒品在体例上仍属于侵犯经济秩序的走私罪范畴。

1988 年 1 月 21 日，第六届全国人民代表大会常务委员会第二十四次会议通过了《关于惩治走私罪的补充规定》，第 1 条规定："走私鸦片等毒品……的，处七年以上有期徒刑，并处罚金或者没收财产；情节特别严重的，处无期徒刑或者死刑，并处没收财产；情节较轻的，处 7 年以下有期徒刑，并处罚金。"该补充规定第一次将走私毒品行为单独设罪，并根据犯罪情节轻重设定三档量刑幅度，基本做到了罚当其罪，其积极意义不言自明。但其不足在于：①仍将走私毒品罪规定在侵犯经济秩序罪一章，并未从根本上对走私毒品罪的保护客体进行科学的分析与界定；②鉴于当时呈现迅猛发展趋势的走私毒品犯罪，刑法加大惩处力度是必要的，但是否要将其法定刑都限定在有期徒刑以上，还是存在疑问的，在存在拘役、管制的刑罚体系中，最低配置为有期徒刑，这与 1979 年《刑法》规定的最高为 10 年以上有期徒刑的立法相比，是否修正幅度过大，值得商榷。③对于"情节特别严重"或"情节较轻"等语义模糊的字眼，未进行具体的立法与司法解释，不利于实践部门的操作。

　　1979 年《刑法》及其后的补充立法，是为适应禁毒斗争需要而适时出台的，其以逐步扩大毒品犯罪的范围、加重毒品犯罪的法定刑为基本特征，对毒品犯罪的惩处呈现逐步严厉的总体趋势，在指导禁毒方面发挥了积极作用，但是，"我国 20 世纪 80 年代的禁毒立法，事实上仍然处于严重滞后的状况，难以适应禁毒斗争的需要"[1]。因为，所有的刑事立法只围绕着制造、贩卖、运输、走私毒品等核心毒品犯罪展开，而对于种植毒品原植物、非法持有毒品等违反毒品管制的犯罪，教唆、引诱、欺骗和强迫他人吸毒等滥用毒品的犯罪，包庇毒犯、窝藏毒品毒赃等帮助毒品犯罪分子逃避处罚的犯罪等无从打击，导致禁毒执法活动的不利。此外，立法用语的模糊，加之缺乏具体的解释，导致法定的量刑幅度没有具体的量化标准，实务部门难以操作，易出现定罪与量刑宽严不等的局面。

　　（2）1990 年《关于禁毒的决定》——中国禁毒立法的重大转折。20 世纪 80 年代末，立法者逐渐认识到毒品的危害，为配

---

〔1〕　刘建宏主编：《新禁毒全书（第五卷）中国禁毒法律通览》（上册），人民出版社 2014 年版，第 15 页。

合国内禁毒斗争的形势，严厉惩治走私、贩卖、运输、制造毒品和非法种植毒品原植物等犯罪活动，也为了更好地履行我国参加的《1988年公约》所赋予的义务，在1979年《刑法》全面修订前，于1990年12月28日通过了《关于禁毒的决定》。《关于禁毒的决定》由全国人大常委会以单行刑法的形式颁行，这是新中国首部系统规定毒品犯罪及其刑罚的单行刑法，吸收了国内外禁毒立法的合理经验，考虑了我国打击毒品犯罪的现实国情，既全面规定了毒品犯罪的种类及其定罪处罚的标准，还涉及对于毒品犯罪的惩处具有一定辅助意义的针对毒品违法行为的行政处罚和行政措施，如"非法种植罂粟不满五百株或者其他毒品原植物数量较小的，由公安机关处十五日以下拘留，可以并处三千元以下罚款"，基本构建了禁毒法的体系，成为我国禁毒立法的重要转折，将我国严厉打击毒品犯罪的刑事政策推到了一个高峰。其在立法上的具体表现为：

第一，明确了毒品的概念。将毒品界定为"鸦片、海洛因、吗啡、大麻、可卡因以及国务院规定管制的其他能够使人形成瘾癖的麻醉药品和精神药品"。只有概念被清晰界定了，才能更精准地打击和控制毒品犯罪。

第二，全方位地规定了毒品犯罪的种类。《关于禁毒的决定》除了保留走私、贩卖、运输、制造毒品罪之外，还将非法持有毒品罪，包庇毒品犯罪分子罪，窝藏、转移、隐瞒毒品、毒赃罪，掩饰、隐瞒毒赃性质、来源罪，走私制毒物品罪，非法种植毒品原植物罪，引诱、教唆、欺骗他人吸毒罪，强迫他人吸毒罪，容留他人吸毒并出售毒品罪，非法提供麻醉药品、精神药品罪等10种犯罪纳入毒品犯罪的范围，基本上实现了从毒品的来源、流通、消费等环节全方位查处毒品犯罪的初衷。

第三，将单位纳入部分犯罪的主体范畴。《关于禁毒的决定》明确了单位可以成为走私制毒物品罪的犯罪主体，单位犯本罪的，对单位判处罚金，并对其直接负责的主管人员和其他直接责任人员，处3年以下有期徒刑、拘役或者管制，并处罚金；数量大的，处3年以上10年以下有期徒刑，并处罚金。为预防犯罪的发生，立法机关要求有关部门严格管理制毒的麻醉药品和精神药品，从源头上遏制走私行为的发生。同时，将非法提供麻醉药品、精神药品罪的主体设计为既包括自然人，也包括单位。依法从事生产、运输、管理、使用国家管制的麻醉药品、精神药品的单位违反国家规定，向吸食、注射毒品的人提供国家管制的麻醉药品、精神药品的，对单位判处罚金，并对其直接负责的主管人员和其他直接责任人员，处7年以下有期徒刑，或者拘役，可以并处罚金。对以单位名义实施的毒品犯罪进行打击，固然有利于巩固禁毒成果，但不足在于，并未将实践中出现频率较高的走私、贩卖、运输、制造毒品罪纳入单位犯罪的范畴。

第四，刑罚内容的多样化。《关于禁毒的决定》对毒品犯罪的刑罚规定内容丰富，有以下几方面特点：首先，在法定刑配置上体现了惩处力度的加大。如走私、贩卖、运输、制造毒品罪，在出现量大、首要分子、武装掩护等数额或情节时，处15年有期徒刑、无期徒刑或者死刑，并处没收财产，即罪重可判死刑；非法持有毒品罪的法定刑最高亦达到无期徒刑，表明国家严厉惩治毒品犯罪的态度。

第五，财产刑的广泛使用。除了包庇毒品犯罪分子罪，窝藏、转移、隐瞒毒品、毒赃罪，掩饰、隐瞒毒赃性质、来源罪，以及非法提供麻醉药品、精神药品罪规定"可以"并处罚金外，其他犯罪都将罚金刑作为"必科"的财产刑。没收财产刑出现在走私、贩卖、运输、制造毒品罪最重的法定刑幅度内，是

"必科"的财产刑；在非法种植毒品原植物罪罪重的情形中，没收财产与罚金选择其一，作为"必科"的财产刑。可见，《关于禁毒的决定》非常注重对毒品犯罪的经济制裁，而我国财产刑的适用条件及范围本身也说明刑法对毒品犯罪打击力度之大。

第六，明确了对毒品犯罪的管辖权范围。《关于禁毒的决定》在考虑我国加入的禁毒公约及严厉打击毒品犯罪立场的基础上，规定了中国公民在中国领域外犯走私、贩卖、运输、制造毒品罪的属人管辖权和外国人在中国领域外犯走私、贩卖、运输、制造毒品罪的普遍管辖权。

第七，对吸毒违法人员的制裁与戒毒并进。为从毒品消费领域抑制毒品犯罪，《关于禁毒的决定》加大对前端的吸食毒品违法行为的关注。对于吸毒人员，一方面由公安机关处 15 日以下拘留，可以单处或者并处 2000 元以下罚款，并没收毒品和吸食、注射器具；另一方面，对吸毒成瘾的，予以强制戒毒，重者通过劳动教养戒毒。

当然，在《关于禁毒的决定》中，从重处罚情节与从宽处罚情节大量存在，灵活地运用于毒品犯罪的不同情形，真正做到罚当其罪。从重处罚情节包括：利用、教唆未成年人走私、贩卖、运输、制造毒品的；引诱、教唆、欺骗或者强迫未成年人吸食、注射毒品的；国家机关工作人员从事《关于禁毒的决定》规定的毒品犯罪的；因走私、贩卖、运输、制造、非法持有毒品罪被判过刑，又实施《关于禁毒的决定》规定的毒品犯罪的。从宽处罚情节包括：非法种植罂粟或者其他毒品原植物，在收获前自动铲除的，可以免除处罚；犯《关于禁毒的决定》规定之罪，有检举、揭发其他毒品犯罪立功表现的，可以从轻、减轻处罚或者免除处罚。

（二）1979~1997 年毒品犯罪刑事司法概观

自 1990 年《关于禁毒的决定》颁布以来，关于毒品犯罪的

刑事司法解释及相关规范性文件就非常多。主要包括：1996 年
最高人民检察院《关于盐酸二氢埃托啡是否属毒品及适用法律
问题的批复》、1995 年最高人民法院《关于办理毒品刑事案件
适用法律几个问题的答复》、1994 年最高人民法院《关于适用
〈全国人民代表大会常务委员会关于禁毒的决定〉的若干问题的
解释》、1992 年最高人民法院《关于已满十四岁不满十六岁的
人犯走私、贩卖、运输、制造毒品罪应当如何适用法律问题的
批复》、1991 年最高人民法院《关于十二省、自治区法院审理
毒品犯罪案件工作会议纪要》、1991 年最高人民检察院《关于
贩卖假毒品案件如何定性问题的批复》、1990 年最高人民法院研
究室《关于如何处理没收毒品问题的电话答复》。

在这期间，我国毒品问题死灰复燃，而且改革开放也增加
了毒品进入国境的风险，与我国毗邻的金三角地区毒品更是发
展迅猛，致使我国的毒品犯罪呈现迅猛发展之势。1983 年与
1996 年，党和政府在社会治安和经济犯罪领域先后采取了两次规
模宏大的严打活动，毒品犯罪均被明确纳入重点打击的范围——
80 年代初期主要作为经济犯罪的一种，后续则被纳入严重破坏
社会管理秩序的犯罪类型。在 1990 年《关于禁毒的决定》通过
后，我国严厉打击毒品犯罪就成为常态，在侦查、起诉、审判
中均坚持严厉的立场，坚决惩处毒品犯罪，被判处重刑的毒品
犯罪分子更是屡见不鲜。

我国现行毒品犯罪刑事政策之总体反思

　　毒品犯罪刑事政策的制定，必然受到我国整体刑事政策的制约。因此，在一定程度上，我国关于整体犯罪的刑事政策，就是指导和制约毒品犯罪治理的刑事政策。我国 1979 年《刑法》第 1 条确立了惩办与宽大相结合的刑事政策，但在犯罪的治理过程中，严打的刑事政策逐步形成，并成为重要的刑事政策之一，而 1997 年《刑法》将惩办与宽大相结合的刑事政策从刑法典中直接取消，似乎也印证着严打政策的逐步稳定。同样，在几次全国性的严打活动，尤其是 1996 年的严打活动之后，我国刑事政策的总体趋势呈现出"严密刑事法网，严厉惩治措施"的趋势，而迅猛发展的毒品犯罪更是首当其冲，这一立场在刑事立法和司法中均得到了体现。2005 年宽严相济刑事政策的提出，为我国犯罪包括毒品犯罪的治理提供了重要的政策依据。

第一节　我国严打刑事政策之确立及运行

　　在犯罪的治理过程中，刑事政策起着至关重要的作用。但鉴于我国完整的具有现代意义的刑事政策亦起步于新中国成立以后，因此，本书主要对新中国成立以后的刑事政策进行系统的梳理与总结，以便为后文研究毒品犯罪的刑事政策提供指导。从新中国成立以后我国刑事政策的演变历程看，刑事政策先后集中表现为严打刑事政策的刑法化和宽严相济刑事政策的刑法化。[1]

一、惩办与宽大相结合刑事政策的确立

新中国成立后的第一部刑法典即 1979 年《刑法》的颁布，结束了我国长期无法可依的局面，刑事法治的格局逐步形成。这部法典明确将惩办与宽大相结合的刑事政策纳入其中，其第 1 条规定："中华人民共和国刑法，以马克思列宁主义毛泽东思想为指针，以宪法为根据，依照惩办与宽大相结合的政策，结合我国各族人民实行无产阶级领导的、工农联盟为基础的人民民主专政即无产阶级专政和进行社会主义革命、社会主义建设的具体经验及实际情况制定。"这一政策是我党在长期的工作实践中形成的经验总结，其在无法可依的年代，对我国镇压反革命，维护社会治安秩序，产生了积极的效果。国家将其纳入刑法典，显示了对该政策的支持与贯彻，自此该刑事政策对我国的刑法产生了长期的深远影响。

在此阶段，该政策也深刻地体现在我国毒品犯罪的治理过程中。因为解放初期我国厉行禁毒政策，在短短的三年内，开创了"无毒国"的良好局面，而"文革"期间独特的政治和社会环境，使得我国的毒品犯罪在现实生活中极少出现，其社会危害性亦未引起国家、社会及民众的足够关注。在此背景下，对毒品犯罪采用惩办与宽大相结合的刑事政策就成为理所当然的事情，这也被实践经验证明是行之有效的。因此，在 1979 年《刑法》中，我国毒品犯罪的罪名较为简单，只规定了贩卖、运输、制造毒品罪，而且最高法定刑也只是 15 年有期徒刑。在司

---

〔1〕　陈兴良："刑法的刑事政策化及其限度"，载《华东政法大学学报》2013 年第 4 期。

法实践上，更是将严厉打击毒品犯罪的首要分子及犯罪集团的骨干成员作为重点，对于一般人员则以宽大为主。

二、我国严打刑事政策的确立及运行

伴随着 20 世纪 80 年我国经济体制改革的启动，社会的政治、经济等形势发生了翻天覆地的变化，社会治安形势急剧变动，犯罪呈现爆发态势。由此，我国开始逐步进入"严打"时期。现在一般认为，1983 年 8 月 25 日中央政治局作出了《关于严厉打击刑事犯罪活动的决定》，同年的 9 月 2 日全国人大常委会颁布了《关于严惩严重危害社会治安的犯罪分子的决定》和《关于迅速审判严重危害社会治安的犯罪分子的程序的决定》，由此拉开了我国"严打"的序幕。所谓的"严打"，就是"依法从重从快严厉打击严重刑事犯罪活动"的简称。在今天，它已经约定俗成，广为人知。随后，在不同的发展时期，国家相继进行了三次"严打"活动。可以说，在我国改革开放以后，"严打"在社会治安、经济社会秩序的维护方面占据了举足轻重的地位。我国 1983 年的第一次严打强调的是对于严重危害社会治安的犯罪分子，可以从重、从快、从严打击，"可以在刑法规定的最高刑以上处刑，直至判处死刑"；在程序上，对严重犯罪要迅速及时审判，上诉期限也由《刑事诉讼法》规定的 10 天缩短为 3 天。这次"严打"，社会面对罪犯时的核心观念是安全与秩序，讲究以运动方式施行专政、加以重典。这里"政""法"一体，"政"甚至大于"法"，政策处置多于依法治理。我国一直欠缺相关的刑法典，加之长期的革命运动过程中形成的依靠政策而非法律治理国家的经验，是这次运动发动的根本条件。这种运动式的犯罪控制模式，在新中国成立后的相当长一段时间内发挥了非常积极的作用，被国家作为成功的经验加以总结和运用。此后，我国又相继在 1996 年、2001 年分别发动了两次"严打"活动，在这三次严打过程中，毒品犯罪一直都是严打的重要目标。除此之外，各种类型的小规模严打活动层出不穷，而这也构成了我国刑事犯罪治理的特有内容之一。

自从"严打"成为我国重要的刑事政策以来，它就一直指导着我国的刑法立法、司法、执法工作。但这一政策本身强调的是"严"的一面，与"惩办与宽大相结合"的刑事政策势必存在冲突。由此，学界开始普遍关注"严打"政策和"惩办与宽大相结合"刑事政策的关系问题。为了平衡二者的矛盾，我国刑法学界一般都是在惩办与宽大相结合的框架下理解"严打"政策的，认为两者之间是基本刑事政策与具体刑事政策的关系。有学者认为，"依法从重从快是在我国基本刑事政策指导下的具体政策。我国的基本刑事政策是惩办与宽大相结合，依法从重从快与基本刑事政策是一致的。在社会治安形势严峻的情况下，就要对那些严重刑事犯罪分子严加惩办，打击其嚣张气焰，扭转社会治安局面。与此同时，在任何时候，都要贯彻我国的基本刑事政策，要根据犯罪分子的不同情况，区别对待，该宽则宽，该严则严，宽严相济。我们在提出依法从重从快打击的同时，又提出了分化瓦解和教育改造，并非只有从重的一面。从重从快打击的对象是有范围限制的，而且对于他们中投案自首、坦白交代的，同其他种类的犯罪分子一样，要依法从轻，以利于分化瓦解。至于对一般的轻微犯罪，特别是其中的未成年人犯罪，则坚持教育、感化和挽救的方针。这种在基本刑事政策指导下的从重从快方针，与所谓的'重刑主义'不可同日而语。"[1]这一观点试图通过将二者分别划归于基本刑事政策与具

〔1〕 参见张穹主编：《"严打"政策的理论与实务》，中国检察出版社 2002 年版，第 84 页。

体刑事政策的层面，从逻辑上论证二者的一致性，并且强调，"严打"这一具体刑事政策的贯彻，必须受到惩办与宽大相结合刑事政策的指导与制约，应当说初衷是好的。但如果从"严打"政策的内涵及其实际运用、刑法运作的过程看，似乎这种看法又与实践存在些许的矛盾。陈兴良教授就明确指出："……在一定程度上，'严打'刑事政策其实已经取代了惩办与宽大相结合的刑事政策。"[1]他举出的最明显的例证就是，1997年《刑法》第1条删除了惩办与宽大相结合的内容。就此问题，立法者解释说："由于刑法已经根据犯罪的不同情况作了一系列的区别对待的规定……这一政策已体现在具体规定中，因此，刑法中不再单独专门规定惩办与宽大相结合的政策。"[2]这一说明并不能彻底打消人们对删除"惩办与宽大相结合的政策"的疑虑，因为刑法中已有体现并不能成为删除的充分理由。正如刑法的三大基本原则，其本身就已经在《刑法》中得到了具体的贯彻，但并不妨害其在总则部分专门加以规定一样，刑法对这些已经在具体规范中体现的原则、政策等进行明确规定，本身就显示了对这些原则、政策的宣示意义。因此，合理的解释应该是，随着社会形势的急剧变化，作为原来变动性相对较小的惩办与宽大相结合的基本刑事政策，已经不能完全适应社会政治、经济、治安形势发展的需要，如果还将其明确纳入刑法典，一来容易对刑法的稳定性构成冲击，二来也会制约刑法立法与司法实践，至少从1997年《刑法》制定时的社会治安环境看，这一政策明显有些不合时宜。既然如此，"不明不白"地删除倒不失

---

〔1〕 陈兴良："刑法的刑事政策化及其限度"，载《华东政法大学学报》2013年第4期。

〔2〕 参见胡康生、李福成主编：《中华人民共和国刑法释义》，法律出版社1997年版，第1~2页。

为处置之道。

在这种特定历史背景下制定的 1997 年《刑法》，无疑更多地体现了严打的基本立场。而毒品犯罪在 20 世纪 80 年代以后，无论是犯罪数量，还是吸毒人员的数量，都呈现大幅度增长态势，相对应地，毒品犯罪相关条文，多体现了"严打"的思想。

第二节　我国现行立法中毒品犯罪"严打"立场之体现

我国 1997 年《刑法》作为目前毒品犯罪的主要法律，吸收和整合了禁毒单行刑法、附属刑法的内容，对毒品犯罪作了较为全面详尽的规定。鉴于《关于禁毒的决定》等相关法律对毒品犯罪的严打立场，加之我国 1996 年进行的第二次严打行动，导致 1997 年《刑法》在毒品犯罪的规定上亦秉持了"严打"的基本立场，这从刑事立法上可得到全面的说明。

一、明确、扩大了毒品的范围

1997 年《刑法》第 357 条第 1 款规定："本法所称的毒品，是指鸦片、海洛因、甲基苯丙胺（冰毒）、吗啡、大麻、可卡因以及国家规定管制的其他能够使人形成瘾癖的麻醉药品和精神药品。"相较于 1990 年《关于禁毒的决定》，1997 年《刑法》将冰毒明确列为毒品，而且在概括列举的方式上，将"国务院规定管制的其他能够使人形成瘾癖的麻醉药品和精神药品"修改为"国家规定管制的其他能够使人形成瘾癖的麻醉药品和精神药品"，扩张了毒品认定的主体范围，使得毒品的认定更加灵活、方便。此后，在具体的毒品认定中，国家的相关部门根据社会发展的需要，定期更新毒品的目录，形成了更加科学的认定标准。与鸦片、海洛因等传统毒品相比，冰毒等新型毒品的获取和制造更加便捷，对其的滥用甚至已经超过了海洛因，对民众尤其是青少年的危害更大。因此，扩张毒品认定的主体范围，更加适应当前毒品及毒品犯罪的发展趋势。

二、扩大了毒品犯罪的入罪范围

在《关于禁毒的决定》设置的罪名基础上，结合实践经验，1997 年《刑法》将毒品犯罪的罪名扩充到了 12 个，这基本上包括了毒品生产、流通、消费、查处等方方面面。而从分则体系的设置看，所有的毒品犯罪罪名设置在《刑法》第六章第七节"走私、贩卖、运输、制造毒品罪"中，形成了系统的毒品犯罪刑事规制法律，其侵犯的客体也不再是经济秩序，而是社会管理秩序中的毒品管制秩序，这使得犯罪的认定更加灵活，打击的范围亦大幅增加。1997 年《刑法》设置的毒品犯罪罪名包括：

第一类，妨害毒品管制秩序的犯罪，包括走私、贩卖、运输、制造毒品罪，非法持有毒品罪。

第二类，妨害禁毒司法活动的犯罪，包括包庇毒品犯罪分子罪，窝藏、转移、隐瞒毒品、毒赃罪。

第三类，妨害毒品前体物、毒品原植物及其幼苗管制秩序的犯罪，包括非法种植毒品原植物罪，非法买卖、运输、携带、持有毒品原植物种子、幼苗罪，非法生产、买卖、运输制毒物品罪（1997 年《刑法》只规定了非法买卖制毒物品罪，《刑法修正案（九）》又将非法生产、运输制毒物品行为纳入该罪名，笔者注），走私制毒物品罪。

第四类，侵犯公民身心健康权的毒品犯罪，包括引诱、教唆、欺骗他人吸毒罪，强迫他人吸毒罪。

第五类，无被害人的毒品犯罪，包括容留他人吸毒罪，非法提供麻醉药品、精神药品罪。

在这些罪名中，有些是核心的毒品犯罪罪名，有些可能只是毒品犯罪的外围罪名，如第二、三类犯罪。第二类犯罪只是毒品犯罪的下游犯罪，是在禁毒司法活动中可能会涉及的犯罪种类，这类罪名在我国《刑法》分则中"妨害司法秩序"一节都已经有了相应规定，刑法再将其特别列举出来，虽然强调了打击毒品犯罪的坚强决心，但实际上并无必要，是立法资源的浪费。同样，第三类犯罪更多的是毒品犯罪的上游行为，或者说是毒品犯罪的预备行为，刑法本来将非法买卖、走私制毒物品行为入罪，打击范围就有点过大，《刑法修正案（九）》却在此基础上，进一步扩张了处罚范围，将非法生产、运输制毒物品的行为入罪，使得处罚范围更加扩大化，虽然这可以从风险社会、风险刑法等角度寻求一定的理论根据，但在现阶段，这样的随意将预备行为实行化的立场，还是值得商榷的。

三、单位犯罪的范围扩大

本次修法之前，毒品犯罪的单位犯罪只涉及走私制毒物品罪和非法提供麻醉药品、精神药品罪，1997 年《刑法》则增加了两个单位犯罪的罪名：走私、贩卖、运输、制造毒品罪，非法生产、买卖、运输制毒物品罪，使得毒品犯罪的单位犯罪达到 4 个。

四、对毒品犯罪规定了较低的入罪门槛

我国刑法在规定行为构成犯罪时，往往有一定的入罪门槛，即只有达到"需要动用刑罚进行处罚的社会危害性"时，才能动用刑法，但毒品犯罪却为行为的入罪化设置了较低的门槛，甚至走私、贩卖、运输、制造毒品行为并无具体数量的要求，只要实施这些行为即可构成犯罪，如《刑法》第 347 条第 1 款

规定："走私、贩卖、运输、制造毒品，无论数量多少，都应当追究刑事责任，予以刑事处罚。"这表明了国家对毒品犯罪零容忍的态度。

此外，其他毒品犯罪的入罪门槛也较低，如非法持有毒品罪的入罪标准仅仅为非法持有海洛因或者甲基苯丙胺 10 克以上，容留他人吸毒罪并未进行特定主观目的（营利或者牟利目的）的限定，非法种植毒品原植物罪采取多种入罪标准等。

五、对毒品犯罪配备了较重的法定刑

1979 年《刑法》对于毒品犯罪的最高法定刑只有 15 年有期徒刑，而在 1997 年《刑法》中，走私、贩卖、运输、制造毒品罪的最高法定刑被设定为死刑，而且对于可能适用死刑的情形进行了明确的列举："走私、贩卖、运输、制造毒品，有下列情形之一的，处 15 年有期徒刑、无期徒刑或者死刑，并处没收财产。①走私、贩卖、运输、制造鸦片 1000 克以上、海洛因或者甲基苯丙胺 50 克以上或者其他毒品数量大的；②走私、贩卖、运输、制造毒品集团的首要分子；③武装掩护走私、贩卖、运输、制造毒品的；④以暴力抗拒检查、拘留、逮捕，情节严重的；⑤参与有组织的国际贩毒活动的。"这些情节对于毒品犯罪来讲，并不难达到，尤其是走私、贩卖、运输、制造毒品的数量达到海洛因 50 克以上，更非一个很高的门槛，因此，在司法实践中，毒品犯罪成为死刑适用率较高的一类犯罪。

此外，刑法还对非法持有毒品罪规定了最高为无期徒刑的法定刑，《刑法》第 348 条规定："非法持有鸦片一千克以上、海洛因或者甲基苯丙胺五十克以上或者其他毒品数量大的，处七年以上有期徒刑或者无期徒刑，并处罚金。……"

六、对毒品犯罪普遍配置以财产刑

财产刑是有效剥夺毒品犯罪人再犯能力的刑罚措施，除了包庇毒品犯罪分子罪，窝藏、转移、隐瞒毒品、毒赃罪以外，其他毒品犯罪均配备了罚金或者没收财产刑。

具体而言，涉及没收财产的罪名有走私、贩卖、运输、制造毒品罪（法定刑最重情形），非法生产、买卖、运输制毒物品罪（情节特别严重的情形），走私制毒物品罪（情节特别严重的情形），非法种植毒品原植物罪（非法种植罂粟 3000 株以上或者其他毒品原植物数量大的情形），后三个罪名是没收财产与并处罚金的选择适用。

罚金刑的适用范围较为广泛，除了非法买卖、运输、携带、持有毒品原植物种子、幼苗罪规定的是"并处或者单处罚金"外，走私、贩卖、运输、制造毒品罪（法定刑较低的情形），非法持有毒品罪，非法生产、买卖、运输制毒物品罪（情节较重与情节严重的情形），走私制毒物品罪（情节较重与情节严重的情形），非法种植毒品原植物罪（法定刑较轻的情形），引诱、教唆、欺骗他人吸毒罪，强迫他人吸毒罪，容留他人吸毒罪，以及非法提供麻醉药品、精神药品罪，均在规定主刑的同时附加"并处罚金"。

七、明确规定了多种从重处罚情节

在走私、贩卖、运输、制造毒品罪中，利用、教唆未成年人走私、贩卖、运输、制造毒品，或者向未成年人出售毒品的，从重处罚。

缉毒人员或者其他国家机关工作人员掩护、包庇走私、贩卖、运输、制造毒品的犯罪分子的，按照包庇毒品犯罪分子罪与窝藏、转移、隐瞒毒品、毒赃罪的规定从重处罚。

引诱、教唆、欺骗或者强迫未成年人吸食、注射毒品的，从重处罚。

虽然我国《刑法》总则已经明确规定了累犯，但为了体现对毒品犯罪的严厉打击立场，同时弥补累犯适用上的真空，《刑法》第356条对毒品再犯单独作出了规定："因走私、贩卖、运输、制造、非法持有毒品罪被判过刑，又犯本节规定之罪的，从重处罚。"

以上种种从重处罚的规定，都明确体现了我国对毒品犯罪从严惩处的坚定立场。

八、毒品数量的规定体现了从严惩处的立场

在毒品犯罪中，毒品的数量对于定罪量刑具有非常重要的作用。而刑法对于毒品犯罪数量的规定也充分体现了从严打击毒品犯罪的立场。《刑法》第357条第2款规定："毒品的数量以查证属实的走私、贩卖、运输、制造、非法持有毒品的数量计算，不以纯度折算。"这一不以纯度折算，而单论之以数量的做法，体现了从严打击的决心，也简化了刑事追诉的难度，客观上使得刑法的打击力度明显加大。但其明显存在"无视毒品数量与含量对毒品犯罪入罪门槛的限制意义，明显不符合毒品的药物学属性"[1]的弊端。

第三节　我国毒品犯罪刑事司法中"严打"思维之体现

自1997年《刑法》颁布以来，关于毒品犯罪的刑事司法解

─────────

〔1〕 何荣功："我国'重刑治毒'刑事政策之法社会学思考"，载《法商研究》2015年第5期。

释及相关规范性文件就非常多。2009 年最高人民法院、最高人民检察院、公安部《关于办理制毒物品犯罪案件适用法律若干问题的意见》、2007 年最高人民法院、最高人民检察院、公安部《办理毒品犯罪案件适用法律若干问题的意见》、2006 年最高人民法院刑一庭《关于审理若干新型毒品案件定罪量刑的指导意见》、2000 年最高人民法院《关于审理毒品案件定罪量刑标准有关问题的解释》、2000 年最高人民法院下发的《全国法院审理毒品犯罪案件工作座谈会纪要》、2005 年最高人民检察院公诉厅《毒品犯罪案件公诉证据标准指导意见（试行）》、2008 年最高人民法院发布的《全国部分法院审理毒品犯罪案件工作座谈会纪要》、2015 年最高人民法院印发的《全国法院毒品犯罪审判工作座谈会纪要》、2016 年最高人民法院《关于审理毒品犯罪案件适用法律若干问题的解释》。

这些规范性文件，内容涉及毒品犯罪罪名认定、法律适用、证据规则等的方方面面，反映了我国在毒品犯罪司法实践中的很多做法，体现出刑事司法上的严打立场。虽然 2005 年宽严相济的刑事司法政策之提出，一定程度上缓解了这一强硬的观念，但毒品犯罪需要"严打"的基本立场却始终未曾变化。

一、相关规范性文件多次重申严厉打击毒品犯罪的立场

对毒品犯罪进行严厉打击，贯穿于司法机关整个司法过程，最高人民法院、最高人民检察院、公安部等也通过各种方式，强调对毒品犯罪的从严惩处。

1997 年 4 月，最高人民法院《关于认真抓好禁毒专项斗争中审判工作的通知》指出："当前国内毒品犯罪继续呈蔓延发展的势头，严重危害了社会稳定和治安秩序，给国民经济发展和人民生命财产造成了严重危害。为了坚决打击和有效遏制毒品

犯罪活动，去年年底全国政法工作会议明确把解决毒品犯罪问题作为1997年'严打'的一项突出任务，刚结束的全国禁毒工作会议决定在全国范围内开展禁毒专项斗争。这些决策对于维护国家、民族和人民的利益，保证国家的长治久安，促进和推动社会主义物质文明和精神文明建设，具有重要的现实意义。各级人民法院要充分认识当前毒品泛滥的严重危害性和禁毒斗争的艰巨性、长期性，切实提高对这次禁毒专项斗争的必要性和重要性的认识；在思想上、组织上和行动上把严厉打击毒品犯罪活动作为今年法院开展'严打'斗争的一项突出任务抓紧抓好。"为了切实实现对毒品犯罪的严厉打击，严打时期的一些可能与刑事法治存在些许冲突的做法亦被采纳，如"办理毒品犯罪案件要坚决贯彻从重从快的方针，依法办案，认真履行法律监督职能，对漏捕、漏诉的毒品犯罪嫌疑人要及时追捕、追诉，对确有错误的判决要及时抗诉，防止和纠正打击不力。在专项斗争中要加强与公安机关和法院的联系，密切配合，顾全大局，在严格依法办案的原则下协商解决工作中的问题"。如此强调严厉打击毒品犯罪的做法，可能就会漠视刑事诉讼程序，从而对毒品犯罪嫌疑人、被告人的权利构成侵害与威胁。

2000年最高人民法院下发的《全国法院审理毒品犯罪案件工作座谈会纪要的通知》（以下简称《南宁会议纪要》）明确指出："近年来，人民法院始终把打击毒品犯罪作为刑事审判工作的一项重要任务，坚持'严打'方针，依法从重从严惩处了一大批毒品犯罪分子，为国家禁毒事业作出了重要贡献。但是，由于日趋严重的国际毒品犯罪对我国的渗透，加之国内贩毒分子在暴利驱动下疯狂实施毒品犯罪，使得我国由前些年的毒品过境国成为当前的毒品过境与消费并存的受害国。因此，当前和今后一个时期内我国的禁毒形势十分严峻。会议认为，人民法院作为审判机关，在禁毒斗争中担负着非常重要的任务，一定要从中华民族的兴衰存亡和国家长治久安的高度，深刻认识依法严厉打击毒品犯罪的必要性和紧迫性。"而这也成为司法机关审理毒品犯罪案件的基本立场。

2003 年最高人民检察院侦查监督厅、公诉厅《关于进一步加大对毒品犯罪打击力度的通知》也明确要求："各级检察机关侦查监督、公诉部门应当充分认识当前毒品犯罪的严峻形势、毒品犯罪的严重危害性和开展禁毒专项斗争的重要意义，充分发挥检察职能作用，坚持不懈地积极参加禁毒斗争，依法严厉打击毒品犯罪。""侦查监督、公诉工作中要体现对毒品犯罪依法从重从快打击的精神，坚持'两个基本'原则，提高办案效率，保持对毒品犯罪的高压态势。要突出打击重特大毒品案件，对走私、贩卖、运输、制造毒品等严重毒品犯罪，集中力量依法快捕、快诉。要把依法从重从快方针和'稳、准、狠'的要求有机地结合起来，坚持 依法办案、文明办案，严格按实体法和程序法的规定审查毒品案件，确保办案质量。"

2008 年最高人民法院发布的《全国部分法院审理毒品犯罪案件工作座谈会纪要》（以下简称《大连会议纪要》）也申明："人民法院一定要从民族兴衰和国家安危的高度，深刻认识惩治毒品犯罪的极端重要性和紧迫性，认真贯彻执行刑法、刑事诉讼法和禁毒法的有关规定，坚持'预防为主，综合治理，禁种、禁制、禁贩、禁吸并举'的禁毒工作方针，贯彻宽严相济的刑事政策，充分发挥刑事审判职能，严厉打击严重毒品犯罪，积极参与禁毒人民战争和综合治理工作，有效遏制毒品犯罪发展蔓延的势头。"

2010 年最高人民法院《关于认真做好人民法院 2010 年禁毒综合治理工作的通知》要求各地法院要切实贯彻宽严相济刑事

政策，依法严惩严重毒品犯罪，"对严重毒品犯罪保持'严打'的高压态势，是禁毒工作的一项重要方针，也是人民法院审判毒品犯罪案件一直坚持的政策"。

2015 年最高人民法院印发的《关于印发全国法院毒品犯罪审判工作座谈会纪要》（以下简称《武汉会议纪要》）又对严厉打击毒品犯罪的基本立场进行了说明："会议传达学习了中央对禁毒工作的一系列重大决策部署，总结了近年来人民法院禁毒工作取得的成绩和存在的问题，分析了当前我国毒品犯罪的总体形势和主要特点，明确了继续依法从严惩处毒品犯罪的审判指导思想，研究了毒品犯罪审判中遇到的若干法律适用问题，并对当前和今后一个时期人民法院的禁毒工作作出具体安排部署。"

二、主观明知认定规则的频繁出台降低了证明要求

毒品犯罪的主观方面均为故意，而在认识因素上，往往要求行为人对毒品或者毒品犯罪、毒品犯罪人或者相关的涉毒情形具有主观明知。从长期的司法实践看，行为人主观明知的认定是一个非常复杂且证明难度较大的问题。为了实现国家对毒品犯罪的严厉打击，司法解释降低了对主观明知的证明标准。

2005 年最高人民检察院公诉厅《毒品犯罪案件公诉证据标准指导意见（试行）》指出，对于毒品犯罪案件查处过程中行为人"明知"的推定应当慎重使用。对于具有下列情形之一，并且犯罪嫌疑人、被告人不能作出合理解释的，可推定其明知，但有相反证据的除外：①故意选择没有海关和边防检查站的边境路段绕行出入境的；②经过海关或边检站时，以假报、隐匿、伪装等蒙骗手段逃避海关、边防检查的；③采用假报、隐匿、伪装等蒙骗手段逃避邮检的；④采用体内藏毒的方法运输毒品的。对于具有下列情形之一的，能否推定明知还需结合其他证据予以综合判断：①受委托或受雇用携带毒品，获利明显超过正常标准的；②犯罪嫌疑人、被告人所有物、住宅、院落里藏有毒品的；③毒品包装物上留下的指纹与犯罪嫌疑人、被告人的指纹经鉴定一致的；④犯罪嫌疑人、被告人持有毒品的。这虽然对主观明知的推定进行了规范，但其所列举的具体推定规则无疑还是降低了侦查、公诉机关的举证责任。

2007年最高人民法院、最高人民检察院、公安部实施的《办理毒品犯罪案件适用法律若干问题的意见》对走私、贩卖、运输、非法持有毒品罪中行为人主观明知的推定规则进行了进一步的完善，提出："走私、贩卖、运输、非法持有毒品主观故意中的'明知'，是指行为人知道或者应当知道所实施的行为是走私、贩卖、运输、非法持有毒品行为。具有下列情形之一，并且犯罪嫌疑人、被告人不能做出合理解释的，可以认定其'应当知道'，但有证据证明确属被蒙骗的除外：（一）执法人员在口岸、机场、车站、港口和其他检查站检查时，要求行为人申报为他人携带的物品和其他疑似毒品物，并告知其法律责任，而行为人未如实申报，在其所携带的物品内查获毒品的；（二）以伪报、藏匿、伪装等蒙蔽手段逃避海关、边防等检查，在其携带、运输、邮寄的物品中查获毒品的；（三）执法人员检查时，有逃跑、丢弃携带物品或逃避、抗拒检查等行为，在其携带或丢弃的物品中查获毒品的；（四）体内藏匿毒品的；（五）为获取不同寻常的高额或不等值的报酬而携带、运输毒品的；（六）采用高度隐蔽的方式携带、运输毒品的；（七）采用高度隐蔽的方式交接毒品，明显违背合法物品惯常交接方式的；（八）其他有证据足以证明行为人应当知道的。"

2008年《大连会议纪要》则进一步将推定规则适用于所有

的毒品犯罪，并重申："毒品犯罪中，判断被告人对涉案毒品是否明知，不能仅凭被告人供述，而应当依据被告人实施毒品犯罪行为的过程、方式、毒品被查获时的情形等证据，结合被告人的年龄、阅历、智力等情况，进行综合分析判断。""具有下列情形之一，被告人不能做出合理解释的，可以认定其"明知"是毒品，但有证据证明确属被蒙骗的除外：（1）执法人员在口岸、机场、车站、港口和其他检查站点检查时，要求行为人申报为他人携带的物品和其他疑似毒品物，并告知其法律责任，而行为人未如实申报，在其携带的物品中查获毒品的；（2）以伪报、藏匿、伪装等蒙蔽手段，逃避海关、边防等检查，在其携带、运输、邮寄的物品中查获毒品的；（3）执法人员检查时，有逃跑、丢弃携带物品或者逃避、抗拒检查等行为，在其携带或者丢弃的物品中查获毒品的；（4）体内或者贴身隐秘处藏匿毒品的；（5）为获取不同寻常的高额、不等值报酬为他人携带、运输物品，从中查获毒品的；（6）采用高度隐蔽的方式携带、运输物品，从中查获毒品的；（7）采用高度隐蔽的方式交接物品，明显违背合法物品惯常交接方式，从中查获毒品的；（8）行程路线故意绕开检查站点，在其携带、运输的物品中查获毒品的；（9）以虚假身份或者地址办理托运手续，在其托运的物品中查获毒品的；（10）有其他证据足以认定行为人应当知道的。"

2009 年 6 月 23 日最高人民法院、最高人民检察院、公安部《关于办理制毒物品犯罪案件适用法律若干问题的意见》专门针对制毒物品犯罪的主观明知进行了规定，指出："对于走私或者非法买卖制毒物品行为，有下列情形之一，且查获了易制毒化学品，结合犯罪嫌疑人、被告人的供述和其他证据，经综合审查判断，可以认定其'明知'是制毒物品而走私或者非法买卖，但有证据证明确属被蒙骗的除外：1. 改变产品形状、包装或者使用虚假标签、商标等产品标志的；2. 以藏匿、夹带或者其他隐蔽方式运输、携带易制毒化学品逃避检查的；3. 抗拒检查或者在检查时丢弃货物逃跑的；4. 以伪报、藏匿、伪装等蒙蔽手段逃避海关、边防等检查的；5. 选择不设海关或者边防检查站的路段绕行出入境的；6. 以虚假身份、地址办理托运、邮寄手续的；7. 以其他方法隐瞒真相，逃避对易制毒化学品依法监管的。"

可见，在司法实践中，最高人民法院、最高人民检察院、公安机关通过解释的方式，简化了司法机关在认定毒品犯罪主观明知上的程序，降低了认定的难度。不可否认，这些规则作为长期司法实践经验的成功总结，具有降低司法成本的效果，但是行为人对毒品、毒品犯罪、毒品犯罪人等的认识是需要一定的社会生活基础甚至专业知识的，仅仅套用几个规则能否真正达到客观的认知与经验的完全对应，还是有疑问的。

三、刑事审判中死刑适用的严刑立场

虽然废除和限制死刑在国际上已经成为一种普遍的趋势，但在国内主张全面废除死刑的观点却处于相对弱势的地位。主张限制和减少死刑适用，尤其是非暴力犯罪的死刑适用，是目前学界的主流立场。而司法实践却逆这一主流观点，对于非暴力的毒品犯罪，主张坚决对重大毒品犯罪适用死刑，这从历次司法解释及相关指导意见、纪要的规定上即可见一斑。

2008 年《大连会议纪要》对部分毒品犯罪提出了坚决适用死刑的立场："必须依法严惩毒枭、职业毒犯、再犯、累犯、惯犯、主犯等主观恶性深、人身危险性大、危害严重的毒品犯罪分子，以及具有将毒品走私入境，多次、大量或者向多人贩卖，诱使多人吸毒，武装掩护、暴力抗拒检查、拘留或者逮捕，或

者参与有组织的国际贩毒活动等情节的毒品犯罪分子。对其中罪行极其严重依法应当判处死刑的，必须坚决依法判处死刑。"对于毒品犯罪死刑的适用条件，《大连会议纪要》作出了相对宽泛的适用意见，具有下列情形之一的，可以判处被告人死刑：①具有毒品犯罪集团首要分子、武装掩护毒品犯罪、暴力抗拒检查、拘留或者逮捕、参与有组织的国际贩毒活动等严重情节的；②毒品数量达到实际掌握的死刑数量标准，并具有毒品再犯、累犯，利用、教唆未成年人走私、贩卖、运输、制造毒品，或者向未成年人出售毒品等法定从重处罚情节的；③毒品数量达到实际掌握的死刑数量标准，并具有多次走私、贩卖、运输、制造毒品，向多人贩毒，在毒品犯罪中诱使、容留多人吸毒，在戒毒监管场所贩毒，国家工作人员利用职务便利实施毒品犯罪，或者职业犯、惯犯、主犯等情节的；④毒品数量达到实际掌握的死刑数量标准，并具有其他从重处罚情节的；⑤毒品数量超过实际掌握的死刑数量标准，且没有法定、酌定从轻处罚情节的。这进一步明确了死刑适用标准，但相较于《刑法》第347条所列举的条件，其适用范围似乎已经达到了扩张。

2015年的《武汉会议纪要》进一步明确，应当对毒品犯罪的刑事审判保持严厉立场："当前，我国毒品犯罪形势严峻，审判工作中应当继续坚持依法从严惩处毒品犯罪的指导思想，充分发挥死刑对于预防和惩治毒品犯罪的重要作用。要继续按照《大连会议纪要》的要求，突出打击重点，对罪行极其严重、依法应当判处死刑的被告人，坚决依法判处。"在毒品犯罪的审判实践中，历次会议纪要多保持了严厉惩处的基本指导思想，对于死刑适用的态度也非常坚决。于非暴力的毒品犯罪而言，这是非常严厉的惩处态度。

四、毒品犯罪财产刑的司法适用

2000 年《南宁会议纪要》非常注重对财产刑的运用，其规定："司法实践中，应当严格依照法律的规定，注重从经济上制裁犯罪分子。除对被告人的违法所得应当依法予以追缴外，还要严格依法判处被告人罚金刑和没收财产刑。不能因为被告人没有财产，或者其财产难以查清、难以分割或难以执行，就不判处财产刑。"

2008 年《大连会议纪要》进一步强调了毒品犯罪财产刑适用的重要性，认为应当在司法实践中充分运用罚金或者没收财产刑，重申了《南宁会议纪要》对财产刑的适用规则；同时，还要采取有效措施，保证财产刑的真正落实。"要加强与公安机关、检察机关的协作，对毒品犯罪分子来源不明的巨额财产，依法及时采取查封、扣押、冻结等措施，防止犯罪分子及其亲属转移、隐匿、变卖或者洗钱，逃避依法追缴。要加强不同地区法院之间的相互协作配合。毒品犯罪分子的财产在异地的，第一审人民法院可以委托财产所在地人民法院代为执行。要落实和运用有关国际禁毒公约规定，充分利用国际刑警组织等渠道，最大限度地做好境外追赃工作。"

2015 年《武汉会议纪要》也非常注重毒品犯罪财产刑的运用，认为在司法实践中应当依法追缴犯罪分子的违法所得，充分发挥财产刑的作用，切实加大对犯罪分子的经济制裁力度。对查封、扣押、冻结的涉案财物及其孳息，经查确属违法所得或者依法应当追缴的其他涉案财物的，如购毒款、供犯罪所用的本人财物、毒品犯罪所得的财物及其收益等，应当判决没收，但法律另有规定的除外。判处罚金刑时，应当结合毒品犯罪的性质、情节、危害后果及被告人的获利情况、经济状况等因素合理确定罚金数额。对于决定并处没收财产的毒品犯罪，判处被告人有期徒刑的，应当按照上述确定罚金数额的原则确定没收个人部分财产的数额；判处无期徒刑的，可以并处没收个人全部财产；判处死缓或者死刑的，应当并处没收个人全部财产。

五、毒品再犯及累犯法律适用上的从严立场

2008 年《大连会议纪要》明确了毒品再犯的成立条件，认为"根据刑法第三百五十六条规定，只要因走私、贩卖、运输、制造、非法持有毒品罪被判过刑，不论是在刑罚执行完毕后，还是在缓刑、假释或者暂予监外执行期间，又犯刑法分则第六章第七节规定的犯罪的，都是毒品再犯，应当从重处罚"。而对于毒品再犯之于量刑的意义，该纪要做了非常全面的分析，指出："因走私、贩卖、运输、制造、非法持有毒品罪被判刑的犯罪分子，在缓刑、假释或者暂予监外执行期间又犯刑法分则第六章第七节规定的犯罪的，应当在对其所犯新的毒品犯罪适用刑法第三百五十六条从重处罚的规定确定刑罚后，再依法数罪并罚。""对同时构成累犯和毒品再犯的被告人，应当同时引用刑法关于累犯和毒品再犯的条款从重处罚。"相较于 2000 年《南宁会议纪要》对于同时符合毒品犯罪再犯和累犯的被告人一律适用再犯条款从重处罚的规定，本解释明显加强了对犯罪人的打击力度，毕竟同时适用累犯的话，被告人就不能获得减刑或者假释。但同时适用再犯和累犯的条款，是否构成对同一行为的重复评价，是存在疑问的。

2010 年最高人民法院《关于贯彻宽严相济刑事政策的若干意见》进一步强调要对毒品再犯和累犯从严惩处："凡是依法构成累犯和毒品再犯的，即使犯罪情节较轻，也要体现从严惩处的精神。尤其是对于前罪为暴力犯罪或被判处重刑的累犯，更

要依法从严惩处。"虽然未明示同时符合毒品再犯和累犯情形的处理规则，但从严惩处的立场却很坚定。

2015年的《武汉会议纪要》对毒品再犯也进行了明确，认为累犯、毒品再犯是法定从重处罚情节，即使本次毒品犯罪情节较轻，也要体现从严惩处的精神。尤其对于曾因实施严重暴力犯罪被判刑的累犯、刑满释放后短期内又实施毒品犯罪的再犯，以及在缓刑、假释、暂予监外执行期间又实施毒品犯罪的再犯，应当严格体现从重处罚。而对于因同一毒品犯罪前科同时构成累犯和毒品再犯的被告人，在裁判文书中应当同时引用刑法关于累犯和毒品再犯的条款，但在量刑时不得重复予以从重处罚。对于因不同犯罪前科同时构成累犯和毒品再犯的被告人，量刑时的从重处罚幅度一般应大于前述情形。也就是说，该纪要也承认毒品再犯与累犯的双重评价，只是在量刑时择一重处断，打击力度仍然很大。

六、特殊侦查措施的使用

2000年《南宁会议纪要》肯定了毒品犯罪中诱惑侦查措施使用的有效性，并对其相关的定罪量刑问题进行了规定，明确在涉及毒品犯罪特情使用中应注意的问题："有时存在被使用的特情未严格遵守有关规定，在介入侦破案件中有对他人进行实施毒品犯罪的犯意引诱和数量引诱的情况。'犯意引诱'是指行为人本没有实施毒品犯罪的主观意图，而是在特情诱惑和促成下形成犯意，进而实施毒品犯罪。对具有这种情况的被告人，应当从轻处罚，无论实施毒品犯罪的数量多大，都不应判处死刑立即执行。'数量引诱'是指行为人本来只有实施数量较小的毒品犯罪的故意，在特情引诱下实施了数量较大甚至达到可判处死刑数量的毒品犯罪。对具有此种情况的被告人，应当从轻处罚，即使超过判处死刑的毒品数量标准，一般也不应判处死刑立即执行。"这就为毒品犯罪中犯意引诱型诱惑侦查措施的合法使用，打开了方便之门。对于犯意引诱型诱惑侦查，操作不慎，就会变成教唆型犯罪，故我国的《刑事诉讼法》是明令禁止的。但在毒品犯罪中，这种诱惑侦查显然可以使用，只是对于相对方的行为人可以从轻处罚，这样的规定易造成人权的侵犯，对民众是不利的。

2008年《大连会议纪要》进一步肯定了特情在毒品犯罪侦查中的重要性，对利用特情侦破案件的性质进行了明确，指出："运用特情侦破毒品案件，是依法打击毒品犯罪的有效手段。对特情介入侦破的毒品案件，要区别不同情形予以分别处理。""对已持有毒品待售或者有证据证明已准备实施大宗毒品犯罪者，采取特情贴靠、接洽而破获的案件，不存在犯罪引诱，应当依法处理。""行为人本没有实施毒品犯罪的主观意图，而是在特情诱惑和促成下形成犯意，进而实施毒品犯罪的，属于'犯意引诱'。对因'犯意引诱'实施毒品犯罪的被告人，根据罪刑相适应原则，应当依法从轻处罚，无论涉案毒品数量多大，都不应判处死刑立即执行。行为人在特情既为其安排上线，又提供下线的双重引诱，即'双套引诱'下实施毒品犯罪的，处刑时可予以更大幅度的从宽处罚或者依法免予刑事处罚。""行为人本来只有实施数量较小的毒品犯罪的故意，在特情引诱下实施了数量较大甚至达到实际掌握的死刑数量标准的毒品犯罪的，属于'数量引诱'。对因'数量引诱'实施毒品犯罪的被告人，应当依法从轻处罚，即使毒品数量超过实际掌握的死刑数量标准，一般也不判处死刑立即执行。"应当说，《大连会议纪要》对于犯意引诱型诱惑侦查措施的态度与《南宁会议纪要》保持了一致。

　　这种对特殊侦查措施的扩张适用，体现出对毒品犯罪彻底根除的决心。

　　虽然我国毒品犯罪的刑事立法和司法主要表现为"严打"的基本立场，但并不等于这种严打是单向的。事实上，在刑事立法和司法中，也有一些从宽惩处的规定及现实做法。前者主要表现为刑法对毒品犯罪规定了不少从轻处罚的情节，如"非法种植罂粟或者其他毒品原植物，在收获前自动铲除的，可以免除处罚"等；后者主要表现为司法部门多主张对毒品犯罪的死刑立即执行应当慎重适用，只有罪行极其严重的才能判处死刑立即执行；虽然司法实践肯定毒品犯罪诱惑侦查的正当性，但是对于可能涉及毒品犯罪人判处死刑的案件，一般不会判处死刑立即执行，同时与一般的毒品犯罪案件在处理上还注重差别对待。

　　整体上看，我国毒品犯罪的刑事政策表现为"严打"，这在刑事立法和司法上均得到了明显的体现。不能否认，严打的刑事政策对于毒品犯罪的整治确实起到了良好的效果，尤其是在严打的初期，这种效果更加明显，"严打整治行动是打击毒品犯罪高压态势的集中体现，区域性、阶段性、目标单一性严打行动取得了较为显著的成效。就短期效果而言，严打行动在一定程度上遏制了特定区域的毒品犯罪；就长期效果而言，毒品供应市场与消费市场日益扩大，毒品犯罪愈加猖獗"[1]。应当说，毒品犯罪作为一种社会现象，其产生、发展乃至蔓延具有一定的必然性，而这种必然性，又和毒品的消费紧密相连。在个体自由逐步彰显的时代，吸毒现象呈现急速增长态势，而同时在市场经济条件下，毒品的巨额利润也在加速刺激着毒品犯罪的

---

[1]　莫洪宪、任娇娇："毒品犯罪严打整治行动理论反思与对策革新"，载《政法论丛》2015年第5期。

增加。因此，毒品犯罪在一定时期内快速增长亦是必然的趋势。从严打的角度看，早期的严打，可以充分发挥刑法的威慑功能，但是随着社会和民众对其威慑力耐受性的提升，其单纯的威慑作用必然下降。甚至可以说，严打刺激了毒品犯罪的蔓延，因为严打政策下，作为以攫取利益为目的的毒品犯罪，可能获得的非法利益会呈现大幅增长趋势。"反思严打整治行动的理论基础，威慑理论与刑事司法实践皆以个案为起点，据此，严打整治行动亦以个案为打击目标。事实上，在遭受司法打击时，受供求法则支配的毒品市场以其自身的适应与反馈机制减弱了严打行动的威慑效果。我国应确定降需减供的对策路径，综合运用刑事手段与社会手段，结构性创伤毒品市场，减少毒品社会危害。"[1]可见，严打策略并非整治毒品犯罪的有效之策。

第四节　我国毒品犯罪刑事政策之总体反思

一、毒品犯罪立法政策之反思

（一）合理划定毒品犯罪的犯罪圈

我国《刑法》目前对毒品犯罪的罪名设置遍及毒品的种子、幼苗等前毒品阶段，以及毒品的生产、消费、查处等阶段，可以说犯罪圈非常庞大。而且在 2015 年的时候，对于制毒物品的管制又从刑法角度进行了扩张，增加了非法生产、运输制毒物品罪。虽然这迎合了当前毒品违法犯罪日益严峻的客观形势，但是否有必要在前刑法规范尚未穷尽其功能的情况下，就纳入刑法打击范围，还是值得商榷的。有学者指出，我国目前毒品犯罪领域仍然有些行为应当单独入罪，以严密毒品犯罪圈。"建

---

〔1〕　莫洪宪、任娇娇："毒品犯罪严打整治行动理论反思与对策革新"，载《政法论丛》2015 年第 5 期。

议增加：（1）惩治作为中间人介绍毒品交易的卖家与买家之行为的毒品居间交易罪；（2）惩治提供场所容留他人买卖毒品之行为的容留他人买卖毒品罪；（3）惩治非引诱、教唆、欺骗或者强迫的组织他人吸食毒品或购买毒品之行为的组织吸食毒品罪、组织购买毒品罪；（4）惩治非引诱、教唆、欺骗或者强迫的介绍他人吸食毒品之行为的介绍他人吸食毒品罪；（5）扩大惩治非刑法第355条规定的行为主体为他人非法提供麻醉药品或精神药品之行为的非法提供毒品罪。"[1]虽然在目前的毒品犯罪形势下，该论者所列举的这些行为在司法实践中较为多见，但并不代表这些行为就应当被纳入刑法打击范围。在针对毒品已经设置了诸多罪名的情况下，更不应随意考虑增设新的罪名，而且从目前的司法实践看，这些行为即使没有单独设立罪名，对于情节严重的，也可能通过其他相关罪名进行解决。如：居间介绍买卖毒品行为可以分别根据有无牟利、居间人与买卖毒品双方的合意程度，分别以贩卖毒品罪或者非法持有毒品罪定罪处罚；对于容留过程中有贩卖毒品的，可分别处以贩卖毒品罪或者贩卖毒品罪与容留他人吸毒罪；对于组织吸食毒品、组织购买毒品的行为，可区分情况分别以容留他人吸毒罪、非法持有毒品罪等进行处置；非特定身份的主体提供麻醉药品、精神药品的，可以分别情况处以非法持有毒品罪或者贩卖毒品罪。即使在现有罪名无法合理评价的情形下，也可以刑法谦抑性、罪刑法定等基本原则作为根据，否定行为的犯罪性，从而通过前刑法规范解决，而不能动辄就主张设置新的罪名。

在具体罪名的刑事立法上，也应当进行一定的限缩。如现行法将运输毒品行为一概入罪，并配置以与走私、贩卖、制造

〔1〕　严励、卫磊："毒品犯罪刑事政策探析"，载《学术交流》2010年第7期。

同等的法定刑，无论在理论还是实践上都是备受争议的。近些年频繁出台的关于运输毒品罪量刑时应当与走私、贩卖、制造毒品罪区别对待的规范性文件，即清楚表明了将运输毒品罪与走私、贩卖、制造毒品罪并列规定的做法是存在诸多问题的。

此外，在妨害毒品司法秩序的罪名设置中，在我国已经有包庇罪、窝藏罪的前提下，包庇毒品犯罪分子罪是否有必要单独设立罪名，也很有争议。这些关系到毒品犯罪入罪范围的条文设计，已经成为我国在毒品犯罪司法过程中贯彻宽严相济刑事政策的桎梏，必须从立法上消解这些不足。对于这些问题，后文会有专门的论述。

（二）财产刑的设置应注重罚金刑的合理配置

现行刑法已经对毒品犯罪广泛配备了财产刑，而且罚金刑的配备充分显示了剥夺毒品犯罪人犯罪能力的特点，其多以"并处罚金"的形式出现。笔者认为，这固然显示了严惩毒品犯罪的基本立场，但并处罚金本身也就意味着对犯罪人必须判处相应的主刑，这可能使得毒品犯罪的惩处力度过于严厉，而且作为非暴力犯罪，很多涉毒行为并不一定必须判处主刑，单纯的罚金可能更能达到相应的目的，其也可能更加合理。因此，笔者主张，对很多毒品犯罪的法定刑配备上，如果其法定最低刑包括拘役、管制的，则在并处罚金刑的刑事责任设置之外，应当将"并处罚金"修订为"并处或者单处罚金"，同时对于相关毒品犯罪最低法定刑包含拘役或者管制而无附加财产刑的，也应当增设"并处或者单处罚金"，这样不但有助于剥夺犯罪人的再犯能力，也可以彰显现代刑罚对于非暴力犯罪轻刑化的基本立场，同时，在目前我国非刑罚处罚方法适用率偏低的状况下，单独适用罚金刑更加具有积极意义。

二、毒品犯罪司法政策之评析

（一）主观明知推定的不足

为了强调打击毒品犯罪，司法机关在行为人主观明知的认定上，广泛使用了刑事推定，即只要存在特定的客观事实，即推定行为人具有对毒品或者相关毒品犯罪的明知，这固然便利了侦查、公诉和审判机关的刑事司法，但是这却明显可能存在侵犯犯罪嫌疑人、被告人权利的嫌疑。因为"以'推定明知'或者'应当知道'取代'明知'的认定的情况，明显违反了刑法总则规定和刑法基本理论而实际上造成了行为人毒品犯罪主观认定中的严格责任泛化"[1]，毕竟特定的客观情状本身并不能必然推定行为人具有相应的"明知"，如果不能合理排除所有可能存在的特殊情况，就必须作出对犯罪嫌疑人、被告人有利的结论。虽然我国毒品犯罪的刑事推定，也在一定程度上允许犯罪嫌疑人、被告人举证进行反驳，但这种举证责任倒置的方式在刑事诉讼中还是较为罕见的，而且从人权保障的角度看，应当由司法机关作为"排除合理怀疑"的唯一举证者。在司法机关设置的一些主观明知推定的规则中，有些标准的漏洞是非常明显的，如为获取不同寻常的高额或不等值的报酬而携带、运输毒品的；采用高度隐蔽的方式交接毒品，明显违背合法物品惯常交接方式的。实际上，在市场非常强调个人自由的情况下，单纯以交接方式作为区分标准是存在疑问的；同样，不同寻常的高额或不等值的报酬，可能也是市场经济下的正常行为，在存在投机或者营利心理驱使下，赚取高额回报可能恰恰是市场经济的核心，而且单纯作为运输、携带等中立行为，更无推

---

〔1〕 严励、卫磊："毒品犯罪刑事政策探析"，载《学术交流》2010年第7期。

定其具有明知的必要，否则势必影响社会的发展。

（二）刑法的行政化与刑事政策化特点明显

为了实现法治国最大限度保障公民自由与人权的理想，西方国家在国家权力构造和设计方面强调立法权、司法权和行政权的分立与制衡。行政权侧重于国家利益的维护，而司法权则侧重于对公民个体圈的保障。在我国以《宪法》为主体的国家权力构建中，"行政权与司法权虽然同属执行权，但两者大有区别。它们之间最本质的区别在于：司法权以判断为本质内容，是判断权，而行政权以管理为本质内容，是管理权"[1]。刑法在性质上属于司法法，强调的是法的安定性，尤其是在民主法治国家，刑法就是公民权利的大宪章，"刑法不仅要面对犯罪人保护国家，也要面对国家保护犯罪人；不但面对犯罪人，也要面对检察官保护市民，成为公民反对司法专横和错误的大宪章"[2]。但从现实情况看，司法机关在适用刑法中往往难以坚守刑法作为司法法的应然品质。这在毒品犯罪的治理中表现得尤为明显，"刑法行政化和刑事政策化的特征相当明显，政策导向型刑罚工具观表现得十分突出，人民法院过度强调刑法的社会保护功能，而刑法的人权保障机能被过分忽视。即便是在依法治国受到高度重视的今天，该问题依然十分突出"[3]。这从历次会议纪要或者解释等规范性文件涉及的"各级人民法院要毫不动摇地坚持依法从严惩处毒品犯罪的指导思想，充分运用刑罚手段，有效打击、威慑和预防毒品犯罪"等

---

〔1〕 孙笑侠："司法权的本质是判断权司法权与行政权的十大区别"，载《法学》1998 年第 8 期。

〔2〕 ［德〕拉德布鲁赫：《法学导论》，米健、朱林译，中国大百科全书出版社1997 年版，第 96 页。

〔3〕 何荣功："我国'重刑治毒'刑事政策之法社会学思考"，载《法商研究》2015 年第 5 期。

的类似表述上可见一斑。这实际上已经从政策层面上固化了毒品犯罪的惩治立场——"从严"，虽然这可以视为刑事政策对刑法的指导，但却过度弱化了人民法院的司法属性，上下级法院之间的关系也变成了类似行政领导的性质，不利于司法机关的独立审判。如果真需要将严打的刑事政策纳入刑事司法过程中，应当由法院之外的其他部门，如人大或者党委通过类似的文件进行规范，而非单纯监督与被监督关系的上下级法院之间。当人民法院的司法属性被贬谪，刑法的司法法属性被忽视，毒品犯罪嫌疑人、被告人将无法与具有强大动能的国家刑罚权相抗争。

（三）严刑的司法立场影响了司法公正

鉴于当前毒品犯罪的入罪门槛设置上存在诸多不科学之处，由此导致司法实践中，毒品犯罪的定罪率、重刑率普遍偏高。如立法上有"毒品数量无论多少，都应当追究刑事责任"的规定，多数司法机关僵化地理解与操作，认为即使涉案毒品仅为零点几克，也应一律追究刑事责任，而且往往是判处实刑，这既违背了刑法的谦抑性思想，也浪费了司法资源。此外，在未成年人财产刑的执行上，允许监护人代替缴纳的做法，也会被理解为一种变相的"株连"。

在毒品再犯与累犯发生竞合的情况下，我国相关的司法实践多次改变立场，2000年《南宁会议纪要》规定"一律适用刑法第356条规定的再犯条款从重处罚，不再援引刑法关于累犯的条款"；2005年最高人民检察院公诉厅《毒品犯罪案件公诉证据标准指导意见（试行）》采用了与《南宁会议纪要》同样的立场；但是到2008年《大连会议纪要》则主张"对同时构成累犯和毒品再犯的被告人，应当同时引用刑法关于累犯和毒品再犯的条款从重处罚"；2015年《武汉会议纪要》则采取了折中的立场："对于因同一毒品犯罪前科同时构成累犯和毒品再犯的被告人，在裁判文书中应当同时引用刑法关于累犯和毒品再犯的条款，但在量刑时不得重复予以从重处罚。对于因不同犯罪前科同时构成累犯和毒品再犯的被告人，量刑时的从重处罚幅度一般应大于前述情形。"可见，对于同一个法律条款的适用，在不同的阶段，司法中的立场亦是不统一的，这势必影响刑法的公信力，甚至可能导致民众在该法律条款面前无所适从。事实上，同时引用总则中累犯与分则毒品再犯两个刑法条款，并进行"从重处罚"，可能违背了刑法中的禁止重复评价原理，虽然不重复"从重"，但在法律适用中进行双重定性（表明符合两个条款的基本立场）本身就是一种重复评价，为了严打而背弃刑法基本原理，是不明智的。

（四）特殊侦查措施的运用应进一步规范

作为侦破隐蔽性较强的犯罪的有效措施，秘密侦查措施已成为侦查机关的重要选项之一。所谓秘密侦查，是指公安机关基于侦查的必要性，经县级以上公安机关负责人决定，指派有关人员隐瞒身份进行的侦查活动，主要有卧底侦查、化装侦查和诱惑侦查等形式。毒品犯罪作为隐蔽性极强的案件，秘密侦查措施被广泛使用，而诱惑侦查措施又是被历次会议纪要均提及的措施，其使用过程中收集的证据、涉案嫌疑人、被告人行为的罪名认定等，也得到了检察院和法院的认可。从纪要的基本立场看，无论是机会提供型的诱惑侦查，还是犯意诱发型的诱惑侦查，其均得到了司法机关的肯定，只是在具体量刑上进行了一定的区别对待。但这种做法实际上是存在疑问的，因为按照《刑事诉讼法》的规定，进行秘密侦查不得诱使他人犯罪，不得采用可能危害公共安全或者发生重大人身危险的方法。而诱使他人犯罪，在"实施秘密侦查中绝对不允许"。[1]但综合考察毒品犯罪中犯意诱发型的诱惑侦查，其本质上难逃教唆他人犯罪的事实，但历次的会谈纪要却给予了其合法的地位，这不能不说是一个非常大的缺憾。合理规范毒品犯罪的秘密侦查措施，对于犯意诱发型的诱惑侦查措施，应否定被引诱者行为的犯罪性；对于情节恶劣的引诱者可以考虑给予相应的刑事处罚，从而充分保障公民的个人权利，而不能动辄以严厉打击毒品犯罪为由，对司法机关实施的犯意诱发行为予以豁免。按照笔者的理解，对于诱惑侦查措施的运用，除了在程序上进行相应规范以外，还应当在实体层面，通过对引诱者和被引诱者行为的适当定性，达到有效打击毒品犯罪的目的。

三、毒品犯罪刑事政策修正之基本思路

通过对我国毒品犯罪治理中的立法、司法政策的分析，可以发现，当前我国对毒品犯罪采取了较为激进的严打措施，在一定程度上具有合理性，也反映了我国坚决制止毒品犯罪，保障国民健康的坚定决心。但是，几十年"严打"毒品犯罪的经验表明，单纯依靠严厉打击的刑事政策，在一定时期内确实能起到禁毒效果，但长时间以后，该效果会变得不明显。"重刑治毒"刑事政策并不符合毒品犯罪的生成机理，是笨拙的和表面化的治理方式，不可能产生预期的效果，而这种表面化的治理方式带来的是有限司法资源的低效配置和使用，实践中毒品犯罪"就像古希腊神话中蛇怪的头，斩掉后又长出来"。[2]而只

---

〔1〕　陈光中主编：《〈中华人民共和国刑事诉讼法〉修改条文释义与点评》，人民法院出版社 2012 年版，第 224 页。

〔2〕　何荣功："我国'重刑治毒'刑事政策之法社会学思考"，载《法商研究》2015 年第 5 期。

有适时转变刑事政策，建立一个与"宽严相济"刑事政策相协调的"以刑法为保障，以前刑法手段为基础"的禁毒政策才是有效的禁毒之道：全面深入构建预防毒品犯罪的前刑法方法，重点在于从源头、毒品的消费市场管控等角度构建一个综合治理的禁毒体系；合理划定毒品犯罪的犯罪圈，切实贯彻落实"宽严相济"的刑事司法政策。唯有如此，才能真正达到遏制毒品犯罪的目的。

（一）从毒品消费市场、消费者层面堵塞毒品犯罪通道

理性的毒品犯罪刑事政策只能来自对毒品犯罪特性的科学了解和对毒品犯罪形势的科学分析。经过多年的研究与实践，现在理论界及实务界均意识到毒品犯罪问题是社会问题，并不能将其简单归类为某一个学科或者领域的单一问题。毒品犯罪的形成是多种社会因素综合作用的结果，其固然有经济利益的驱动，但也要考虑到，正是因为有庞大的消费市场和旺盛的毒品需求，才会产生越来越多的毒品犯罪。因此，毒品犯罪治理中，必须考虑作为其核心的"人"，尤其是作为庞大消费市场的吸毒者。据 2017 年禁毒报告显示，截至 2016 年底，全国现有吸毒人员 250.5 万名（不含戒断 3 年未发现复吸人数、死亡人数和离境人数），而有的资料甚至表明，目前所统计的只是登记在册的吸毒人数，实际的吸毒人数远远高于这个数字。可见，庞大的毒品消费市场，客观上刺激了毒品犯罪的泛滥。要消解毒品犯罪，必须从根源上采取措施，而非盲目地严厉打击，单纯考虑严打，也只是头痛医头的片面之举。

长期以来，我国希望通过重刑威慑以实现预防和减少毒品犯罪的目的，这可以归结为对刑罚机能的误读，因为盲目地将毒品犯罪归类为危及中华民族生存的严重犯罪，从而动用严厉的惩罚措施予以惩处。事实上，鸦片战争的起因及其给中华民

族带来的深重灾难已经在民众的心灵上留下深深的烙印。改革
开放以后，毒品犯罪在我国卷土重来并很快成为严重的社会问
题，这对于民众来讲又是一次不小的感情冲击，历史给国家、
民众带来的精神创伤，导致人们在观念上将毒品及毒品犯罪
"妖魔化"，难免催生出非理性的"重刑治毒"刑事政策。虽然
在20世纪50年代至70年代末，我国经历了一段无毒期，民众
对毒品的认知及仇恨也相对较弱，因此相对宽缓的刑事政策被
广泛接受，"只要毒品现象不再对民众生活造成重大的危害，他
们就能承受相对宽缓的毒品立法。但严重的毒品犯罪（例如，
跨国毒品犯罪集团、武装走私毒品等形式）仍产生了巨大的负面
影响，民众期待对这些严重的毒品犯罪进行强有力的打击"[1]。
但不能否认的是，中华民族对毒品的仇恨不会因为一时的毒品
犯罪形势缓解而有所降低，这毕竟是中华民族发展史上不可抹
杀的深重灾难之一，因此，在毒品再度泛滥之后，严厉打击的
民众呼声及国家维护社会稳定，严防重走历史老路的重刑惩处
毒品犯罪的政策就必须得到重视。所以，伴随着毒品犯罪形势
的严峻，我国对毒品犯罪的打击愈发趋严，但从最终结果看，
我国过去片面强调对毒品犯罪事后的"重刑治理"，只是表面
化、事倍功半、不对症的治理方式，甚至阻碍了我国毒品犯罪
刑事立法的完善和我国死刑制度的改革，弱化了人民法院的司
法属性。"重刑治毒"既缺乏合理性，也缺乏可操作性。毒品犯
罪与滥用毒品之间具有紧密的正比例联系。我国毒品犯罪刑事
政策现代化的根本出路在于理性认识毒品犯罪的生成机理，并
将国家治理毒品犯罪的重心前移至减少滥用毒品（包括减少存

---

[1]　莫洪宪："中国毒品犯罪死刑的概况及其控制"，载《政法论丛》2014年
第6期。

量和防止增量）的环节。[1]

当前毒品的滥用，虽然给社会造成了诸多负担，但从另一个角度也反映了社会的发展，是公民个体权利的发展、个体自由的彰显。从当前毒品滥用的种类上看，这也是化学、医学、药学等科技成果高速发展的结果。但不能否认的是，毒品滥用过程中，作为个体的公民过度滥用了自由权，吸食毒品虽然可以归类为个体的自由，但在其可能危及公共卫生甚至间接危害国家利益时，还是应当对其进行规制的。我国近百年的针对毒品吸食者进行处罚、矫治等一系列措施的失败已经表明，传统的依靠严厉惩处加以预防和消除吸毒现象的做法明显不能取得应有的社会效果。而在现代，更应侧重分析这种消费市场不断扩大的根本原因，唯此才能找到恰当方式缩小消费市场，从根本上遏制毒品犯罪。通过对吸毒者多年的跟踪研究表明，吸毒问题是社会在成长与进步过程中遇到的"烦恼"，吸毒者如同生活马拉松中的掉队者，是需要社会关爱与帮助的弱者与"病人"。正如犯罪一样，吸毒具有一定的必然性，作为吸毒的个体，其从事这种行为似乎具有一定的必然性，即使现在毒品目录所确定的毒品种类改变了，那也不排除还会有人吸食其他可能使人产生瘾癖并具有一定危害性的物质，因此，个体从事吸毒行为表面上看具有一定的自主决定权，但从最终结局看，似乎又具有一定的必然性。因此吸毒者并非单纯的规范破坏者，其也可能是一个值得社会同情的病人，这在我国的相关法律中已经得到了肯定。2007年《禁毒法》一方面肯定了吸毒的违法性，但同时也强调，吸毒人员应当是需要社会关爱的特殊人员，其第31条第1、2款规定："国家采取各种措施帮助吸毒人员戒

---

[1] 何荣功："我国'重刑治毒'刑事政策之法社会学思考"，载《法商研究》2015年第5期。

除毒瘾，教育和挽救吸毒人员。""吸毒成瘾人员应当进行戒毒治疗。"此外，《禁毒法》也详细规定了多种戒毒措施，其目的是帮助吸毒者戒除毒瘾，从而顺利复归社会。这也是我国厉行禁毒的重要举措之一，希望从最终的消费市场来截断毒品违法犯罪的泛滥。

（二）毒品犯罪的治理应当贯彻"宽严相济"的刑事政策

从我国现行毒品犯罪的治理路径看，其明显表现为"严打"的基本立场，这在刑事立法和司法中表现得尤为明显。但多年的经验表明，毒品犯罪虽然在一定时期内得到了遏制，但总体的毒品滥用、毒品违法犯罪形势更加严峻，其客观上似乎也在证明"严打"政策的失败。我国倚重刑法治理毒品犯罪的做法，既面临正当性的质疑，又面临有效性的考问，这一现象理应引起人们的高度重视，对其作理性的反思。[1]因此，转变毒品犯罪治理过程中"严厉"的一极化政策，就成为我国毒品犯罪刑事政策发展的重要路径。

从我国目前基本的刑事政策看，"宽严相济"不仅是基本的刑事司法政策，也是基本的刑事立法政策。将毒品犯罪的刑事政策调适为宽严相济，也是对基本刑事政策的回应。一方面，毒品犯罪在近些年呈现愈演愈烈之势，而且很多时候毒品犯罪和严重的暴力犯罪混杂在一起，对其进行一定程度的严厉打击，具有合理化的根据；但另一方面，毒品犯罪本身属于非暴力犯罪，而且毒品犯罪没有具体的被害人，这在无被害人犯罪逐步被非犯罪化的时代，从轻处罚更是大势所趋，不能因为单纯的民族情绪等而无视世界刑法发展趋势，故从轻处罚亦是其不能回避的基本措施之一。综合起来看，毒品犯罪应当全面贯彻宽

---

〔1〕　何荣功："我国'重刑治毒'刑事政策之法社会学思考"，载《法商研究》2015 年第 5 期。

严相济的刑事政策。

我国近些年出台的会议纪要、毒品犯罪的司法解释等规范性文件似乎也在逐步强调宽严相济刑事政策在毒品犯罪治理中的核心地位,如 2011 年最高人民法院通报毒品犯罪案件审判工作时,强调在毒品犯罪案件审判工作中,要严格贯彻宽严相济的刑事政策,根据毒品犯罪案件的具体情况,突出打击重点,实行区别对待,做到整体从严,宽严相济,罚当其罪。对于罪行严重、社会危害大的毒品犯罪,以及累犯、毒品再犯等主观恶性深、人身危险性大的毒品犯罪分子,人民法院依法予以严惩,该判处重刑的坚决判处重刑,符合判处死刑条件的,依法判处并核准死刑。为分化瓦解犯罪,对于罪行较轻、被动参与毒品犯罪,或者具有法定、酌定从宽处罚情节的毒品犯罪分子,人民法院依法根据宽严相济刑事政策给予从宽处罚。[1]可见,宽严相济的刑事政策在立法和司法实践中被广为提及。目前的执行障碍主要还是在于,相关部门只是将宽严相济刑事政策作为严打前提下的一种政策,这实际上已经是本末倒置了,正确的做法应当是宽严相济刑事政策指导下的严打政策,严打也应当在宽严相济刑事政策的制约和指导下实施。

(三) 限缩毒品犯罪的成立范围

发挥前刑法手段的作用,前提就是尽量缩小毒品犯罪的犯罪圈,其基本的路径既包括立法上将部分没必要存在的罪名予以废除,也包括司法上通过限制解释的方式缩小部分犯罪的成立范围。就目前的刑法理论及司法实践看,从立法上可以废除的罪名主要是一些非核心的行为,甚至可能是预备行为。虽然现在很多观点从风险社会,提出在涉及公共安全的领域要尽量

---

〔1〕 高绍安:"贯彻宽严相济刑事政策,依法严惩严重毒品犯罪",载《中国审判》2012 年第 3 期。

多地将刑法打击前移，但是"风险刑法"理论意在强化刑法的社会保护机能与一般预防或威慑功能，这是因为，大陆法系国家的传统刑法理论以往过分强调刑法的人权保障机能和特殊预防功能，导致对犯罪的打击力度不够。在信息化时代到来、民众对自身和社会安全的要求提高的背景下，这种情况更加需要改变。与之相反，"我国过去在较长时期受'左'的思想的影响太深，长期强调从重惩罚或威慑犯罪，刑法的人权保障机能被忽视，并且处理刑事案件很容易受政治和政策因素的影响。在这种现实状况下，如果我们还以西方发达国家的'风险刑法'理论来指导我国的刑事立法与司法，那么就有可能使我国重回'左'的道路，离现代法治的要求越来越远。因此，在现代'风险社会'，我们既要重视刑法的社会保护机能，又要重视刑法的人权保障机能，尽量在两者之间找到新的平衡点。既不能忽视刑法的特殊预防功能，也不能片面强调其一般预防功能，更不能为了突显'风险刑法'的威慑效力而不适当地将某些不被容许的风险行为入罪或提高某些风险犯的法定刑。[1]我国目前该做的不是扩大犯罪圈，将一些所谓存在风险的预备行为实行化，而是将某些有关联的行为，通过关联罪名予以规制，完全不必要单独立法，比如运输毒品罪。运输毒品行为与走私、贩卖、制造行为相并列，配以完全相同的法定刑。但在实践中，这种不公平性逐步显露出来，司法实践中也在通过会议纪要、解释等方式予以纠正。与其这样，不如直接废除运输毒品罪，而通过关联的走私、贩卖、制造毒品罪予以解决。类似的问题也发生在2015年《刑法修正案（九）》新设定的非法运输制毒物品罪这个罪名上。

---

〔1〕　刘明祥："'风险刑法'的风险及其控制"，载《法商研究》2011年第4期。

在司法上，可以通过限缩解释的方式缩小犯罪圈。如现行法中规定了容留他人吸毒罪，目前的司法操作基本没有进行主观目的的限缩，而是更多地考察容留行为本身，而这无疑扩大了本罪的成立范围。事实上，容留他人吸毒罪在早期的司法实践中是有"以营利为目的"的主观限缩的，这种通过解释方式进行限缩无论是在历史上，还是在 1997 年《刑法》适用的早期，也都是获得广泛认可的。只是后来为了应对日益严峻的毒品犯罪形势，而将这一主观构成要件要素予以删除。实际上，这给司法机关带来了很大的负担，而且导致犯罪的成立范围急剧扩大，进行合理化的限缩就显得尤为必要。

（四）充分发挥前刑法规范的功能

我国目前在毒品犯罪的治理上，主要是通过刑事司法途径，对毒品犯罪进行定罪处罚，从而达到一般预防与特殊预防的有机统一。虽然说这种治理方式已经取得了一定的效果，但整体上看，还存在诸多弊端。在所有的法律中，刑法应当具有最后性和补充性，只有穷尽其他手段都无效的时候，才能动用刑法。毒品犯罪作为法定犯，更应当贯彻这一原则，而且毒品犯罪还必须遵循二次违法的特征。但从我国刑事立法及司法实践看，这一根本性的规则似乎已经被忽略了。如走私、贩卖、运输、制造毒品，无论数量多少，都应当追究刑事责任的规定，就堵塞了前刑法规范介入的通道。实际上，从毒品犯罪的治理路径看，刑法的重要功能在打击，而前刑法规范在于预防。我国目前毒品犯罪刑事政策的设定，就属于片面的重打击、轻预防。这就导致了毒品犯罪治理的片面性、表面性。

加大前刑法规范的拘束力，就应当对毒品的来源、消费、流通等环节进行全面的规范管理，对此，日本禁毒对策中的"一体两断两借"策略可以为我们提供一定的借鉴。所谓"一体两断两借"，是指："一体"，政策和因应毒品方略等的一体化推进；"两断"，即切断日本毒品的货源和客源；"两借"，即借助国际力量，借助他国力量。[1]其中"一体两借"是手段，"两断"是目标，而所有的"一体两断两借"都是遏制毒品犯罪的重要方略。这也就说明毒品犯罪的防控，不能单纯依赖刑法，而要侧重管理，通过前刑法手段进行管控，最终实现预防毒品犯罪的目的。

应当说，对毒品犯罪进行综合治理，也一直是我国惩治毒品犯罪的基本方略，这从我国制定的大量规范毒品违法犯罪、管控毒品使用等方面的法律法规可见一斑。我国当前规范毒品及易制毒化学品、毒品消费、处置毒品违法行为等的法律主要包括《治安管理处罚法》《禁毒法》《娱乐场所管理条例》《易制毒化学品管理条例》等，这些相关的法律法规不能说多么完善，但和其他国家涉及毒品或者相关管控物品的规范性文件数量来讲，绝对算是非常庞大的，但我们立法、司法层面的诸多不足，直接导致前刑法规范处于被虚置的状态。如我国《禁毒法》第59条规定："有下列行为之一，构成犯罪的，依法追究刑事责任；尚不构成犯罪的，依法给予治安管理处罚：（一）走私、贩卖、运输、制造毒品的；……"由于我国《刑法》已经规定走私、贩卖、运输、制造毒品罪的构成不需要考虑数量，而本项规定似乎表明，走私、贩卖、运输、制造毒品尚可能不构成犯罪，这就与刑法的规定直接冲突，而且立法上直接堵塞了《刑法》与《禁毒法》之间的通道。实际上，是否每一个走私、贩卖、运输、制造毒品行为均需要追究刑事责任，本身就是存在疑问的，因为其社会危害性可能并未达到需要进行刑罚处罚

---

〔1〕　李明："日本预防毒品犯罪对策的重点及其启示"，载《犯罪研究》2011年第3期。

的严重社会危害性程度。同样，《治安管理处罚法》第71条第1款规定："有下列行为之一的，处十日以上十五日以下拘留，可以并处三千元以下罚款；情节较轻的，处五日以下拘留或者五百元以下罚款：……（三）非法运输、买卖、储存、使用少量罂粟壳的。"非法运输、买卖少量罂粟的行为，按照《刑法》的规定属于犯罪且没有数量的要求，但是《治安管理处罚法》却将其作为违法行为予以惩处，而按照重法优于轻法的处罚原则，《治安管理处罚法》实际上也是被虚置了。在司法上，重刑法、轻前刑法措施的做法更是比较常见，这从司法实践中毒品犯罪的立案标准较低的角度即可得出这一结论。

因此，在我国当前的毒品犯罪治理过程中，应当在穷尽行政法等前刑法规范仍然无法有效遏制毒品对社会造成的危害时，方可使用刑法措施。

（五）转变司法理念，贯彻宽严相济刑事政策

转变毒品犯罪司法理念的前提就是要树立毒品犯罪并非需要判处死刑的最严重犯罪的理念，这已经在联合国的相关文件中得到了证实。于司法者而言，就是要在毒品犯罪的司法中改变传统的严打一维的思考方式，尽可能多地考虑个案的特殊情况，正确认识毒品犯罪的无被害人特征，区分不同嫌疑人、被告人的犯罪行为、犯罪诱因、实际危害等因素，真正做到罚当其罪。

首先，从刑事侦查阶段开始，就应当严格限定可能侵犯公民个人权利的特殊侦查措施的行使，对于犯意诱发型的诱惑侦查措施尽量少用，甚至不用。

其次，在毒品犯罪证据的收集方面，要严格树立证据意识，"以事实为根据"的司法理念决定了证据在刑事司法程序中的核心地位。在毒品犯罪中，无被害人的特征使得证据的种类少、

获取难度较大，这样可能更多地要依靠犯罪嫌疑人供述和毒品等物证，嫌疑人供述的获取就要充分考虑非法证据的排除等规则，尽量从有利于犯罪嫌疑人、被告人的角度考虑问题。

再次，对于案件中的非核心犯罪人物，应当充分考虑其犯罪原因、改造可能性等，以区别对待。一般来讲，毒品犯罪均涉及共同犯罪问题，每个毒品犯罪，总会是很多人共同谋划、组织、实施，有组织的大型毒品犯罪集团更是如此。在这个犯罪过程中，每个犯罪人的地位、犯罪原因等各不相同，只有充分考虑各种因素才能合理地定罪量刑。就贩毒组织架构和运行方式而言，唯有组织领导者方可掌控，贩毒组织通常规模较小，内部成员以亲情、友情或忠诚为联结纽带。该组织雇用大批"马仔"以"蚂蚁搬家"的方式实现毒品的跨国走私与国内流通；组织中上层将自己与毒品、"马仔"以及街头贩卖者隔离开来，以逃避侦查。因此，真正值得动用重刑进行严厉打击的，也仅仅是其中的领导、组织者，"马仔"等行为的社会危害性与人身危险性等与之存在天壤之别，自应区别对待。而且，如果考虑其出于生活窘迫等原因而从事毒品犯罪的话，可能其可谴责性更低。

最后，在进行刑事法律适用时，尽量限缩相关概念及罪名的成立范围，或者提高刑法条文对刚性条件的行为的入罪门槛。前者如，《刑法》第357条在明确司法实践中常见毒品的同时又采用兜底规定的方式。可以预见，随着科技的发展，"其他能够使人形成瘾癖的麻醉药品和精神药品"的范围必然随着社会的发展而不断扩大。虽然目前我国毒品种类的具体确定是通过定期发布的毒品目录来实现的，而且很多司法实践也根据其数量换算成以海洛因为基准，但是对于一些新出现的毒品，却无法实现与海洛因的换算，在此情况下，应当尽量限缩毒品的范围。

对于实践中出现的新型"毒品",除了要考虑毒品目录,还应当考虑其成分、成瘾性等进行综合确定,即使可以认定为毒品,对于涉案数量不大、成瘾性不高的毒品,也应尽量避免刑法的适用。对此,也有论者明确指出,对于现实生活中新出现的麻醉药品和精神药品,应根据滥用程度、危害性,优先考虑由行政法进行规范。[1]后者如,容留他人吸毒罪,无论从历史角度还是实践层面,均需要进行"以营利为目的"的主观限缩;刑法除了对走私、贩卖、运输、制造毒品罪明确规定了"无论数量多少,都应当追究刑事责任"以外,对于其他毒品犯罪的立案标准均无明确规定,这样司法机关可以采取设置尽量高的门槛、区别不同类型行为的入罪标准来限缩处罚范围,从而实现处罚范围的适当性,切实贯彻宽严相济的刑事政策。

---

〔1〕 何荣功:"我国'重刑治毒'刑事政策之法社会学思考",载《法商研究》2015 年第 5 期。

毒品犯罪宽严相济刑事立法政策之贯彻

第一节　运输毒品罪应当废止

运输毒品罪是我国刑法明确规定的与走私、贩卖、制造毒品罪相并列的罪名，刑法为其配备了相同的法定刑。在理论研究上，赞成运输毒品罪存在的观点占据主流地位，许多专著与论文均立足于存在论的角度，对其构成要件展开讨论。[1]司法实践中，对行为人判处运输毒品罪的案件亦不在少数，据统计，"运输毒品罪占到毒品犯罪死刑的三分之一"[2]。从这个角度看，运输毒品罪在当前的毒品犯罪刑法规制方面发挥了重要作用。无论是刑法理论还是司法实务，均推崇运输毒品罪的独立存在，这也反映出毒品犯罪刑事政策的趋严态势。但笔者认为，运输毒品罪在刑法中没有类型化的必要，即使废止了运输型犯罪，该类行为仍然能得到刑法的充分、合理评价。

---

〔1〕　现有的刑法学教材基本都将运输毒品罪作为独立的犯罪行为与走私、贩卖、制造毒品罪并列论述，肯定了其在刑法上具有独立的意义。从这个角度讲，作此处理的论者实际上都肯定了运输毒品罪的独立价值。

〔2〕　黄太云："《刑法修正案（八）》解读（一）"，载《人民检察》2011年第6期。

一、国外运输毒品犯罪行为之立法模式

在将运输毒品行为单独作为犯罪论处的国家，其对运输毒品罪的规定与我国相似，即运输毒品罪单独成罪，并配置相应的法定刑。从目前世界各国的立法上看，多数国家还是与我国的立法体例相似，都将运输行为与贩卖、制造等行为并列规定。[1]但因为中外司法体制上的差异，对于同样的运输毒品行为，虽然法定刑配置相同，但在具体的量刑上可能存在重大差别。

为了将运输毒品与贩卖毒品等行为进行区分以实现合理评价，有些国家和地区未将运输毒品行为单独设罪，而是归入走私毒品、贩卖毒品或非法持有毒品的犯罪中予以惩处。如日本刑法就将贩卖毒品罪与运输毒品罪结合在一起，形成所谓的贩运毒品罪。之所以将其规定在一起，主要是考虑两罪之间的密切联系。只要行为人实施了贩卖或者运输行为之一的，就成立贩运毒品罪。[2]

我国香港地区的刑事法也与日本刑法类似，从香港地区《危险药物条例》第 4 条和第 6 条的规定看，涉及毒品犯罪的两个重要罪名就是贩运毒品罪和制造毒品罪，但从其法条的明确解释来看，这两个罪名实际上涵括了我国《刑法》中的走私、贩卖、运输、制造 4 种行为方式。"具体而言，香港地区'贩运'之含义，相当于大陆'走私、贩卖、运输'含义之总和，并且范围更广。《危险药物条例》第 2 条规定，贩运之含义包括输入或者输出、获取、提供及以其他方法经营或者买卖毒品，

---

〔1〕 参见赵秉志主编：《现代世界毒品犯罪及其惩治》，中国人民公安大学出版社 1997 年版，第 108、115、137 页。

〔2〕 参见张明楷：《外国刑法纲要》，清华大学出版社 2007 年版，第 654~655 页。

或者以贩运为目的而持有毒品。从以上规定我们可以看出香港地区'贩运'一词内容的广泛性。"[1]所以，"香港地区的'贩运'的含义非常广泛，……'以贩运为目的而持有毒品的'，应以贩运毒品罪论处，……"[2]可见，将运输毒品罪涵盖于其他相关犯罪中的立法实践，对于实现公正评价亦未尝不可。

从目前多数国家的刑法规定看，运输毒品是与贩卖、制造、非法持有毒品等相并列的行为。事实上，这些行为之间因为存在天然的密切联系，导致运输与相关行为的界限非常模糊。那么，刑法将运输毒品罪单独设置罪名有无意义，抑或运输毒品罪本身有无存在的必要，均是刑法理论上争议较大的问题。

二、国内运输毒品罪存废之争

虽然学术界的主流观点是支持运输毒品罪的存在，但不代表对运输毒品罪的存废没有争议。

有论者就认为，对运输毒品罪从严处理是具有正当化根据的，"因为运输毒品行为的社会危害性在于便利了毒品的流通与蔓延。对于那些远离毒源地的吸食者而言，他们自身的购买、运输毒品行为，无形中促成了走私、贩卖毒品犯罪的猖獗。不考虑运输毒品的目的性，正是为了制止走私、贩卖等毒品犯罪，禁止公民长期吸食、注射毒品，保护公民身心健康，维护社会治安秩序"[3]。从这个角度看，运输毒品与走私、贩卖、制造毒品等行为安排在同一量刑幅度内显得比较合理。但事实上，

---

〔1〕　于志刚：《毒品犯罪及相关犯罪认定处理》，中国方正出版社 1999 年版，第 425 页。

〔2〕　姜敏："祖国大陆与我国香港地区毒品犯罪比较"，载《西南政法大学学报》2007 年第 2 期。

〔3〕　温黎红、李铁威："对动态持有毒品行为之定性"，载《人民检察》2008年第 14 期。

这样的观点可能很难得到人们的认同。走私、贩卖、制造等行为直接产生毒品，并直接流通到民众中间，直接危害社会，而运输毒品的行为仅仅为这些行为提供一定的帮助，而且现实中运输毒品的行为人主观恶性一般明显小于走私、贩卖、制造毒品的行为人，不考虑这些因素，企图将运输毒品者与走私、贩卖、制造毒品的人员同等处罚，忽视了重刑不一定是有效治理措施的基本观念。

与之持相反观点的论者认为，即使不单独规定运输毒品罪，也可以对该类行为进行处罚；相反，将运输行为单独设罪，会产生量刑上的不均衡。因为走私、贩卖、制造毒品行为的社会危害性明显重于运输毒品行为，而且从运输毒品罪的犯罪诱因看，其更多地是社会经济、生活上的因素，故无必要将之与走私、贩卖、制造毒品罪并列规定。《刑法修正案（八）》在讨论是否应当废除运输毒品罪的死刑过程中，也产生了争议。有论者就认为："运输毒品犯罪行为是走私、贩卖、制造毒品犯罪的辅助环节或者手段，在整个毒品犯罪中具有从属、辅助性特点，其社会危害性与走私、贩卖、制造毒品等源头性犯罪明显不同。……该罪的行为人大多是受雇、受指使的贫民、边民、孕产妇及无业人员。他们并非毒品所有者，不是最大获利者，很多是出于生活贫困或受人利诱，而为了赚取少量运费，主观恶性一般不大。从宽严相济的刑事政策出发，对运输毒品罪死刑的适用标准应当与走私、贩卖、制造毒品罪有所区别。"[1] "司法实践中对那些有证据证明确实是受毒品所有者雇用，为他人运输的行为人，在确定刑罚时可否与走私、贩卖、制造毒品的行为有所区别，在相应的法定量刑幅度之内，量刑时应适当

---

〔1〕　黄太云："《刑法修正案（八）》解读（一）"，载《人民检察》2011年第6期。

把握，酌情从轻。特别是适用死刑时，比走私、贩卖、制造毒品的案件在毒品的数量上把握更宽一些。"[1]既然运输毒品罪的社会危害性相对较弱，地位较低，涉罪主体与犯罪动因又具有可宽宥性，那么将其与走私、贩卖、制造毒品并列规定，配置完全相同的法定刑，本身就是不合理的，现行的刑事立法方式必须转变。

从现实情况看，当前我国刑法中单独设立运输毒品罪，是存在较大隐患的。正如有论者所言，在目前的立法、司法现状下，很难保证其立法目的不被背离："其一，由于大众话语的影响，司法实践中往往把一些没有走私、贩卖、制造毒品的实行故意或帮助故意，不全然具有'运输毒品罪'主观要素的行为人，误为运输毒品罪判处。……显然，刑法赋予运输毒品罪严重的可谴责性，认为最高可以科以运输毒品罪死刑的内在根据，并不在于'毒品在运输'中，重要和根本的是行为人为何运输。如系为行为人自己吸用，立法者断不会认其为'罪可处死'的犯罪行为，不过是非法持有毒品罪的行为人在'坐火车'在'动'而已！其二，司法中对于帮助他人运输毒品而构成的运输毒品罪的量刑，普遍偏重，有的甚至畸重。这使得罪责刑相适应的量刑原则在毒品犯罪案件的贯彻中大打折扣。"[2]因此，将运输毒品罪与走私、贩卖、制造毒品罪并列规定为独立的罪名，很难实现刑法的立法目的，易造成罪刑上的不均衡。

既然运输毒品罪在立法与司法上存在诸多问题，最直接的解决方法就是废止该罪名，转而借助相关的刑法理论来解决问题。事实上，在一些案件的审判中，不独立判处运输毒品罪，

---

〔1〕　郑蜀饶：《毒品犯罪的法律适用》，人民法院出版社 2001 年版，第 79 页。

〔2〕　参见赵秉志、肖中华："论运输毒品罪和非法持有毒品罪之立法旨趣与隐患"，载《法学》2000 年第 2 期。

而将运输行为评价在贩卖、制造、非法持有毒品罪中，或者作为相关犯罪的间接正犯，也实现了公正处理的效果。

三、运输毒品罪废止之可能性

国内外理论界及实务界关于运输毒品罪的存废可谓众说纷纭，而立法及司法实践似乎支持了存在论的观点。但是，运输毒品罪真的具有那么严重的社会危害性，需要动用严厉的刑罚措施进行处理吗？笔者不以为然。虽然我国《刑法》将运输行为与核心的犯罪行为并列规定，但其能否同等处罚，还是有诸多疑问的。有论者就从运输行为与核心行为的关系角度提出，应当限制运输行为的处罚。以出售、购买、运输假币罪为例，其是指明知是伪造的货币而出售、购买或者运输，数额较大的行为。张明楷教授认为，伪造货币并出售或者运输伪造的货币的，以伪造货币罪从重处罚，不另成立出售、运输假币罪。但这仅限于行为人出售、运输自己伪造的假币的情形。如果行为人不仅伪造货币，而且出售或者运输他人伪造的货币，即伪造的假币与出售、运输的假币不具有同一性时，则应当实行数罪并罚。[1]同样的观点运用在毒品犯罪中，就应当是行为人贩卖毒品且运输毒品的，以贩卖毒品罪从重处罚，不另成立运输毒品罪，这是合乎逻辑的必然结论。同样，将运输毒品罪废止，或者适当降低其法定刑亦是一个解决之道。但论者更加倾向于将运输毒品罪废止，因为废止这个罪名并不会为司法实践带来任何的障碍。

从刑法理论的角度分析，选择性罪名在刑罚的适用上，其犯罪构成与法定刑应当是同一的。但事实表明，运输毒品罪与

---

[1] 张明楷：《刑法学》，法律出版社 2011 年版，第 678 页。

走私、贩卖、制造毒品罪的社会危害性存在明显的差别，将这几类行为同等适用其刑罚幅度，对于运输毒品的行为人来讲无疑是不公平的，无法真正实现罪刑均衡。我国的《刑法》第61条明确规定，对犯罪分子决定刑罚的时候，应当根据犯罪的事实、性质、情节和危害程度，依照本法的规定判处。按照现行的做法，受雇于他人运输毒品的，其恶性通常要比贩卖毒品的人轻，主观恶性较小，只要有证据证明运输行为人是在替他人运输，所运输的不是运输人本人所有的毒品，而是另有其主，这样可以运输毒品罪定罪，但是如果以单独正犯处理，则其从犯的地位无法认定，对之处罚上仍然较重。虽然可以部分犯罪共同说在运输的范围内认定运输行为人的刑事责任，但是，这样的处罚并不能使其刑事责任减轻，仍然无法实现对运输毒品行为人的适当定罪处罚。

因此，从长远来看，运输毒品罪完全没有存在的必要，该罪名存在的唯一功能就是可以剥夺罪犯的生命及财产，其他的正面功能基本没有，而且该罪名的存在，也使国家宽严相济的刑事政策很难落实。

（一）运输型犯罪的立法存在缺陷

从我国《刑法》的规定来看，涉及运输类犯罪的罪名有：非法制造、买卖、运输、邮寄、储存枪支、弹药、爆炸物罪（《刑法》第125条第1款）；非法制造、买卖、运输、储存危险物质罪（《刑法》第125条第2款）；出售、购买、运输假币罪（《刑法》第171条第1款）；非法收购、运输、出售珍贵、濒危野生动物、珍贵、濒危野生动物制品罪（《刑法》第341条第1款）；非法收购、运输、加工、出售国家重点保护植物、国家重点保护植物制品罪（《刑法》第344条第1款）；非法收购、运输盗伐、滥伐的林木罪（《刑法》第345条第3款）；走私、贩卖、运输、制造毒品罪（《刑法》第347条第1款）；非法生产、买卖、运输制毒物品罪（《刑法》第350条）；非法买卖、运输、携带、持有毒品原植物种子、幼苗罪（《刑法》第352条）等。从这些运输行为与核心的贩卖、制造、伪造等行为的关联性上看，核心行为一般均能涵盖运输行为[1]，如果把运输行为再单独规定，与贩卖、伪造、制造、购买、非法持有等行为并列确定罪名，有重复评价之嫌。而且，从社会危害性的角度看，单纯的运输行为，尤其是和贩卖、伪造、制造行为无关的运输行为，其社会危害性明显低于贩卖行为，将这二者纳入同一量刑层次，会使得量刑明显失衡。故这类运输型的犯罪无论从什么角度看，与危害性较为严重的核心行为并列规定，都是存在问题的。

此外，从立法上看，运输行为要么和危害性严重的制造、伪造、贩卖、买卖等源头性、流通性较强的行为并列规定，配置完全相同的法定刑，赋予其强烈的可谴责性；要么与社会危害性相对较小的购买、非法持有等行为并列规定，赋予其相对较小的可谴责性。我们姑且不论具体行为的犯罪对象，单纯考虑运输行为的社会意义，就能发现，刑法典对该类行为的立法自相矛盾。对于同样的流通性质的行为，赋予了完全不同的社会意义，这本身就是不合理的。运输行为要么全部与源头性的制造、贩卖、伪造等行为并列，要么都只和后续的购买、非法持有等行为相并列，这样才能保证对同一行为谴责上的平等性。事实上，单纯的运输行为往往很难构成独立的犯罪，只有在和其他具有密切联系的行为合并在一起时，才有单独处罚的必要。

我国《刑法》中，明确将运输行为作为核心贩卖行为外延之一的拐卖妇女、儿童罪的立法模式值得我们借鉴。拐卖妇女、

---

[1] 当然这取决于如何理解运输的含义，从目前的理论及实践看，使物品发生空间上的位移无疑就满足了运输的客观要件。

儿童罪的条文规定："拐卖妇女、儿童是指以出卖为目的，有拐骗、绑架、收买、贩卖、接送、中转妇女、儿童的行为之一的。"这里明确规定，作为运输方式之一的接送、中转行为，均属于拐卖妇女、儿童行为的表现形式，在认定拐卖妇女、儿童罪时，没有必要再将运输行为单独作为运输妇女、儿童罪来处理，这就可以避免拐卖行为与运输行为评价上的冲突与矛盾。但这种模式，也仅仅是通过解释的方式实现的，其在实体法上并没有得到明确的认可。本书拟以运输毒品罪为考察的视角，来论证立法上废止运输型犯罪的必要性与可行性，以期为立法与司法提供一定的借鉴。

（二）司法实践在解决运输毒品行为上具有自洽性

即使我国《刑法》废止了运输毒品罪，司法活动也能借助刑法理论实现对运输毒品行为的全面评价，不会发生混乱。

从司法实践看，运输毒品罪主要在三种情况下存在：①在走私、贩卖、制造毒品的过程中，同时实施了运输的行为；②行为人本身对毒品不具有所有权，而是基于走私、贩卖、制造毒品者的要求，帮助其运输毒品的；③行为人利用不明真相的人从事运输毒品行为的。对于这三种情况，即使没有设置运输毒品罪，区分情况分别认定为走私毒品罪、贩卖毒品罪、制造毒品罪或者非法持有毒品罪就可以达到充分评价的目的，而且还可以贯彻刑法的谦抑性原则。

在第一种情形下，运输不具有独立的价值，只是走私、贩卖、制造等主要犯罪的前提或后续行为。这与制作、出版、贩卖、传播淫秽物品牟利的人运输或雇用他人运输淫秽物品不具有独立价值一样。对此，直接将该行为定为走私毒品罪、贩卖毒品罪、制造毒品罪即可，没有必要再单独定罪。在第二种情形下，行为人实际上是走私、贩卖、制造者的帮助犯，在其中起到帮助作用的，以走私、贩卖、制造毒品罪的共犯论处即可。至于较少见的第三种情形，应当视为走私、贩卖、制造毒品罪的间接正犯或帮助犯。通过这三种处理方式，就达到了在刑法意义上充分评价运输行为的目的，而无需将运输行为单独列举。

在实践中，被认定为运输毒品罪的，多数都是无法证明行为人具有贩卖毒品的故意，而其又在运动过程中携带大量毒品的情形。根据《刑法》的设置规则，在无法证明行为人的行为属于贩卖毒品罪时，最优先的堵截罪名应当是非法持有毒品罪，而非运输毒品罪，否则，刑法设置非法持有毒品罪的堵截规定又有何意义呢？可见，废止运输毒品罪是完全必要，亦是可行的。正如主张废止论者所指出的那样，没有运输毒品罪，我们仍然可以根据上述三种情形的处理原则实现对嫌疑人、被告人的适当处置。即：

第一，如果行为人是为了自己贩卖毒品而进行运输的，仅认定为贩卖毒品罪即可。如行为人甲住在沈阳，有一个北京的买主通过电话与甲联系，希望购买其海洛因50克，交易地点选择在北京。甲于是开自己的私家车或者坐火车携带毒品到北京去交易，在交易时被抓获。那么对甲的行为单纯认定为贩卖毒品罪即可，而不需要再认定为贩卖、运输毒品罪。其理由在于，甲的运输毒品行为不具有独立的价值，只是贩卖毒品行为的必然行为。这同贩卖过程中，持有毒品行为不需要单独认定为非法持有毒品罪是同样性质的。

第二，行为人明知他人贩卖毒品，而接受其委托进行运输的，则按照贩卖毒品罪的帮助犯进行处理即可。例如，行为人甲明知乙从事贩卖毒品活动。一次，乙让甲为其从沈阳带一批货到北京，甲明知该货物可能是毒品，但鉴于乙支付的运费比较高，于是用自己的私家车将毒品送到北京。那么，对甲按照贩卖毒品罪的共犯（帮助犯）论处即可，因为这样不但可以保证对甲的严厉处理，也体现了运输与贩卖行为之间的巨大差别，即帮助犯比照实行犯从轻或者减轻处罚，这样更能保证刑罚的适当性。

第三，行为人不知道毒品所有者让其运输毒品的目的，而其也有理由认为所有人可能是用于吸食而为其运输的，则以非法持有毒品罪论处即可。如甲接受乙的委托，从沈阳将 50 克海洛因运到北京。按照甲的判断，乙是为了搬家，害怕毒品丢失才让其帮助运送的，那么甲的行为按照非法持有毒品罪论处即可，无需将其认定为法定刑畸高的运输毒品罪。

可见，废除运输毒品罪，不但具有理论上的支撑，而且具有实践上的依据。通过相关的刑法理论，完全可以实现对运输毒品行为的充分评价。如此做法，不但可以使刑法的适用与刑法基础理论相协调，而且更能实现罪刑均衡的刑法基本要求。

第二节　容留他人吸毒罪的规范性限缩

在当前的中国，吸毒被整体地评价为违法行为，而私开烟馆抑或为他人吸食毒品提供场所的行为也为法律所不容。尤其近期，娱乐明星们频繁聚众吸毒，部分人员更是涉嫌容留他人吸毒罪，这一现象引起了人们对该罪名的关注。根据现行《刑法》的规定，只要明知他人是吸毒人员，而为其提供场所以及其他便利条件的行为，均可成立本罪。如此客观化地理解本罪，容易导致成立范围的过分扩张。虽然有论者认为："……'为他人提供便利条件'的犯罪行为，只有与'提供场所'相结合的'提供便利条件'的行为，才能构成容留他人类犯罪。"[1]但这

---

〔1〕　陈华、顾文："从一起案件谈认定容留类犯罪的问题"，载《法治论丛》2003 年第 5 期。

本身并未解决本罪成立范围过大的弊端。

事实上，本罪属于典型的无被害人犯罪。在现实中，容留他人吸毒一般都发生在较为隐秘的环境中，如很多嫌疑人是在自己的居所容留亲朋好友吸毒，其对社会管理秩序的危害并不明显。而具有一定的社会危害性，应当作为犯罪处理的，也只是部分以营利性为目的在特定场所进行的容留他人吸毒行为。因此，对容留他人吸毒行为的主观方面进行"以营利为目的"的限缩，一方面可以使其处罚范围更加适当，另一方面从刑法理论、实践中亦可找到诸多的根据。

将无任何营利性的容留他人吸毒行为犯罪化，是刑法泛道德主义的遗留。各国刑法的进化过程表明，妨害风化类的犯罪一直都属于紧缩犯罪圈的范畴，而作为风化犯罪中的一种纯个人行为，可以逐步成为社会多元化文化的一部分，与主流文化并行不悖。更何况，这类行为并无所谓的被害人，理应属于犯罪外的违法行为抑或单纯的反道德行为，这也是市民刑法构建的一个基本思路。因此，通过"以营利为目的"来提高容留他人吸毒行为的入罪门槛，是应对当前本罪立法、司法困境的最佳选择。

一、进行主观限缩是容留他人吸毒行为入罪百年来的一贯做法

自吸食鸦片烟被作为一种娱乐活动以来，国家就将鸦片烟的经营权专属于特定的机构，其除了管理、监督出售鸦片烟外，还经营吸食的场所。而为了规范消费市场，国家规定为他人吸食毒品提供场所的，必须领取相应的营业执照，若无相应执照而容留他人吸毒的，则可能受到严厉的惩处："凡私开鸦片烟馆引诱良家子弟吸食者，首犯处以绞刑，房屋没收

入官。"〔1〕"邻里互相监督，对知情不举包庇吸毒亦予治罪，对举报者则予奖励。"〔2〕可见，在清末时期，政府对吸毒及提供吸毒场所的行为进行了有效的管理。对于以营利为目的的私自开设烟馆的行为，依据私开烟馆罪进行严惩；对于不以营利为目的的容留吸毒行为，则是以包庇方面的相关犯罪进行惩处。但在吸毒不断蔓延的社会形势下，该类行为并不能被实际处罚。

民国时期，经营正规的鸦片烟馆是一种普遍存在的社会现象。"烟馆多于饭馆茶肆，金号、米号、纱布庄、汇票庄，形形色色的招牌下所经营的都可能是鸦片。在有些地区，以鸦片烟敬客，竟如同今天的以纸烟敬客一般，成了必须的殷勤待客之道。"〔3〕当时，民间吸毒人数非常多，于是相互熟悉的人之间，不以营利为目的的聚集吸毒行为就未被明确地作为犯罪行为来处理。政府当时将惩罚的重心放在以营利为目的的私开烟馆行为上，即以营利为目的的容留他人吸毒行为才属于严厉打击的重点。

新中国成立以后，为了彻底根绝吸毒贩毒活动，国家对于容留他人吸毒的私开烟馆行为进行了严惩。而为了保证实际执行的效果，国家发动了全国范围内的人民禁烟运动，这一声势浩大的禁烟运动保证了相关司法活动的透明性，使毒品违法犯罪形势在短期内得到了有效控制，以营利为目的的私开烟馆行为更是得到了严厉的刑事制裁。为了保证吸毒人员的有效戒毒，国家亦通过治安处罚的方式，对单纯的不以营利为目的的容留他人吸毒行为进行惩处。到20世纪60年代，随着部分边远地区毒品违法犯罪的抬头，政府又出台了一系列的法规来惩处私开烟馆的行为："中共中央1963年颁发《关于严禁鸦片、吗啡毒

---

〔1〕　牛何兰主编：《中外禁毒史》，云南人民出版社2012年版，第20页。
〔2〕　牛何兰主编：《中外禁毒史》，云南人民出版社2012年版，第18页。
〔3〕　张蕊燕：《民国烟毒秘档》，中国文史出版社2013年版，第1页。

害的通知》指出，私藏毒品、吸食毒品、种植罂粟、私设地下烟馆、贩卖毒品的行为应认定为犯罪并应予以严惩。"[1]而在当时的法律中，不以营利为目的的单纯容留行为，法律并未明确设立罪名，但鉴于吸毒行为的犯罪化，所以无偿地容留他人吸毒的行为就可能作为吸毒罪的帮助犯来进行惩罚。

　　1979年新中国第一部刑法典颁布，鉴于当时"宜粗不宜细"的立法指导思想，容留他人吸毒的行为并未被纳入刑法典中，而是通过治安处罚方式予以规制。其真正进入刑法视野，可追溯至1990年的《关于禁毒的决定》。《关于禁毒的决定》第9条规定："容留他人吸食、注射毒品并出售毒品的，依照第二条的规定处罚。"围绕本条的性质及适用，当时产生了较大争议。现在一般均认为，"依照第二条的规定处罚"，即依照贩卖毒品罪的法定刑处罚，那就表明该条规定的是一个独立的罪名。但既然是独立罪名，其危害性还小于贩卖毒品罪，却又没有自己的法定刑，其独立性令人质疑。更重要的是，该条规定了两个并列的、必须同时具备的构成要件，表明单独"容留"行为是不为罪的。而"出售毒品"这一要件的存在暗示着，《关于禁毒的决定》仍然是考虑了本罪成立的营利性，即出售毒品行为本身就是容留他人吸毒的营利方式之一，否则，单纯出售毒品的行为亦可直接适用贩卖毒品罪进行惩处，而无需考虑一个法定刑更轻的容留他人吸毒罪。立法之所以如此设计，主要是考虑容留过程中单纯出售用于本次吸食的毒品，其危害性相较于一般的贩卖毒品行为为轻，故将容留中的出售行为作为判断营利的手段之一，而不再单独对贩卖毒品行为进行评价。

　　但1997年《刑法》第354条对上述第9条进行了修订：

---

[1]　严励、卫磊："毒品犯罪刑事政策探析"，载《学术交流》2010年第7期。

"容留他人吸食、注射毒品的，处三年以下有期徒刑、拘役或者管制，并处罚金。"删除了"并出售毒品"的表述，从而首次将单纯容留他人吸毒的行为，视为犯罪。[1]这是不是意味着刑事立法废止了该罪"以营利为目的"的主观要素呢？从本次立法之后的司法活动来看，答案似乎是肯定的。但果真如此的话，当时立法者考虑将本罪适用范围扩大的理由是什么呢？在今天恐怕无法去深究立法者的最终考量。但是从当时的毒品违法犯罪形势来看，立法者重点考虑的是那些以营利为目的的容留他人吸毒的行为。正如有论者所指出的："其重点打击的应是以牟利为目的，为他人吸毒提供处所和集中为多人提供吸毒场所的行为。"[2]言下之意，以处罚以营利为目的的容留他人吸毒行为为主，在极其特殊的情况下，也可能会处罚个别社会影响恶劣的集中为多人提供吸毒场所的行为。虽然从立法文义解释看来，本罪的成立不需要主观上的"营利目的"，这在吸毒人数相对较少、以自己居所等容留亲朋好友吸食毒品的行为并不常见的年代，其弊端并未凸显，这从1997年《刑法》修订后的十余年，容留他人吸毒罪的司法适用频率可见一斑。但在今天吸毒人数已经超过300万的形势下，如果仍然不加限制地机械适用法律，其弊端就会逐步暴露。

可见，在我国长达一百多年的禁毒过程中，国家所严厉惩处的容留他人吸毒行为，主要是针对私开烟馆的营利行为；而对于单纯提供场所的行为，则根据不同时期的禁毒政策作出了不同的处置：在吸毒行为作为犯罪的时期，认定为吸毒罪的帮

---

〔1〕　高铭暄、马克昌：《中国刑法解释》（下），中国社会科学出版社2005年版，第2479页。

〔2〕　胡康生、李福成主编：《中华人民共和国刑法释义》，法律出版社1997年版，第508页。

助犯；在吸毒行为非犯罪化时期，则是以违法抑或以相关的包庇类犯罪来处置。1997 年《刑法》中未明确规定"营利目的"是容留他人吸毒罪的构成要件，在司法上也普遍将非营利的容留行为作为容留他人吸毒犯罪处理，这是和当时从严打击毒品犯罪的政策紧密相关的。但如果我们考察本罪的由来，可以发现，本罪的设置主要还是针对以营利为目的提供场所的容留行为的。故在今天的立法中，对容留他人吸毒罪进行"以营利为目的"的主观限缩，是从历史经验得出的妥当结论。

二、域外相关立法均用主观要素对本罪进行限缩

在域外，容留他人吸毒行为，一般通过两种方式来处罚：一种是不将容留他人吸毒单独设定罪名，而将其作为吸毒罪的帮助犯（以将吸毒行为犯罪化为前提）；另一种则是将容留他人吸毒行为规定为独立犯罪，但是一般对其主观方面进行"以营利为目的"的限制。这从相关国家和地区的立法实践可以窥见一斑。

如《日本刑法》第 139 条第 2 项规定："为鸦片烟的吸食提供建筑楼或者室，谋取了利益的人，处 6 个月以上 7 年以下的惩役。"[1]。理解本条款，需要注意以下几个基本问题：所谓"为鸦片烟的吸食"，是指为了供吸食鸦片烟所用。所谓"提供建筑楼或者室"，是指为吸食鸦片烟、提供建筑楼或者作为其一部分的房间。这是加重处罚属于鸦片烟吸食罪的从犯的行为中提供场所、谋取利益的行为。这是因为，本罪具有利欲犯、营业犯的要素，同时直接给吸食鸦片烟的恶习的蔓延提供了力量。所谓"谋取利益"，是指具有取得财产性利益的目的，不需要实际上

---

〔1〕 ［日］大塚仁著，冯军译：《刑法概说（各论）》，中国人民大学出版社2003 年版，第 481 页。

得到了利益。缺乏该目的的行为，应属鸦片烟吸食罪的从犯。[1]这是建立在日本刑法单独将鸦片烟吸食行为入罪的基础上的。

我国台湾地区"刑法"第259条规定："意图营利，为人施打吗啡，或以馆舍供人吸食鸦片或其化合质料者，处一年以上七年以下有期徒刑，得并科一千元以下罚金。"本条所规定的罪名即"为人施打吗啡或以馆舍供人吸食鸦片罪"。在司法实践中，"以馆舍供人吸食鸦片罪"的成立范围明显小于我国大陆地区。首先，"意图营利"的主观要素的限制，使得部分容留行为被排除在外。行为人若欠缺这种构成要件故意或不法意图，纵有本罪的行为，亦不负本罪的刑责。例如，自己吸食鸦片而容留友人在其宅内吸食鸦片，而无营利的不法意图，自不构成本罪，只能成立吸用烟毒罪的帮助犯。[2]其次，其刑法用语上"以馆舍"进行限制，使得场所的界定必须实现有形化，类似于我国司法实践中所认为的"实力控制"的空间，其认定更加具体。

与内地的刑法相比较，香港有吸食毒品罪、持有吸毒工具罪以及开设烟格罪及准许或出租处所作烟格罪，这些罪名基本上可以统摄相关的容留他人吸毒的行为，且均是建立在吸毒行为犯罪化的基础上的，即使处罚单纯的容留行为，一般也都进行"以营利为目的"的主观限制。反观内地刑法，由于只将吸毒视为违法行为，"只规定禁止吸食毒品，对成瘾者由政府强行戒断，即本人吸食毒品不构成犯罪，但若教唆、引诱、欺骗甚至强迫他人吸食、注射毒品，那就违反《刑法》第353条的规定，构成引诱、教唆、欺骗或强迫他人吸食、注射毒品罪。此

---

〔1〕　〔日〕大塚仁著，冯军译：《刑法概说（各论）》，中国人民大学出版社2003年版，第481~482页。

〔2〕　林山田：《刑法各罪论》（下册），北京大学出版社2012年版，第373页。

外，内地无烟格罪，但若容留他人吸食、注射毒品，也构成《刑法》第 354 条规定的容留他人吸毒罪"[1]。这与香港在规范容留他人吸毒方面的处罚相比，呈现出自己鲜明的特色。

三、从中立行为理论与现实的角度考虑也应当限缩本罪

（一）从中立行为的角度应当对本罪进行主观目的的限缩

容留他人吸毒行为牵涉到吸毒者本人的隐私权、容留他人行为与日常生活的交往界限等的竞合问题，于是有论者就从中立行为的角度系统展开对容留他人吸毒行为的性质分析。[2]这些分析可以为我们解决容留他人吸毒行为的法律性质问题提供一个全新的思路。

中立行为及其法律性质，最早由德国学者提出，其主要解决那些外观上无害，而客观上对正犯行为、结果起到促进作用的行为，这些行为一般在日常生活中较为常见，但在特定的场合，存在对正犯行为的促进或者帮助作用，从而可能影响其行为的法律性质。首先，从行为的惯常性角度考虑，这类行为外观上具有正常业务行为、日常生活行为的一面，对于此行为若作为犯罪论处，无疑存在压抑个人自由、违反社会正常秩序的嫌疑；其次，从其客观效果看，中立行为的确起到了促进正犯行为更加易于实施的效果，故外国刑法理论展开对其行为法律性质的研究，以限缩中立行为成立共犯的空间。从日常生活来看，所谓的为他人提供活动空间的容留行为，属于较为常见的一类现象，不能过分对此类行为进行限制，否则将影响正常的

---

[1] 马骊华："内地与香港毒品犯罪之立法例分析比较"，载《云南大学学报（法学版）》2007 年第 1 期。

[2] 杜文俊、陈洪兵："容留行为的中立性"，载《国家检察官学院学报》2009 年第 6 期。

社会生活。

　　现行《刑法》涉及容留类犯罪的主要是容留他人吸毒罪和容留卖淫罪，这样的成立范围明显考虑了容留行为的中立性。其出发点在于："应考虑处罚这种行为是否对服务行业的业务自由或者公民日常生活自由的过度限制，是否符合刑法谦抑性的要求，处罚这种行为是否有悖普通人的法感情，判断容留行为是否丧失中立性质，从而得出可罚与否的结论。"[1]因此，分析容留他人吸毒行为的性质时，首先不能忽略容留行为本身的中立性，只有以此为前提，才能正确考察此类行为的入罪范围。

　　事实上，容留他人吸毒行为中，行为人本身已经认识到他人在吸毒，此时我们可以借鉴张明楷教授提出的判断标准来否定容留行为的中立性，即"应当通过综合考虑正犯行为的紧迫性、行为人（帮助者）对法益的保护义务、行为对法益侵害所起的作用大小以及行为人对正犯行为的确实性的认识等要素，得出妥当结论"。[2]否定中立性后，就可以考虑容留他人吸毒行为成立相应犯罪的帮助犯。但是，问题在于我国的吸毒行为并非犯罪行为，正犯行为不成立犯罪，作为从属性的帮助行为如何构罪？吸毒行为本身并不存在任何的法定阻却事由。那么，从这个角度看，就只能对容留他人吸毒的犯罪进行限缩，而限缩的合适方式，就是增加"以营利为目的"，通过主观要素的限制，来限制本罪的成立范围。即使将本罪的成立限定在以营利为目的的娱乐场所上，其处罚起来，也是一个相当庞大的数字。[3]这些公共场所，无论是从其容留的危害性，还是从治理吸毒行

---

　　[1]　杜文俊、陈洪兵："容留行为的中立性"，载《国家检察官学院学报》2009年第6期。
　　[2]　张明楷：《刑法原理》，商务印书馆2011年版，第383页。
　　[3]　参见方亮、孟舒："浅谈当前娱乐场所容留吸毒犯罪的特点及打击对策"，载《云南警官学院学报》2007年第4期。

为的角度看，都可以达到维护社会秩序的目的。正如有论者所言："具有一定程度的社会危害性，是犯罪的最本质特征。对于引诱、容留、介绍他人卖淫罪来说，行为人在主观上具有营利的目的，是体现了该罪的一定程度的社会危害性的。因为只有行为人在主观上具有营利目的，才会驱动其不择手段地去大肆进行引诱、容留、介绍他人卖淫的犯罪活动，这样，才会使这种犯罪的社会危害性达到一定的程度。如果行为人主观上不具有营利的目的，一方面一般不会发生这种犯罪，另一方面即使在特殊情况下发生这种行为，也是情节轻微，尚达不到一定程度的社会危害性，从而构不成犯罪。"[1]

（二）限缩容留他人吸毒的入罪范围是充分考虑现实的需要

截至 2015 年 6 月，我国登记在册的吸毒人口已超 300 万[2]。而实际吸毒人数是统计数据的数倍，据《2014 年中国毒品形势报告》显示，实际吸毒人数超过 1400 万[3]。按照当前吸食毒品的种类分析，新型毒品已经接近一半，吸食新型毒品属于群体性行为，一般都是聚众型吸毒，如果每个人每天用 3 次毒品，那么每天我国聚众吸毒的次数不低于 200 万次，这个数量是相当可观的。而在现实中，查处的容留他人吸毒的案件却并不多。如果将所有提供场所供人吸食的行为都认定为容留他人吸毒罪，那么中国每天发生如此多的容留他人吸毒犯罪，实际受到刑罚处罚的却非常罕见，这是否也会给人一种国家打击不力的印象呢？更何况，如果所有的容留行为都得到有效打击，每年中国

---

〔1〕 王勇："营利目的仍是引诱、容留、介绍他人卖淫罪的构成要件"，载《法学杂志》1991 年第 6 期。

〔2〕 "中国在册吸毒人口超 300 万 女性吸毒人数逐年递增"，载中国新闻网 2015 年 11 月 26 日。

〔3〕 "国家禁毒委：截至 2014 年底中国实际吸毒人数超 1400 万"，载中国经济网 2015 年 6 月 25 日。

因为容留他人吸毒而被定罪量刑的人数将非常庞大，这从司法公信力、司法成本等角度考虑，也应当进行"以营利为目的"的主观限缩。故对容留他人吸毒行为进行有的放矢的处置，是一件具有充分现实根据的事情。而从区分罪与非罪的角度，将营利的目的作为区分二者的标准，并限缩容留他人吸毒罪的成立范围，也是具有现实意义的。

从现实的司法实践看，不以营利为目的的容留他人吸毒的多是亲朋好友。此类人群，在认定对特定空间、场所具有控制权时本身就存在争议，如在一个封闭的空间里，单纯将空间的支配控制者认定为空间的所有人或者合法的占有人，有时并非易事，也存在过于武断的嫌疑。既然每个人都身处封闭空间，那么每个人都是空间的使用者与占有者，很难说空间所有人对空间的占有支配就一定排斥他人对特定空间的占有支配，这和营利性地提供场所是存在较大差别的。何况，从中国传统文化的角度看，将自己熟悉的人，尤其是朋友从自己的家中赶出去，本来就是很为难的事情，法律亦并未规定公民自己家中可以容许什么样的客人，仅有的规定也是从刑法角度对窝藏、包庇行为进行限制，吸毒行为恰恰不属于此范畴。法律亦未规定房间的主人负有将吸毒者赶出的义务，故容留者本身并无将吸毒者赶出家门的义务，若强行将之作为犯罪处理，无疑是不合理的。因此，对容留他人吸毒行为进行主观目的上的限缩，是充分考虑了行为的社会危害性达到刑法处罚范围适当性的必然要求。

通过以上分析，可以发现，当前容留他人吸毒罪的成立范围过于庞大，这既不利于刑法谦抑性的贯彻，也会给司法实践带来一定的困惑。同时，过分扩张的定罪标准、过于庞大的犯罪群体同较低的处罚数据之间的矛盾，也在一定程度上损害着司法的公信力。在此背景下，不如直接限缩本罪。这既是我国长期以来一直采取的立场，也是世界范围内的立法举措。唯此，才能真正实现刑罚的处罚与公民个体权利的平衡。

第三节　毒品犯罪财产刑立法的反思与完善

财产刑是没收财产和罚金的总称，其在现代刑罚体系中占据重要的位置。在我国刑法中，它们属于附加刑，一般与主刑附加适用，但在特定时候，罚金刑也可以单独适用。财产刑在剥夺犯罪人的犯罪能力、预防犯罪方面，具有非常重要的作用。从世界性的刑罚轻缓化趋势看，财产刑尤其是罚金刑逐步取代了短期自由刑的地位，有力地避免了短期自由刑的弊端。而作为牟利性的犯罪类型，对毒品犯罪配以财产刑，就是有针对性地惩罚与预防的重要手段之一。

自清末拉开大规模的禁毒活动帷幕以来，我国就一直将经济制裁作为惩治毒品犯罪的重要举措。但由于特定的历史原因，旧中国一直未能在禁毒方面取得显著成效，尤其是清朝实行的"藉烟生利"政策，更是使经济制裁沦为生利的工具。[1]新中国成立后，国家制定了严厉的禁毒法律法规，并将财产刑作为重要的处罚手段之一。经过严格执法，新中国成立之初的三年内就禁绝了毒品。其后，1979 年《刑法》和 1997 年《刑法》也都继承了这一思维，将财产刑作为毒品犯罪的附加刑予以广泛实施。笔者以我国刑事法律中毒品犯罪财产刑的配置作为考察视角，比较域外及国际公约中毒品犯罪财产刑的规定，分析财产刑在毒品犯罪治理中的地位。

---

〔1〕　参见潘娟、邹舟："我国禁毒政策的沿革与发展"，载《上海政法学院学报：法治论丛》2010 年第 3 期。

一、我国刑法中毒品犯罪财产刑配置之考察

1979 年《刑法》并未将毒品犯罪视为需要重刑打击的目标，但是却在唯一的制造、贩卖、运输毒品罪（第 171 条，笔者注）中规定："制造、贩卖、运输鸦片、海洛因、吗啡或者其他毒品的，处五年以下有期徒刑或者拘役，可以并处罚金。一贯或者大量制造、贩卖、运输前款毒品的，处五年以上有期徒刑，可以并处没收财产。"从该条文的附加刑配置看，立法者已经很注重财产刑的运用。虽然当时的入罪范围偏窄，法定刑配置较低，但即便如此，立法者也充分考虑了财产刑的配置。

20 世纪 80 年代，随着境外毒品的影响和渗透，我国毒品犯罪案件增多、社会影响扩大，毒品犯罪也逐步引起了国家的重视。全国人大常委会 1982 年出台《关于严惩严重破坏经济的罪犯的决定》，对 1979 年《刑法》第 171 条的法定刑进行了补充，规定"情节特别严重的，处十年以上有期徒刑、无期徒刑或者死刑，可以并处没收财产"。

随着金三角等境外毒品犯罪对我国影响的加剧，我国于 1988 年颁布的《关于惩治走私罪的补充规定》将走私毒品行为独立成罪，并将罚金或者没收财产作为必科的附加刑之一。

1990 年《关于禁毒的决定》对毒品犯罪进行了更为具体的规定，体现了中国传统的"治乱世，用重典"的法律思维，对毒品犯罪表现出从严惩处的倾向：财产刑中"必科"与"选科"并用。这与 1979 年《刑法》中的"选科"相比，强化了财产刑的地位。

现行的 1997 年《刑法》"为了贯彻从经济上打击毒品犯罪的禁毒政策，将毒品犯罪财产刑中的附加财产刑从原来的必科、

选科，变为完全的必科制"[1]，进一步强化了财产刑的地位。目前，财产刑已经成为有效打击毒品犯罪的重要措施，这表现在对毒品犯罪财产刑的配置上——在毒品犯罪 12 个罪名中，除了包庇毒品犯罪分子罪，窝藏、转移、隐瞒毒品、毒赃罪以外，其他毒品犯罪都配置了没收财产或者并处罚金。具体内容在第三章已有论及，在此不再赘述。在这两类财产刑的适用上，没收财产一般适用于罪行极其严重的犯罪，而且在法定刑的配备上也给予了一定的缓冲空间，即相应配置了罚金刑。如走私、贩卖、运输、制造毒品罪，在出现法定最重情形时，法定刑会出现升格，而这也附带着将罚金刑升格为没收财产，并且属于必科的范畴；在非法种植毒品原植物罪中，没收财产和罚金属于选择性的处罚方法之一，同样也属于"应当"的范畴。这就表明，对于危害性较大的几类犯罪，财产刑的适用均具有强制性；而在罚金刑的配置上，均属于"并处"的范围（唯一存在选择性的是"非法买卖、运输、携带、持有未经灭活的罂粟等毒品原植物种子、幼苗罪"）。可见，毒品犯罪更加注重剥夺犯罪人再犯的经济能力，财产刑配置比例如此之高，也反映了严厉打击毒品犯罪，冀图从根源上治理毒品犯罪的立法初衷。

二、域外及国际公约中关于毒品犯罪财产刑的规定及评析

（一）域外毒品犯罪财产刑的现状及评析

对毒品犯罪附加财产刑，是一种世界性的做法。有论者就指出，在世界各国打击毒品犯罪的立法中，除加大生命刑的适用外，几乎无一例外地规定了财产刑。"从联合国社会防卫研究所调查的 31 个国家看，在各该国的惩治毒品犯罪中无一例外地

---

〔1〕 董晓松、李世清："毒品犯罪重刑化的正当性考问"，载《云南大学学报（法学版）》2010 年第 5 期。

包括了财产刑的适用。"〔1〕

1. 国外毒品犯罪财产刑之规定及评析

美国自1914年第一部禁毒法规——《哈理森麻醉品法》制定以来，就拉开了对毒品犯罪"零容忍"禁毒战略的序幕。而在美国严厉禁毒的方略中，财产刑一直是重要的制裁措施。如1984年通过的《综合犯罪控制法》就规定："大麻种植者只要将部分财产和土地用于种植大麻，就可以将其全部财产予以没收。"〔2〕这种没收犯罪工具甚至全部财产的处置方法，使得毒品犯罪的犯罪人完全丧失了再次犯罪的经济能力，这在严格保护私有财产的美国，其强度可谓空前强大。而事实表明，这确实起到了遏制毒品犯罪的作用。

日本在毒品犯罪的治理中，也将财产刑作为重要举措之一，规定"要采取追踪控制调查、窃听等有效的调查方法，推进更加严格的取缔，特别是为了切断药物犯罪的资金来源，必须严格实施对洗钱行为的查获和对药物犯罪收益的没收与追征"〔3〕。日本刑法中不仅对毒品犯罪财产没收等作了规定，而且强调从源头切断毒品犯罪的资金链，并对相关毒品犯罪的所得及其收益通过反洗钱的方式进行没收与追征，这些措施的总和，在一定程度上剥夺了犯罪收益，起到了遏制毒品犯罪的目的。

同样，德国刑法也非常重视罚金刑的运用。"在今天的刑事司法实践中，罚金刑是运用得最为广泛和频繁的制裁手段。"〔4〕

〔1〕　郑蜀饶：《毒品犯罪的法律适用》，人民法院出版社2001年版，第275页。

〔2〕　金伟峰、崔浩等：《禁毒法律制度研究》，浙江大学出版社2009年版，第167页。

〔3〕　〔日〕大谷实著，黎宏译：《刑事政策学》，中国人民大学出版社2009年版，第383页。

〔4〕　〔德〕汉斯·海因里希·耶塞克、托马斯·魏根特著，徐久生译：《德国刑法教科书（总论）》，中国法制出版社2001年版，第927页。

在德国，财产刑是罚金刑的特殊形态，财产刑只是在特定的犯罪被科处 2 年以上自由刑后并科之，其在一些贪利性的严重犯罪的治理上，效果卓著。而毒品交易属于典型的应当判处财产刑的犯罪之一。[1]在今天的德国刑法中，财产刑的地位日渐突显，而对于贪利性的毒品犯罪，采用财产刑可以更好地控制犯罪，这也在客观上促进了德国禁毒活动成效的取得。

可见，在西方发达国家，其立法对毒品犯罪的态度非常鲜明，那就是坚决没收毒品犯罪的违法所得及其收益，并对与毒品犯罪相关的工具等进行没收。而且，其没收的范围较大，程序亦较为简便。从西方近百年的禁毒成效看，财产刑在其中的功绩是不能抹杀的。

2. 我国香港、台湾地区毒品犯罪财产刑之现状及评析

香港刑法对于毒品犯罪各种收益的范围及其没收程序，作了详细的规定。如根据《香港贩毒条例》具追溯力的修订（见 1999 年第 13 号第 3 条）的规定，不论是否有人已被定罪，法庭均可命令由政府没收。其没收范围包括"曾被用以犯本条例所订罪行或《贩毒（追讨得益）条例》（第 405 章）所指的贩毒罪行，或在与该等罪行有关的情况下使用的任何金钱或物品（处所、总吨位超过 250 吨的船舶、航空器或火车除外）"。可见其没收的范围及其程序远远超过了一般犯罪，这也是为了从经济上严厉遏制毒品犯罪而采取的不得已的措施。

而在我国台湾地区，财产刑在毒品犯罪的治理中发挥着重要的作用。如其"刑法典"中关于毒品犯罪设置了 13 个罪名[2]，

---

〔1〕［德］汉斯·海因里希·耶塞克、托马斯·魏根特著，徐久生译：《德国刑法教科书（总论）》，中国法制出版社 2001 年版，第 937~938 页。

〔2〕参见林山田：《刑法各罪论》（下册），北京大学出版社 2012 年版，第 367~368 页。

触犯任何一个罪名，则对于作为犯罪对象的鸦片、吗啡、高根（古柯）、海洛因或其化合质料、种子或专供吸食鸦片之器具进行没收。除了公务员强迫栽种罂粟或贩运罂粟种子罪之外，其他罪名均规定了并科罚金或者选处罚金。

整体而言，我国香港、台湾地区的刑事法律都强化财产刑对毒品犯罪治理的作用，其适用的频率远高于一般的犯罪，而且在没收财产刑的执行方面，均有详细的程序、范围等的规定。反观大陆刑法，由于没收财产的对象为合法财产，导致其在适用上受到诸多限制，这也成为我国当前财产刑执行力度较弱的关键原因。至于罚金刑，由于罚金数额标准的不明确，执行程序的不完善，也面临执行上的困境。

（二）国际公约中毒品犯罪财产刑的配置及评析

"国际刑法在毒品犯罪的刑罚适用方面还有一个突出的特点，就是没收犯罪资财，并要求各缔约国制定可能必要的措施，使判处的没收财产得以执行。"[1]这就决定在国际禁毒公约中，财产刑也占据着重要的地位。《1988年公约》第3条对毒品犯罪的没收范围作出了明确的规定，即在对毒品犯罪分子决定刑罚的时候，应当同时判处没收其从毒品犯罪中得来的收益或价值相当于此种收益的财产，已经或意图以任何方式用于毒品犯罪的毒品、材料、设备或其他工具，并且为了使判处的没收财产得以执行，各缔约国应制定可能必要的措施，其中包括各种便于识别、追查、冻结或扣押所没收的财产、收益、工具及任何其他物品的措施和开展双边或多边国际合作的措施；各缔约国同时也应当与其他当事国密切配合，为执行这种没收提供可能的帮助。这一负有特殊价值的刑罚措施的提出，在禁毒领域

---

[1] 梅传强、徐艳："毒品犯罪的刑罚适用问题思考——兼论毒品犯罪限制适用死刑"，载《甘肃政法学院学报》2006年第3期。

是具有独特意义的。国际性的禁毒公约基本上是对各国先进禁毒经验的总结，其所提出的彻底断绝毒品犯罪所得及其产生的收益，从根源上断绝了毒品犯罪人再犯的经济能力，是一项指导各国禁毒的有效成果。

三、我国毒品犯罪财产刑之反思与完善

我国对毒品犯罪的认知经历了从 70 年代的不以为然到后来的逐步深入，及至今天的全面深化的过程。在这一认识深化的过程中，立法者所采取的措施也经历了从轻刑化到重刑严打的过程。而其中对经济处罚的重视，从理论角度看，无疑是合理的。但事实表明，自 1997 年《刑法》颁布至今，我们的毒品犯罪形势并未得到有效的遏制，我国刑法关于毒品犯罪财产刑配置上的缺陷也逐步暴露出来，这应当引起我们对毒品犯罪财产刑的深刻反思。

（一）毒品犯罪财产刑之评析

首先，财产刑是现代刑罚之发展趋势。刑罚轻缓化是世界性的刑罚发展趋势，在这一进程中，财产刑的地位日渐凸显："从整部刑罚发展史看，刑罚结构经历了以死刑为中心——以死刑和身体刑为中心——以自由刑为中心——以财产刑为中心的历程。现在，在西方国家中，刑罚正普遍地经历着由以自由刑为中心向以财产刑为中心的变化，我国目前处于以自由刑为中心的第三阶段，但随着我国经济、社会的发展，刑罚结构必然会转向以财产刑为中心。"[1]强调财产刑的重要价值和地位，既是对刑罚发展趋势的肯定与回应，也是有效预防犯罪的重要措施。

---

〔1〕 杨兴培、李翔：《经济犯罪和经济刑法研究》，北京大学出版社 2009 年版，第 345 页。

　　事实上，毒品犯罪明确的趋利性，已经使得其在刑事责任的配置上与经济犯罪具有相同的处罚诉求。有论者就指出："以自由刑为中心的重刑刑罚配置结构并不适合于具有隐蔽性、智能性、专业性、非暴力性和趋利性的经济犯罪。因此，有必要从立法设置与司法政策上反思现行的刑罚配置结构，如对经济犯罪是否可以适用死刑，经济犯罪是否应与普通刑事犯罪一样以自由刑为中心，是否应提升财产刑与资格刑在经济犯罪中的地位，以及如何科学地设计资格刑等，尽量以最小、最经济的刑罚投入量，获取最大的刑罚效益。"〔1〕从犯罪动机、犯罪目的看，毒品犯罪与经济犯罪具有相同的趋利性，因此，强化财产刑在毒品犯罪治理中的重要地位是完全必要的。而且，从现代世界各国毒品犯罪的立法体例看，强调毒品犯罪财产刑的必备制，既考虑了毒品犯罪的特殊性，也顺应了世界性的刑罚发展趋势。

　　其次，财产刑对毒品犯罪具有独特的威慑力。实证研究表明，牟利性是毒品犯罪的重要动因之一，对毒品犯罪人科以财产刑，具有独特的威慑力。实际上，我国自改革开放以来，对毒品犯罪一贯的立场都是严厉打击，而其中又以加大主刑的打击力度为主线。但多年的实践表明，主刑上重刑处罚的思维并不能有效地遏制毒品犯罪，而只有综合考虑犯罪原因，并将附加刑之一的财产刑作为重要惩罚方法，才能真正达到遏制毒品犯罪的效果。有论者对毒品犯罪的重刑主义进行了反思，指出"毒品犯罪主要原因在于贫困和贪利，因此，经济剥夺是针对性最强的制裁方法。在毒品犯罪的惩治方法上，应重视发挥财产刑的作用，否则，在刑期过后，许多毒品犯罪分子仍重操旧业，

---

〔1〕　杨兴培、李翔：《经济犯罪和经济刑法研究》，北京大学出版社 2009 年版，第 345 页。

导致现实中毒品犯罪屡判屡犯的状况很难改变"。[1]

在对毒品犯罪人这一特殊群体进行实证分析后[2]，可以发现，有相当一部分人，其主观恶性或者行为的客观危害性并未达到需要动用严刑惩处的程度。而针对其牟利的动机，则完全可以通过采取剥夺其再犯能力的方式——罚金或者没收财产来实现。"大多数毒品犯罪行为人都表现出相同的特点，即识字不多或者是文盲，有的甚至连自己的名字都不会写，因生活贫苦犯罪，少数民族较多，他们的经历简单，犯罪原因是趋利，地域的差别、经济发展不平衡是他们犯罪的深层次因素。认真分析他们在犯罪中的主观恶性、具体所起的作用，慎重确定刑罚，既是罪刑法定、罪刑相适应原则的要求，也是对社会负责、对犯罪行为人负责的一个重要方面。"[3]通过对特殊群体采取有针对性的措施，既可以预防犯罪，也可以给予其巨大的心理打击，从而以较小的成本获得较大的收益。事实也表明："适用财产刑，通过财产处置，结合生命刑和自由刑的运用来惩罚和预防犯罪，是根治毒品犯罪的唯一刑罚出路。这也是深入开展禁毒斗争对毒品犯罪适用财产刑的客观需要和重要依据。"[4]

财产刑虽然在禁毒中持续发挥着积极作用，但多年的禁毒经验亦表明，我国毒品犯罪的财产刑仍然显露出了很多弊端：首先，没收财产制度的范围（个人所有的合法财产）不合理、程序不明确，导致其面临合法性的考问，同时也面临执行效果

〔1〕 董晓松、李世清："毒品犯罪重刑化的正当性拷问"，载《云南大学学报（法学版）》2010年第5期。

〔2〕 佟季、闫平超："2007年至2011年全国法院审理毒品犯罪案件情况分析"，载《人民法院报》2012年6月27日。

〔3〕 高琴、赵永红："对毒品犯罪案件量刑情节的分析"，载《西北民族学院学报（哲学社会科学版）》2002年第5期。

〔4〕 郑蜀饶：《毒品犯罪的法律适用》，人民法院出版社2001年版，第274页。

差的诘难；其次，在具体的执行过程中，作为附加刑的一般没收与作为特殊处理措施的特殊没收，在司法实践中存在混用的情形，导致犯罪人财产被随意没收；最后，毒品犯罪财产刑配置不全面，存在真空，主要体现为极个别犯罪未配置财产刑，其理由亦不明确。作为一种贪利性的犯罪，应当将财产刑尤其是罚金刑作为必科的附加刑之一。对此笔者已有论述，不再赘述。[1]

（二）毒品犯罪财产刑之完善

1. 罚金刑之完善

（1）增设相关罪名的罚金刑。我国毒品犯罪的刑罚结构，包含了主刑中的死刑、无期徒刑、有期徒刑、拘役、管制和附加刑中的罚金、没收财产、剥夺政治权利等，内容齐全。对于毒品犯罪的刑罚体系，我国学者一般持肯定态度，认为是科学合理的。[2]这种评价较为中肯，但是其并未系统地展开对财产刑的研究。笔者认为，应当将罚金刑作为所有毒品犯罪必须配置的附加刑之一，于现行立法而言，即应当增加包庇毒品犯罪分子罪与窝藏、转移、隐瞒毒品、毒赃罪的罚金刑。

罚金刑虽然在刑罚理论中的论争持续已久，但是其在刑罚制度中的地位日渐突出确是不争的事实。用马克昌教授的话来说："罚金刑当前在一些国家的刑罚体系中占有重要的地位，是与现代社会经济的发展分不开的。它具有其他刑罚难以比拟的优点，但也存在自身难以克服的缺陷。"[3]虽然各国均承认其具

---

〔1〕 参见张洪成："中国没收财产制度的困境与出路"，载《大连海事大学学报（社会科学版）》2013 年第 4 期。

〔2〕 白建军教授研究认为，除了非法持有毒品罪偏重，非法买卖、运输、携带、持有毒品原植物种子、幼苗罪偏轻外，12 个毒品犯罪的罪行均衡度基本是一致的。参见白建军：《罪刑均衡实证研究》，法律出版社 2004 年版，第 290~291 页。

〔3〕 马克昌：《比较刑法原理（外国刑法学总论）》，武汉大学出版社 2002 年版，第 878 页。

有一定的缺陷，但是没有一个国家主动放弃该刑罚措施。相反，均在寻求各种完善的方法。事实上，罚金刑在现代社会作为一种惩罚犯罪的手段，尤其是在剥夺犯罪的经济能力等方面，具有无可比拟的优越性。毒品犯罪本身所具有的牟利性，使得罚金刑在遏制、预防再犯上，具有较强的针对性。

从我国《刑法》分则看，第312条规定的掩饰、隐瞒犯罪所得、犯罪所得收益罪配置了罚金刑，作为其特别条款的窝藏、转移、隐瞒毒品、毒赃罪，理当设立罚金刑，但实际上立法并未支持。反观台湾地区"刑法"，其第264条公务员包庇烟毒罪规定："公务员包庇他人犯本章各条之罪者，依各该条之规定，加重其刑至二分之一。"由于他人所犯的毒品犯罪都有并科罚金或者选处罚金的财产刑，故公务员包庇毒品的犯罪不仅设置了罚金刑，且较其他毒品犯罪更重。此外，从包庇毒品犯罪分子罪和窝藏、转移、隐瞒毒品、毒赃罪的犯罪动机、行为本身等考察，亦可发现，相当一部分犯罪分子具有牟利的动机，对其采用财产刑亦是罚当其罪。可见，对这两个罪名增设罚金刑，既有相应的立法经验，亦有现实的根据。

（2）强化罚金刑的配置方式。对于毒品犯罪法定最低刑包括拘役、管制的，将并处罚金刑的刑事责任修订为"并处或者单处罚金"；同时，对于相关毒品犯罪最低法定刑包含拘役或者管制而无附加财产刑的，也应当增设"并处或者单处罚金"的规定。

具体而言，《刑法》第347条第4款可以修改为："走私、贩卖、运输、制造鸦片不满二百克、海洛因或者甲基苯丙胺不满十克或者其他少量毒品的，处三年以下有期徒刑、拘役或者管制，并处或者单处罚金；情节严重的，处三年以上七年以下有期徒刑，并处罚金。"

《刑法》第 348 条非法持有毒品罪的法定刑，作如下修改："非法持有鸦片一千克以上、海洛因或者甲基苯丙胺五十克以上或者其他毒品数量大的，处七年以上有期徒刑或者无期徒刑，并处罚金；非法持有鸦片二百克以上不满一千克、海洛因或者甲基苯丙胺十克以上不满五十克或者其他毒品数量较大的，处三年以下有期徒刑、拘役或者管制，并处或者单处罚金；情节严重的，处三年以上七年以下有期徒刑，并处罚金。"

刑法第 349 条第 1 款修订为："包庇走私、贩卖、运输、制造毒品的犯罪分子的，为犯罪分子窝藏、转移、隐瞒毒品或者犯罪所得的财物的，处三年以下有期徒刑、拘役或者管制，并处或者单处罚金；情节严重的，处三年以上十年以下有期徒刑，并处罚金。"

《刑法》第 350 条非法生产、买卖、运输制毒物品、走私制毒物品罪可进行如下修订，以增加单处罚金的刑事责任："违反国家规定，非法生产、买卖、运输醋酸酐、乙醚、三氯甲烷或者其他用于制造毒品的原料、配剂，或者携带上述物品进出境，情节较重的，处三年以下有期徒刑、拘役或者管制，并处或者单处罚金；情节严重的，处三年以上七年以下有期徒刑，并处罚金；情节特别严重的，处七年以上有期徒刑，并处罚金或者没收财产。"

《刑法》第 351 条第 1 款可修改为："非法种植罂粟、大麻等毒品原植物的，一律强制铲除。有下列情形之一的，处五年以下有期徒刑、拘役或者管制，并处或者单处罚金：（一）种植罂粟五百株以上不满三千株或者其他毒品原植物数量较大的；（二）经公安机关处理后又种植的；（三）抗拒铲除的。"

《刑法》第 353 条第 1 款引诱、教唆、欺骗他人吸毒罪修改为："引诱、教唆、欺骗他人吸食、注射毒品的，处三年以下有期徒刑、拘役或者管制，并处或者单处罚金；情节严重的，处三年以上七年以下有期徒刑，并处罚金。"

《刑法》第 354 条的容留他人吸毒罪的法定刑修改为："容留他人吸食、注射毒品的，处三年以下有期徒刑、拘役或者管制，并处或者单处罚金。"

《刑法》第 355 条非法提供麻醉药品、精神药品罪修改为："依法从事生产、运输、管理、使用国家管制的麻醉药品、精神药品的人员，违反国家规定，向吸食、注射毒品的人提供国家规定管制的能够使人形成瘾癖的麻醉药品、精神药品的，处三年以下有期徒刑或者拘役，并处或者单处罚金；情节严重的，处三年以上七年以下有期徒刑，并处罚金。向走私、贩卖毒品的犯罪分子或者以牟利为目的，向吸食、注射毒品的人提供国家规定管制的能够使人形成瘾癖的麻醉药品、精神药品的，依照本法第 347 条的规定定罪处罚。"

（3）罚金数额确定之完善。在理论界，人们诟病罚金刑的重要理由之一即其数额的不确定性。笔者认为，在立法上明确毒品犯罪的罚金数额，要考虑两方面因素：一是确定罚金的计算基数。应当以毒品犯罪案件涉及的所有财物价值总额作为基数，这既包括犯罪所得及其收益，也包括未遂状态下涉案物品的价值。二是确定罚金的计算比例。笔者认为，在犯罪所得及其产生收益或者涉案物品总额的 50% 以上 1 倍以下确定毒品犯罪罚金的数额，较为合适。"对营利性、利欲性犯罪应加强罚金刑的适用，并提高罚金数额。这一措施旨在防止营利性、利欲性犯罪人将罚金作为必要开支而继续犯罪。"[1]以犯罪所得及其收益等的比例来确定罚金的数额，是根据犯罪收益作出的合理

---

[1] 张明楷：《刑法学》（第 4 版），法律出版社 2011 年版，第 485 页。

反应，可以避免罚金数额适用上的混乱状况，保证处置的相对公平。

（4）未成年人罚金刑之完善。我国《刑法》总则并无未成人财产刑的特殊规定，因此其一直与成年人共用同一标准。综观我国毒品犯罪的相关条款，可以发现，基本上所有犯罪都以财产刑作为必科的刑罚之一，此做法直接导致了未成年人财产刑的判决与执行为学界所诟病。虽然 2000 年最高人民法院《关于适用财产刑若干问题的规定》明确了对未成年人犯罪应当从轻或者减轻判处罚金，似乎缓解了人们的疑虑，但同时又指出"罚金的最低数额不能少于五百元"。对于很多不具有独立经济能力的未成年人来讲，这一罚金往往都是由其监护人代为缴纳的，这种做法与刑法中的罪责自负原则无疑相互矛盾。故如何协调未成年人财产刑的配置与执行就成为问题。笔者认为，应当在现行《刑法》总则中增设相应的条款："对于未成年人犯罪，应综合其犯罪情节、个人经济状况，减轻或者免除罚金刑的执行。"而在具体的操作上，可以参照张明楷教授的观点："应实行说明罚金来源制度，避免由亲属缴纳，防止犯罪人以违法所得缴纳罚金。对于未成年人犯罪，应尽量不判处罚金；即使必须判处罚金，也应免除罚金的执行。这一措施旨在克服罚金刑可能违反刑罚一身专属性的缺陷，同时克服犯罪人因不能缴纳罚金而再次犯罪的现象。"[1]

2. 没收财产刑的完善——改一般没收为特别没收

在毒品犯罪的没收财产制度上，笔者认为，将现行的没收财产制度改造为特别没收制度，是避免人们对没收财产制度责难的出路之一。即将现行没收财产刑的没收仅理解为对非法财

---

[1]　张明楷：《刑法学》（第 4 版），法律出版社 2011 年版，第 485 页。

产的处置措施，将没收范围限定在犯罪所得及其产生的收益范围内，其具体的范围可以参照我国《刑法》第64条的规定。另外，为了保证没收财产执行上的效率，可以在立法上适当地增加犯罪人的举证责任，由犯罪人自己证明其财产系合法所得，或者至少证明其财产非本次违法犯罪所得或者犯罪所得的收益等，国家机关只负责抽象地证明其与犯罪之间存在关联。犯罪人举出切实可靠的证据来证明其为合法收入的，不能没收，但是在必要的情况下，可以根据刑法的规定，判处相应的罚金，这样也完全可以起到同样的预防效果。[1]这样一来，我国刑法中的没收财产制度就达到了与国际上的没收财产制度相同的内涵与外延。将毒品犯罪所得及其产生的收益予以没收，可以剥夺犯罪人的犯罪成果——这是报应主义的当然要求，而在没收财产之外，如果确有预防将来犯罪必要的，可以判处相应的罚金刑——这是预防将来犯罪的。将这两个价值取向存在一定区别的制度结合起来使用，既符合现代刑事法治的发展要求，也易与宪法等进行协调，同时可以避免我国目前没收财产制度理论及实务上存在的诸多弊端。

---

[1] 参见张洪成："中国没收财产制度的困境与出路"，载《大连海事大学学报（社会科学版）》2013年第4期。

毒品犯罪宽严相济刑事司法政策之贯彻

第一节　毒品犯罪主观故意的认定

一、毒品犯罪主观故意认定的困境

（一）毒品犯罪的主观故意类型之论争

毒品犯罪的主观方面为故意，这是学界的一致观点，而故意的内容究竟仅指直接故意还是包括间接故意在内，在学界及实践界则有不同意见。

将毒品犯罪的主观方面仅限定在直接故意，多属于早期的观点。该观点产生于 20 世纪 90 年代，如欧阳涛、陈泽宪就认为："毒品犯罪的主观方面，都表现为直接故意。"[1] 按照此观点，毒品犯罪应当限定在行为人明知自己的行为会发生危害社会的结果，而希望这种危害结果发生的一种心理状态上。从认识层面看，行为人认识到自己的行为必然或可能发生危害社会的结果；从意志层面看，主要表现为行为人希望即积极追求危害社会结果的发生。如果按照此逻辑来推理，很多毒品犯罪就难以认定，势必轻纵相当一部分犯罪。因为在间接故意中，行

---

[1] 欧阳涛、陈泽宪主编：《毒品犯罪及对策》，群众出版社 1993 年版，第 41 页。

为人只能认识到结果发生的可能性，如果将毒品犯罪仅理解为直接故意，那无疑等于否定了低于盖然性程度的认识因素在毒品犯罪中的存在，这样就会人为地缩小犯罪成立的范围。毕竟在多数情况下，尤其是在运输毒品、非法制造毒品、走私毒品等行为中，行为人欠缺对毒品的专业知识，其对毒品的认识有时候可能仅限于一般的认识，即行为人仅能认识到其运输、贩卖的物品可能是毒品，而且可能性也没有直接故意要求的高，如果在此过分强调直接故意，人为地提高认识因素中的认识程度，那无疑将放纵这些行为的犯罪性。此外，将毒品犯罪仅限定在直接故意，就存在如何认定行为人意志因素的问题。如对于运输毒品、非法持有毒品等行为，要证明行为人对毒品的流通或者毒品在自己控制下危害社会的结果持希望的主观心态，是比较困难的，这样的规定无疑也增加了司法机关侦查、起诉、审判的难度，客观上可能滋生刑讯逼供现象的发生。因为要证明行为人希望危害结果发生的最好方式就是犯罪嫌疑人的供述，而过分地追求口供势必催生不法手段，给犯罪嫌疑人、被告人的人身权利造成潜在的威胁。

鉴于将毒品犯罪限定在直接故意方面存在认定的困难以及可能人为地缩小犯罪的成立范围，自 1997 年《刑法》实施以来，学界就对毒品犯罪的主观方面包括直接故意与间接故意的观念达成了共识，即直接故意和间接故意均可能成为毒品犯罪的罪过形态。有论者就指出："毒品犯罪是故意犯罪，而且绝大多数是直接故意犯罪，但不排除某些犯罪类型存在间接故意的可能性。同时应当注意毒品犯罪主观方面故意内容的特殊要求：行为人必须对犯罪对象有所认识，否则不构成犯罪。即如果行为人不知道行为的对象是某种毒品犯罪的对象，则不构成毒品犯罪。"[1]有论者从相关的司法解释及刑法理论的角度论述了间接故意存在的可能性，"这是一种对于毒品等犯罪对象的法律性质有着盖然性认识的状态，在主观上对于犯罪对象及其法律性质是一种既不确定又不排除的认识状态。基于此种心理态度而实施的运输毒品等犯罪，主观上属于间接故意"。[2]具体来讲，从毒品犯罪的认识因素上看，"明知"指行为人对所实施的具体行为有认识，但对犯罪对象及其法律性质，则只有一种认识的可能性，即行为人认识到所从事行为的对象物中藏有毒品等特定物品或者违禁品，但是，其不敢、不愿也不想去加以求证，从而实施一个行为，而这种对毒品的认识程度不是非常高；从意志因素上讲，属于'放任'，即行为人对犯罪对象究竟是毒品等违禁物品或其他物品，其实施的具体行为是否会造成危害社会的结果均无所谓，危害社会的结果是否产生，均不违反其主观意志，均在其可接受的范围内。毒品犯罪的主观方面包括直接故意和间接故意，而且在认定毒品犯罪时，必须证明行为人对犯罪对象具有认识，这是成立毒品犯罪的基本前提，应当说这是符合刑法基础理论的。

《刑法》第 347～357 条规定的所有毒品犯罪中，都没有限定其罪过形式，并且最重要的是，这些罪名均没有指明哪个属于目的犯或者倾向犯，也没有限定其主观方面必须为直接故意，因此，将毒品犯罪的主观方面认定为包括直接故意和间接故意两种形态是符合刑法立法目的的。

上海市高级人民法院 2000 年《关于审理毒品犯罪案件具体

---

〔1〕　赵秉志、于志刚主编：《毒品犯罪》，中国人民公安大学出版社 2003 年版，第 77 页。

〔2〕　于志刚："'应当知道'与'可能知道'的差异与并存"，载《人民检察》2007 年第 21 期。

应用法律若干问题的意见》亦指出，间接故意应该属于毒品犯罪的主观方面内容。因为该文件第 4 条第 1 款明确规定，运输毒品罪的主观明知包含以下两类情况：其一，"如果没有证据证明行为人明知是毒品"，则只要对于毒品的性质有"概括性认识"，即只要行为人认识到可能是"毒品"即可，其认识程度明显低于直接故意中的盖然性的认识；其二，"如果确能证实行为人不知是毒品，而系受蒙骗来运输毒品的，则不能认定为犯罪"。质言之，根据整体情况，只要能够认定嫌疑人对于其所承运"物品"的"非法性"具有"概括性的认识"，就可认定行为人的行为构成运输毒品罪。也即对于该物品可能是毒品具有概括性的认识，认识到该物品有可能是毒品、大概是毒品，就可以充足故意的成立条件。而对犯罪行为的概括性认识无疑不属于直接故意的范畴，因为其认识的程度相较于直接故意为低，从意志因素上看，其对危害结果的发生亦仅仅是一个放任的心态。因此，运输毒品罪实际上是一种间接故意的犯罪。"'行为人为了赚钱不计后果接受他人雇用，事实上实施了运输毒品行为的'，此种表述，是一种典型的间接故意的表述。"[1]

可见，无论从刑法理论还是从司法实践来看，毒品犯罪的主观方面都应当包括直接故意和间接故意两种形式，这也是充分贯彻我国在打击毒品犯罪方面宽严相济刑事政策的必然选择。

（二）毒品犯罪主观"明知"的认定存在的困境

犯罪故意作为客观行为的内在化，认定起来往往非常困难，而认识行为人的主观方面又是刑法学不可回避的问题。在刑法理论上，虽然主观方面可以通过客观行为来具体反映，但是没有人否认客观行为很多时候和主观心态是分离的，其认定相当

---

〔1〕 于志刚："'应当知道'与'可能知道'的差异与并存"，载《人民检察》2007 年第 21 期。

困难。尤其是对于隐蔽性较强的毒品犯罪，同样的行为可能反映出行为人不同的行为心态，而不同的心态又可能直接影响行为的法律效果。如在行为人身上查获毒品的行为，既可以认定为持有毒品的行为，也可能是贩卖、运输、走私毒品的行为。正是这些可能性的存在，说明了司法机关对毒品犯罪行为人主观心态判断的重要性，也加大了其查明行为人具体主观故意的难度。

在司法实践中，要判断行为人的主观方面，首先必须弄清楚行为人的认识因素，即判断行为人对犯罪客体及其社会危害性，犯罪对象、行为、行为的结果，以及行为与结果之间的因果关系等的认识。于毒品犯罪而言，只要证明行为人对毒品具有认识的可能性，即行为人对犯罪对象等的认识达到概括性的程度就可以了，对于其行为、结果、因果关系等，只要作相应的证明即可。反之，如果行为人欠缺相关的认识因素，故意的成立就存在问题。但现实情况是，行为人在被公安机关抓获后，往往否认其对犯罪对象——毒品、毒赃等具有认识，从而否定自己对行为、结果、社会危害性等的认识。而很多时候，即使犯罪嫌疑人、被告人在公安机关作了供述，在检察机关、法院进行起诉、审判时，也可能会翻供，这样导致其口供无法有效证明其主观明知；而且，在公安机关、人民检察院、人民法院之间如果没有一个统一的认定行为人主观明知的判断标准，可能会出现同样的行为得出不同结论的情况，因此，毒品犯罪中行为人主观明知的认定既面临重重困难，但又不得不面对。

与此同时，毒品犯罪的隐蔽性也决定了很难寻找到相关的证人证言、其他证据来直接证明行为人主观上的故意，因为毒品犯罪为典型的无被害人犯罪，没有相关的证人，而且其交易也仅限定在特定的少数几个人之间，往往毒品的交易已经完成，但交易人可能还不知道交易的相对方是谁，由此，寻找其他犯罪嫌疑人、证人等基本上不太可能，想通过其他证据证明行为人对毒品的明知相当困难。因此，正确认定行为人对"毒品"等存在明知，进而证明其存在犯罪的故意就是理论与实践上研究毒品犯罪必须面对的课题。

（三）违法性认识对毒品犯罪定性的影响

关于违法性认识在犯罪成立中的地位，一直存在争议，有论者认为违法性认识是影响责任的要素，而非故意成立的要素。如周光权教授就认为："故意犯的成立，要求有违法性认识，至少要有违法性认识的可能性。但是，在故意的内容中，不应当包含违法性认识，违法性认识只是影响责任的要素。"[1]类似的观点还有："按照法律的规定，犯罪故意的认识因素表现为行为人'明知自己的行为会发生危害社会的结果'，这显然是只要求行为人明知其行为及行为结果的危害性，而没有再要求行为人明知行为及结果的刑事违法性。法律这一规定是正确的。"[2]如果将违法性单纯地理解为形式违法性，则上述论断无疑是正确的，但是如果将违法性的范围扩大至实质违法性，则该论断是存在争议的。对此，多数学者的观点均认为违法性认识应当属于故意的范围，是认定犯罪故意的重要因素，即如果欠缺违法性认识或者违法性认识的可能性，则可能排除毒品犯罪的成立。如张明楷教授就指出："成立故意犯罪，不要求行为人现实地认识到行为的形式违法性；因缺乏形式违法性的认识而导致缺乏对法益侵害性时，则不成立故意犯罪，但可能成立过失犯；形

---

〔1〕 周光权："违法性意识与犯罪故意的关系"，载陈忠林主编：《违法性认识》，北京大学出版社 2006 年版，第 279 页。

〔2〕 高铭暄、马克昌主编：《刑法学》，北京大学出版社、高等教育出版社 2016 年版，第 108 页。

式违法性认识的可能性，是故意、过失之外的责任要素，故缺乏形式违法性认识的可能性，是阻却有责性的要素。"[1]从这一论断可以看出，实质违法性认识，即认识行为的社会危害性或者法益侵害性，应当是故意成立的关键因素，形式违法性只有在影响行为人对行为的实质违法性认识时，才会产生阻却故意成立的效果。因此，违法性认识也应当是影响犯罪故意，直至影响犯罪成立的重要因素。在毒品犯罪中，至少实质违法性的认识是必要的。

实际上，作为刑法原则之一的"不知法不免责"，是存在特定内涵的，即这里的"法"是指法律规范的具体条文、具体规定，即使行为人不知道具体的法律规定而实施了相关的违法行为，仍不能免除其违法应承担的责任，因为只要行为人在实施行为时，主观能认识到其行为具有"恶性"，即表明其行为具有可责性，意味着行为人认识到其行为与社会常态不符，具有一定的社会危害性，即可对其进行归责。"但是在某些特殊情况下，如果行为人由于不知法而不能认识行为的社会危害性的，则不构成犯罪。即行为人的行为在本地区或本民族由于历来不被法律所禁止，人们从来也不认为该行为是犯罪，但后来国家制定法律宣布该行为是禁止性行为，是犯罪。在这种情况下，由于各种原因而导致的行为人不知法律之存在，从而不知自己行为之违法性，不知自己行为是犯罪行为的，当然不应构成犯罪。"[2]

从实践上看，毒品在我国乃至世界范围内都已经存在相当长的时间，这是由毒品本身的属性决定的。毒品具有一定的药

---

〔1〕　张明楷：《刑法学》（第3版），法律出版社2007年版，第270页。
〔2〕　赵秉志、于志刚：《毒品犯罪》，中国人民公安大学出版社2003年版，第81页。

用价值，长期以来都是人们生活中的必需品，在很多民族的文化传统中，鸦片、大麻、古柯等均是必不可少的，因此，在国家将毒品纳入取缔范围后的相当长一段时间内，由于国家法制宣传上的相对滞后，使民众对取缔的法律要么无从获取规制规范的内容，要么很难接受该规范，由此导致人们对相关涉毒行为的法律认识存在冲突或者障碍，最终导致其对买卖、使用鸦片、古柯等行为的违法性或者社会危害性无从认识，在这种情况下，就不能一概认为行为人的行为构成相应的违法行为或者犯罪。

也有论者认为，尽管我国《刑法》对行为人不知法律的刑事责任未明文规定，刑法理论一般也奉行"不知法不免责"的原则，即违法性认识并不是故意成立的必备要件，不论行为人对自己行为的违法性有无认识，只要他对犯罪事实有认识，便可成立犯罪故意。然而，当行为人对自己行为违法性的认识欠缺是由于对行为的社会危害性缺乏认识造成的，而且行为人又缺乏认识的充分理由，便可排除主观上的故意，因而不应承担罪责。以"非法持有毒品罪""教唆、引诱、欺骗他人吸毒罪"为例，在我国有些地区，吸食大麻已经成为普遍的民间传统习惯，当地居民对大麻的危害性普遍认识不足，加之在落后地区法律宣传教育跟不上，人们的法制意识普遍偏低，有的人并不知道持有较大数量的大麻及引诱、教唆、欺骗他人吸食大麻是犯罪行为，因而对他们既不能一律认定无罪，又不能一概按照"不知法不免责"的原则作犯罪处理，而应具体案件具体分析，区别对待。"对于确实不知道自己的行为属于违反刑法的性质，而且不知违法的责任主要不在行为人的，便不能认定为犯罪，应当注重教育，一旦发现再犯，便依法严惩，这样做也符合主

客观相统一的刑法原则。"〔1〕

人们对行为的实质违法性认识的欠缺，可能存在以下两类情况：①在一些长期使用毒品的边远山区或者民族，因为毒品本身已经成为人们生活甚至文化的一部分，人们就很难意识到相关涉毒行为的实质违法性；②由于法律、政策等的宣传力度不够，更多的地方则是因为民众缺乏对涉毒行为的形式违法性的了解，从而影响实质违法性认识的情况。针对这些情形，有论者指出："对于少数民族的部分十分封闭、落后地区，确实由于民族性的传统认识而导致行为人缺乏对鸦片等毒品的危害性之认识，从而认为是合法交易的，一般不宜以犯罪论处，而应当大力普及宣传教育，因为此种情况属于刑法上的主观无认识，而无认识则无意志，也即谈不上罪过问题。"〔2〕因此，在一些信息相对比较畅通，民众很容易获取国家相关法律信息的地方，可以推定其明知相关涉毒行为的违法性，从而肯定其对毒品的实质违法性存在明知。而在边远山区或者长期使用毒品的地区，对于第一次涉毒的行为可以不作为犯罪处理，但国家应当负责相关毒品违法犯罪法律法规的宣传，在以后的行为涉及这些问题时，就可以直接推定民众知道相关的法律，从而明知其行为的实质违法性，肯定故意的成立。但在量刑时，要充分考虑这一情节，以从轻或者减轻处罚。

二、毒品犯罪中主观故意认定的域外经验

（一）国外毒品犯罪主观故意的内容

在英美刑法中，犯罪的主观方面主要是指犯罪心态，就是

---

〔1〕　参见桑红华：《毒品犯罪》，警官教育出版社1992年版，第101页。

〔2〕　赵秉志、于志刚：《毒品犯罪》，中国人民公安大学出版社2003年版，第75页。

行为人在实施社会危害行为时的应受社会谴责的心理状态。犯罪心态的概念主要包括两层含义：①规范内容——应受道德规范和法律规范的谴责与否定；②心理内容——具有"知"和"意"的心理要素，即认识行为性质以及行为与危害结果间的关系，并且表明对行为和结果的意向。由此来看，构成犯罪的主观故意，行为人在规范层面应当是违反道德规范与法律规范。而在事实层面，则包括行为人的认识因素与意志因素。前者主要包括行为人对行为性质、行为、危害结果、行为与危害结果间的因果关系等的认识；后者包括行为人对该危害行为与结果的一种希望与放任等心态。规范内容与心理内容必须是统一的，缺乏任何一个层面的内容，都不能构成犯罪心态。"规范内容是犯罪心态（罪过）的客观标准，心理内容是犯罪心理（罪过）的主观根据。两者的统一构成了完整的犯罪心态概念，两者共同决定犯罪心态的质（有或无）和量（大或小）。"[1]

在美国刑法中，成立犯罪心态或者说成立犯罪故意，要求行为人必须存在"知"与"意"。所谓的"知"，无疑就相当于我国刑法中故意成立所要求的认识因素，而对于认识的程度，美国刑法相较于我国，要求得更为宽松，这也与其刑法中对犯罪心态区分为蓄意、明知、轻率、疏忽四种类型有较大的关系。

而在大陆法系国家的刑法理论中，成立犯罪故意，要求具备认识性要素与情意性要素。其中的认识性因素，要求行为人具有对"犯罪事实"的认识，或者"应该成为罪的事实的认识预见"。所谓的"犯罪事实"或者"应该成为罪的事实"，是符合构成要件的客观性事实，除了实行行为的客观面、构成要件性结果、其间的因果关系外，还包括行为的主体、客体、状况

---

〔1〕 储槐植：《美国刑法》，北京大学出版社 2006 年版，第 54 页。

等。其中的客体，不仅包括保护客体（法益、犯罪客体），还包括行为客体（犯罪对象），这与我国刑法基本上是一致的，虽然不一定要求行为人对犯罪对象有明确认识，但至少必须具有认识的可能性。

可见，在国外的刑法中，成立毒品犯罪，均要求行为人应当认识到危害行为、危害结果、危害行为与危害结果间的因果关系、行为的实质违法性、行为的附随状况等。这与我国的刑法是相似的。

（二）域外毒品犯罪主观故意认定的经验

国外在打击毒品犯罪的司法实践中，积累了一定的经验，这些经验一般都是从刑事诉讼的角度来论证在特定情况下如何认定行为人具有相关犯罪的故意的。鉴于毒品犯罪的隐蔽性，各国一般都通过推定的方式来证明行为人的主观方面，即主要证明行为人对犯罪对象及行为性质的明知。在司法机关根据一定的规则进行事实推定的情况下，犯罪嫌疑人、被告人有权利寻找相关的证据来反驳这些推定，其实就类似于举证责任的倒置。

按照英国证据法的相关规定，在诉讼中，控方和辩方负有同等的举证责任。针对指控，辩方可以正当防卫、紧急避险、犯罪嫌疑人等不在现场、患有精神病等为由，提出免责意见；为了证明这些事由，辩方就必须提供证据，对辩护理由加以证明，如果法官认为辩方的证据可信度较高的，该辩护理由才能成为争议问题，由法官交由陪审团进行裁断；否则，在证明效果上就相当于辩方无异议，在此情况下，就被视同犯罪嫌疑人、被告人自认其罪，意味着他将在特定主张上失利。这与英国在诉讼体制上采用抗辩式诉讼模式息息相关。

英国证据法的理念在相关的法律中得到了体现，如1994年英国的《刑事审判与公共秩序法》规定犯罪嫌疑人在接受警察的讯问时，如果没有提供他赖以辩护的事实，法庭即可"从被告人没有提供上述事实中作出适当的推论"[1]。此外，该法律的第 36 条则更为明确地规定行为人主观明知推定的情形，即：如果"某人被警察逮捕时在此人身上或在此人衣服或鞋子里或上面，或者在此人持有的其他物品里面或上面或者任何此人被捕时所在的地点，在任何物品、物质或者痕迹或者任何此类物品上带有的痕迹——并且警察将该想法告知被逮捕人，要求其对上述物品、物质或痕迹的存在作出解释并且被逮捕人未能或拒绝作出解释的，那么在因上述犯罪对此人提起的任何诉讼中，如果提出了证明上述事项存在的证据，法庭或陪审团在决定被告人是否犯有被指控的罪行时，就可以从被告人未能或拒绝作出解释的情形得出在其看来适当的推断，即对被告人不利的推论。"[2]该法律中所提到的"适当的推断"，就是推定嫌疑人、被告人明知被查获的可疑物品是何物，或者这些可疑的痕迹是如何形成的，从而可以作出对其不利的结论。

按照上述法律的明确规定，"在英国，警察在犯罪嫌疑人的身边或住处查获了可疑物品、材料或痕迹后，根据这些基础事实，有权要求犯罪嫌疑人对此作出解释（举证责任转移），在当事人不愿或不能作出合理解释的情况下，即可推定其对持有物品的性质已有概括的认识。就毒品案件来说，就是推定其明知持有物是毒品。"[3]此即推定规则在刑事诉讼中的典型运用。

---

〔1〕 中国政法大学刑事法律研究中心组织编译：《英国刑事诉讼法（选编）》，中国政法大学出版社 2001 年版，第 556~557 页。

〔2〕 参见何家弘、张卫平主编：《外国证据法选译》（增补卷），人民法院出版社 2002 年版，第 302 页。

〔3〕 崔敏："查处毒品犯罪中的疑难问题与解决问题的思路"，载《中国人民公安大学学报（社会科学版）》2004 年第 6 期。

美国的相关司法亦有推定的存在，不过其主要适用于民事诉讼活动，但是其对刑事司法也具有一定的示范作用。《美国联邦证据规则》就在民事诉讼过程中明确规定了推定属于与司法认知相并列的证明案件事实的司法捷径。他们认为，所谓的推定法则，是一种关于特定基本事实与结论事实之间关系的程序设计法则。而推定的定义则为"在两个事实之间，其中一个事实属于基本事实或已证事实，另一个事实属于待证事实、结论事实或推定事实，当需要证明结论事实时，根据一定法则，可以以基本事实的证明代替结论事实的证明。但是，基础事实或基本事实必须与推定事实有关联，推定才被认为是正确的。"而关于推定的效果，《美国联邦证据规则》规定：（1）如果推定事实主张者所提出的支持或证明基本事实存在的证据足以证明基础事实真实存在；（2）如果对方当事人未能提出证据，或提出的证据不能否定基础事实的真实存在时，那么，在推定事实的成立上，推定事实的主张者享有直接裁决的权利。[1] 推定方式的存在，一方面表明了国家对毒品犯罪打击的严厉程度，另一方面也反映了英美国家在刑事诉讼过程中的对抗本质。

我国香港地区的刑事法中亦有推定应用的情形[2]，1969年通过的《危险药物条例》第 45 条和第 47 条分别就制造毒品的主观目的及非法持有毒品的主观目的的推定予以规定。第 45 条规定："任何人经证明曾制造危险药物或曾作出准备制造危险药物的作为，则直至相反证明成立为止，须被推定为已知悉该药物的性质。"即当某人被发现从制造毒品的现场逃走，或者在

---

〔1〕 参见陈界融译著：《〈美国联邦证据规则（2004）〉译析》，中国人民大学出版社 2005 年版，第 15~17 页。

〔2〕 参见杨春洗、刘生荣、王新建编著：《香港刑法与罪案》，人民法院出版社 1996 年版，第 445~446 页。

该现场发现有关制造毒品的工具和原料，这个人可以被推定为在制造毒品或者在进行制造毒品的准备工作，如果出现这样的情况，那么法官就没有必要指示目击证人作证，而直接推定行为人系在制造毒品或者在图谋制造毒品。同样，第47条规定："（1）任何人经证明管有——（a）容载或支承危险药物的物件；（b）容载危险药物的行李、公文包、盒子、箱子、碗柜、抽屉、保险箱、夹万或其他类似的盛器的钥匙；（c）（由1994年第62号第6条废除）则直至有相反的证明成立为止，须被推定为管有该药物。""（2）任何人经证明或被推定管有危险药物，则直至相反证明成立，须被推定为已知悉该药物。""（3）本条规定的推定，不得藉证明被告人从未实质管有该危险药物而被推翻。"该条例的规定，对于任何一个法官或者初审法官在确定一个被告是否知道他所持有的包装内有无毒品时，是非常适当的指导，从而就没有必要在每一个案件中让被告说明他是否打开了容器或者检验了其内容。如果被告对物品显示出公开怀疑而没有这样做，就意味着他不能推卸自己的责任。即对于一些可能用于装载危险物品的容器，行为人一般具有怀疑的可能，从而负有检查的义务。如果行为人具有一定怀疑，但未进行检查的，则可能被推定为对该物品系毒品具有明知，从而承担非法持有毒品的不利后果。香港法院亦以这一推定规则对一些持有毒品的案件进行过判决。

此外，在香港毒品犯罪案件的司法实践中，亦有相当的罪案是通过推定来证明行为人对毒品犯罪的明知的。这里的明知既涉及对案件性质的明知，也涉及对具体犯罪对象的明知。推定的存在可以使司法机关更便捷地认定行为人对毒品的贩卖、制造、非法持有等犯罪目的，从而有效免除其部分举证责任，实现对毒品犯罪的严厉打击。

三、毒品犯罪主观"明知"的认定

（一）主观明知认定的实践困难

毒品犯罪行为方式的隐蔽性、行为后果的严重性等特征决定了行为人在被抓获以后，很少承认其对犯罪对象存在明知，甚至很多嫌疑人归案以后均保持沉默，这就为司法实践带来了诸多障碍。因此，如何认定行为人的主观明知就成为毒品犯罪认定中的关键因素。对于主观明知的认定既不能过于苛刻，也不能过于宽松，过于苛刻会使诸多的毒品犯罪得不到追究，从而使毒品犯罪愈演愈烈，过于宽松则不利于保护犯罪嫌疑人。

对于毒品犯罪主观明知的认定，有两种方法：一种方法是直接证明，即利用犯罪嫌疑人、被告人的有罪供述或者相关的证人证言直接证明犯罪嫌疑人、被告人明知是毒品仍然实施犯罪。有罪供述和证人证言当然是证明行为人对犯罪对象具有认识的最确切、最有效的证据，但是在毒品犯罪中，作有罪供述的犯罪嫌疑人、被告人越来越少，加之毒品犯罪一般都极为隐蔽，参与犯罪的人均与毒品具有特定的关系，导致司法机关很难获得相关的证人证言，有时候即使有相关的证人证言，但是因为欠缺其他证据，尤其是犯罪嫌疑人的供述，可能使法官对案件事实的认定存在一定的疑问。另一种方法就是利用推定来进行证明，即利用行为人的客观行为来推知其对特定的犯罪对象具有主观明知，从而肯定犯罪故意的存在，但这种方法因对嫌疑人不利而往往为人们所诟病。

由于刑事诉讼的证明活动只认可法律规定的推定事实，因此，对毒品犯罪主观明知的推定只涉及法律推定。在现实中表现为相关规范性文件如司法机关出台的纪要、意见等涉及的推定内容。推定是在认定基础事实的基础上，由司法人员根据特定情形判断行为是否违背了经验法则和常识，从而认定是否具有犯罪的故意。这是目前毒品犯罪中运用较多，也最为有效的方法之一。但是，由于推定依赖司法人员认识事物和推理的能力，体现司法人员的主观判断，从这个角度看，推定具有较大的不确定性。我国刑事立法对推定并没有作出明确的规定，虽然在一些类似的规范性文件中有所体现，但这与严格的规范性法律文件是存在差别的。另外，在司法实践中法官根据自由心证所作出的判断是超规范的，故司法人员应当如何进行推定才能防止恣意断案，是司法实践中的一个难题。

（二）主观明知的内容及证明

1. 主观明知的内容

犯罪故意中明知的内容，理论上通常认为包括两个方面：一是行为人对犯罪构成要件事实本身的认识；二是行为人对犯罪构成要件事实的评价性认识。[1]而就毒品犯罪来说，所谓对构成要件事实本身的认识，可以简单概括为行为人明知自己走私、贩卖、运输、制造、非法持有毒品等行为会发生危害社会的结果，明知其行为的时间、地点、方法、对象、特定的主体身份等。而在犯罪构成要件事实的评价性认识方面，则要求行为人认识到自己行为的内容与社会意义等。

在毒品犯罪中，一般认为所谓的主观明知，主要是针对犯罪对象——"毒品"而言的，因为只有行为人明知犯罪对象是毒品，其行为才可能构成毒品犯罪，否则毒品犯罪是无法认定的。

2. 主观明知的证明标准

既然主观明知在毒品犯罪的成立中具有重要的地位，明确

---

〔1〕 刘志伟："主观明知的内容、程度及证明"，载《人民检察》2007年第21期。

主观明知的证明标准就成为一个亟待解决的问题。主观明知的认定标准，主要考虑故意的认识因素方面的证明标准问题，即行为人对构成要件要素、附随情况、行为的违法性等的认识程度问题。在我国刑法理论及司法实践中，主观明知的证明标准主要是指行为人对犯罪对象——"毒品"具有明知。而就明知的程度而言，确定地知道犯罪对象固然是成立犯罪故意的前提，但是从故意成立的理论及严厉打击毒品犯罪的角度看，只要行为人对"毒品"具有概括性的认识，也可肯定主观明知的存在。换言之，行为人只要对涉案的犯罪对象可能是毒品具有概括性认识，就可追究其刑事责任，至于毒品的具体种类及名称，一般不影响对行为的定性。

　　有论者就指出："嫌疑人'明知'是毒品不等于'确知'是毒品，也包括其知道、认识到、意识到或者怀疑到"可能"是毒品，更不要求确切地知道是哪种毒品、毒品数量、毒品含量、具体藏毒位置等。"[1]言下之意，只要犯罪嫌疑人认识到、意识到或者怀疑其所运输的、持有的物品"可能"是毒品，则其运输、持有等的行为就是放任自己行为发生危害社会的结果，因此构成间接故意的毒品犯罪。所以，嫌疑人主观上只要认识到"可能是"毒品，就成立"明知"。

　　为了贯彻国家对毒品犯罪严厉打击的刑事政策，甚至在行为人仅仅意识到其运输、持有的"是"或者"可能是"违禁品，而客观上其运输、持有的确是毒品，即可构成相应的毒品犯罪，因为漠视或者适度地怀疑该物品是违禁品，包括是毒品，仍然实施运输、持有的行为就表明了行为人对于法规范的漠视态度，怀疑可能是毒品的形态则反映了行为人主观上存在"恶

---

　　〔1〕　张寒玉："毒品犯罪主观'明知'的认定"，载《人民检察》2007年第21期。

性"，其对行为发生危害社会的结果持放任的心态，也就是说嫌疑人有危害社会的概括故意。

所谓概括性认识，就是指"行为人自称不知道是毒品，但是根据行为人的社会阅历、认识能力、毒品的藏匿方式等综合分析，行为人对其所运输的对象应有概括性认识"[1]。推而广之，概括性认识的内容包括犯罪对象及行为的社会危害性。只要行为人认识到其走私、贩卖、运输、制造、非法持有等的物品可能系毒品，其所从事的行为系有害的、为社会所不容许的即可。

而要判断行为人对犯罪对象——"毒品"具有概括性认识，就应该综合具体情况进行全面的分析。质言之，判断的基准既包括案件本身的实际情况，也包括行为人自身的社会阅历、生活经历等。综合这些可能影响行为人认识能力的因素来判断行为人对该犯罪对象是否存在认识的可能性。如果存在认识的可能性，则应当肯定行为人对犯罪对象是"毒品"存在主观的明知；反之，则应当否定行为人存在主观明知。当然，明知的裁判权完全在司法人员手中，司法人员认定"明知"或"应知"，必须结合案件的实际，以现有的证据为基础，形成严密的证据链条，只有如此，才会有较强的证据效力。因此，充分掌握案件及行为人的个人情况就成为正确判断行为人主观明知的前提条件。

从实践上看，要证明行为人从事特定的毒品犯罪行为，可以从其外观作出判断；而要证明行为人对其行为对象，尤其是对具体的毒品具有明知，就需要一定的专门知识，因此，判断行为人明知其走私、贩卖、运输、制造、非法持有等的物品系

---

〔1〕 李武清："引入概括性认识的概念"，载《人民检察》2007 年第 21 期。

毒品就成为正确认定毒品犯罪的关键点。由于毒品的具体种类较多，又涉及专门的化学、医学等专门知识，而毒品案件中的犯罪嫌疑人大多为不具有专业知识的人，因而在司法实践中，不需要证明行为人明知行为对象究竟为哪一种具体的毒品，只要能够证明其明知自己的行为对象为毒品即可，即行为人对毒品有一个概括的认识即可，至于涉案毒品的具体种类，则不影响行为性质的认定。

（三）主观明知推定的基本规则

结合域内外毒品犯罪的立法及司法实践，推定无疑是我国解决行为人主观明知认定困难的有效方法。

1. 推定的概况

推定是司法过程中基于某些举证困难甚至举证不能的特殊情况而设置的，减轻负证明责任方证明负担的一项制度。通过该项制度的设计免除了负证明责任的一方对推定事实的证明义务。推定可分为法律推定与事实推定。法律推定属于法律明确规定的推定方式，在我国目前主要表现为一些规范性文件的规定；而事实推定则属于司法实践上的经验总结与概括，但这种总结与概括往往直接左右法官的自由心证，从而影响法官对案件事实的认定，并进而影响案件的裁决。"它越过了传统的逻辑法则，基于已确实存在的基础事实，根据常态联系选了推定事实作为处理案件的依据。"[1]其存在的正当性基础并非逻辑理性，而是价值理性。申言之，推定建立在高度可能性的基础上，一切有关严格证明的规则在推定上都是不适用的，从推定制度中受益的是证明责任的承担者，而非相对方。从这个角度看，推定应当是与证明相并列的一种查明案件事实的方法，是对证

---

〔1〕　汪建成、何诗扬："刑事推定若干基本理论之研讨"，载《法学》2008 年第 6 期。

明的补充。

从严谨的角度出发,刑事推定仅限于法律推定。刑事推定设置的正当性基础包括事实性基础和政策性基础两个方面。从事实性基础的层面看,事实之间的常态联系是推定制度的事实基础。在通常情况下,有了基础的事实,往往会伴生相应的事实,只有具有常态联系,才能在前行为与后行为之间建立起相应的关系。从推定所赖以建立的政策性基础看,推定的过程与结局往往使犯罪嫌疑人、被告人获得不利的法律结果,从刑事法治的发展趋势看,这无疑是不合理的。但考虑到当前毒品犯罪迅猛发展的现状,国家出于严密法网、最大限度地实行犯罪控制的需要,设立了推定制度,这样可以在一定程度上克服诉讼过程中的证明困难,减轻作为控方的检察官的证明负担。

刑事推定制度的设立便利了国家打击毒品犯罪,减轻了国家机关收集直接证明行为人主观明知的证据材料的责任,提高了刑事诉讼的效率,但从现代刑事法治的发展趋势看,这样的推定制度无疑会随着人权保障制度的完善而不断萎缩。从推定制度的两个正当性基础分析,都可以明确推定制度追求的目标不是客观真实,而是法律真实。从政策性基础看,推定制度的特殊性决定了它的目标必然不是发现真实,而是严密法网,严厉打击毒品犯罪,突破司法困境,在法律上将某种关系固定下来。从事实基础上看,"'常态联系'并不等于'必然联系'。所谓常态联系,就是通常有联系,就是在一般情况下有联系,或者说,在常规状态下有联系。一般情况下有联系,并不排除个别情况下没有联系;常规状态下有联系,也不排除例外状态下没有联系"[1]。因此,这种"常态联系"体现了推定的或然

---

〔1〕 裴苍龄:"再论推定",载《法学研究》2006年第3期。

性与假定性，也决定了行为人反驳权利的该当性。这就更进一步说明，推定事实其实是一种法律拟制，而不是客观真实。[1]即推定所得出的结论必然是一种可以辩驳的待定事实。

2. 主观明知推定的基本规则

推定在目前毒品犯罪主观明知的证明活动中发挥着重要作用，很多通过正常途径无法认定或者认定比较困难的关系，按照推定规则就可以建立一定的因果关系，而这也对犯罪嫌疑人、被告人的权利造成了潜在的威胁。如此一来，制定严格的推定规则就成为保障程序公正的底线。

从我国现行的相关规定看，毒品犯罪中主观明知推定的基本规则主要体现为最高人民法院、最高人民检察院、公安部等国家专门机关所作出的意见和会议纪要。这些规范性文件是各地公安机关、人民检察院、人民法院在司法实践中总结出来的工作经验，明确了对毒品犯罪行为人主观明知推定的情形，对全国司法系统审理毒品犯罪案件具有指导性作用。如前文提及的2005年最高人民检察院公诉厅《毒品犯罪案件公诉证据标准指导意见（试行）》、2008年最高人民法院、最高人民检察院、公安部实施的《办理毒品犯罪案件适用法律若干问题的意见》，均采取列举的方式规定了推定明知的情形，在现实中出现这些情形时，司法机关一般可以推定行为人对犯罪对象是毒品具有明知，但是犯罪嫌疑人、被告人仍然能够收集相关证据，以反驳控方的推定，这种"推定——反驳"的结构特征，与举证责任倒置具有异曲同工之处。2008年《大连会议纪要》延续了前两个规范性文件的精神，并且对毒品犯罪中行为人主观明知推定的规则予以发展，具有一定的合理性；这些推定的基础事实

---

[1]　汪建成、何诗扬："刑事推定若干基本理论之研讨"，载《法学》2008年第6期。

与推定的结论之间均体现了高度的盖然性，是比较有说服力的。这些文件作为禁毒实践经验的总结，使得推定的规则更加明确、完善，这也是我国禁毒工作逐步走向深入、取得广泛经验的表现。以上几个文件为毒品犯罪案件的处理，提供了有力的支持，在规则的指导下，我国对毒品犯罪的打击取得了一系列成果。

但是，从意见、纪要等规范性文件的效力层面看，它具有司法解释的功能，但又不完全等同于司法解释，因此其效力过低，容易为人们诟病。虽然在目前的司法制度下，将意见、纪要等规范性文件所规定的情形视为法律推定也不为过，毕竟这些意见、纪要等对司法机关还是具有相当的强制力的，但从我国法学理论上看，其毕竟不在法律渊源之内，而且这些推定的规则实际上仍是司法经验的总结。从毒品犯罪刑罚配置的角度看，单纯硬性要求司法机关必须依靠该意见、纪要等规范性文件就对行为人进行主观上明知的认定，还是存在侵犯人权的较大风险的。因此，即使主张全面适用推定规则的论者也认为，在运用该规则时，必须进行详细的论证，而且不能过分迷信推定规则，推定的结论只有符合常理，并且其推论的过程、规则能为社会公众接受时，才能认定该推定的适当性。

（四）公众的一般认识标准之考虑

推定虽然是判断行为人主观明知的有效方法，但不能否认，这对于行为人而言是极其不利的，更极端地说，推定违背了我国刑事诉讼的基本制度，甚至有违背人权保障的嫌疑。因此，在进行推定的同时，必须保证推论前提、推论规则、推论结果的合理性，使民众能够充分信赖推论的过程，并接受推定的结果，这就需要充分考虑公众的认识水平与认识标准。只有在推论中充分考虑民众的认识标准，将推论过程、结果等建立在社会相当性基础上，才能使推论更为合理。而社会公众认识标准的考虑必须从以下两个层面来实施。

第一，必须坚持从客观到主观的规则。[1]我国的刑法理论虽然一致强调，在认定犯罪时，必须从客观到主观，以客观来论证主观，但在实践中，司法人员在处理案件时，首先考虑的还是主观方面，然后在主观目的的引导下考虑客观行为。这样不但容易导致对罪过的判断发生困难，而且容易使司法人员在未真正了解案件情况时，就人为地将嫌疑人、被告人等作为罪犯，并且顺着主观要件找客观行为的证据，产生先入为主的错误观念，而这个观念恰恰是我们必须避免的。正确的做法应当是先考虑案件的客观事实，即首先收集案件基础事实，在确实充分的基础上，再认定行为人的主观方面，这也是民众在日常生活中认识事物的基本思维。只有将推定建立在从客观到主观的基础上，才能保证推定的结论容易为民众所接受，也才是真正地考虑民众的一般认识标准，才能作出真正的具有常态性的推定。

第二，以经验法则为基准，参照国民个体情况进行综合考察。要充分考虑国民的一般认识标准，就必须有相对客观的把握标准。而作为国民的整体，其认识标准的全面把握是存在困难的，因为详细把握每个国民的认识状况，并对其进行总结，无疑是不科学也是不可行的。于法律推定而言，规范性文件所作出的推定规则，本身就已经充分考虑了国民的认识标准，是禁毒实践经验的总结，是对经验法则的运用。对此，严格依照规范性文件的规定，就是充分考虑了国民的一般认识水准。例如，当被告人的行为特别异常，而且一般人也认为是异常的时候，如果在其身上发现有可疑毒品的，即使犯罪嫌疑人辩解自

---

〔1〕　周光权："应考虑公众的一般认识标准"，载《人民检察》2007年第21期。

己不明知携带的是毒品，也应当认为其辩解是没有道理的；还比如说，毒品交接的场所很特殊，运输的方式明显不必要，或者报酬明显不合理，超过正常运输费用的很多倍，或者采用人体藏毒方式走私、运输毒品的，这样的举止就属于不正常，此时，根据一般公众的感觉，行为人对犯罪对象具有明知的可能性，即断定行为人对该毒品具有概括性的认识就是合理的。

在判断一般公众认识标准的同时，也必须综合行为人的个体因素，进行排除性判断。虽然在多数情况下，只要考虑一般公众的认识标准就可以对行为人的行为作出判断，但当个体的性格、生活习惯、心理状态与常人存在明显差别的情况下，就必须结合其个体特征进行判断。如，正常人运输 1 公斤的包裹需要 20 元，而因为行为人自身的社会信誉非常高，其一般收受的运输费用都是正常人的几倍甚至几十倍，那么，即使在本次行为人收受了他人 500 元的运费，而最后经查明，行为人运输的是毒品，如果行为人以自己的正常信誉、个体特殊性为理由辩解其不知道所运输的是毒品，也应当肯定其辩解的成立。

四、毒品犯罪主观故意认定中的自由心证

（一）主观明知认定的自由心证

自由心证是法官在审判过程中运用的一种方法，主要不是解决证据资格问题，而是评价证据证明力问题，当证据材料取得证明力后，作为认定犯罪事实的基础，司法人员予以采信，才能作为定案根据。在自由心证的证据制度下，认定案件的事实要求必须达到"排除合理怀疑"，即排除符合常理的、有根据的怀疑，只要认定的事实让法官相信已经排除合理怀疑，便达到了证明的要求。用自由心证来证明案件事实所能达到的程度，必须是"最大程度（极高度，笔者注）的盖然性"。在毒品犯

罪案件审判中，主要涉及的就是对行为人主观方面的认定，只要法官根据现有的事实，能够判断行为人对于毒品是否明知达到了高度盖然性的认识程度，即可确定案件事实。

由于主观方面往往需要借助客观外在行为才能得以判断，因此毒品犯罪主观方面可以通过一系列的外在事实来进行证明。常见的证明方式就是，司法人员通过收集证据，形成证据链，来认定行为人的主观方面。在审判过程中，司法人员要形成自己对案件的自由心证，可以从行为人主观明知推定的几个关节点，包括推定的基础事实、推定过程、推定结论等方面全面反思推定规则的运用，只有考量这些基础步骤均达到证明的标准才能保证推定的合理性，使推定的结论能为民众所接受。

组成推定的几个基本构件是基础事实、推定规则、推定结论。而基础事实与推定结论之间具有共存关系，依照经验法则，当基础事实出现时，在多数情况下，推定结论也会出现，两者具有高度的盖然性，只有极少数的情况例外。然而，推定的结论要符合客观事实，司法人员就必须严格遵守推定规则，而且基础事实必须是客观、确定的。这样，在进行推定之前，必须首先证明基础事实的正确性，这是适用推定的前提保证。为保证推定的真实，避免因连锁推定而降低推定结果的公信力，"基础事实只能证明，不可以推定。基础事实必须建立在充分的证据基础上，通过严格的司法证明，达到高度盖然性或者排除合理怀疑的证明标准。因而，推定过程并不完全排除证明的存在，而是以基础事实的证明作为起点，但证明的目的是引出推定的适用"[1]。

因此，要保证推定结果的可信度，就必须把握推定的几个

---

〔1〕　汪建成、何诗扬："刑事推定若干基本理论之研讨"，载《法学》2008 年第 6 期。

基本环节，对构成推定基本过程的主要要素进行严格控制。具体而言，在推定中，必须保证推定的前提条件——基础事实的客观真实、全面性，推定的基本规则的符合常态性，以及推定结果的合理性、易于接受性。

1. 考量推定的前提——基础事实的客观真实、全面性

行为人主观明知的判断，必须建立在基础事实全面、客观真实的基础上，而这些基础事实的获得，必须具备一定的合法性条件。其真实程度必须经过严格的质证，而且基础事实一定不能以推定的方式获得，这也是为了防止双重推定导致推定结论的可靠度下降。

当前司法实践中获取基础事实的途径多集中在证人证言、犯罪嫌疑人供述与辩解等主观性较强的材料上。而在部分毒品犯罪案件中，能作为推定行为人主观明知的材料可能只是数量很少的客观证据，如毒品、用于毒品犯罪的工具等，其他证据，如犯罪嫌疑人、被告人供述与辩解、证人证言等均无法收集到，因此，充分保证这些仅有的少数证据的客观性就成为判断的重要基础。

从判断的基础事实来源上看，应当尽量从有利于被告人的角度出发，因为被告人无自证其罪的义务，故认定犯罪嫌疑人主观上是否明知是"毒品"，不能以其是否承认为标准，而应当综合全案的事实、证据来判断，否则就会形成只要犯罪嫌疑人、被告人自己承认明知犯罪对象是毒品就被定罪判刑，而对坚决否认者按无罪处理的局面，这显然是不公正的，并且会极大地影响对毒品犯罪的打击惩处。因此，对这些作为推定基础的事实进行证实，以保证其客观真实性，就成为推定的前提保证。

从基础事实的全面性上看，司法人员必须全面收集行为人毒品犯罪客观方面的证据，以保证有充分的基础材料来进行推

定。毒品犯罪涉及主观推定，即这样的推定，一方面是经验法则的总结，其推定的规则仅为可能性；另一方面，收集的证据越多、越充分，就越能保证推定结论的可信性。从证据的划分上看，作为基础事实的很多证据材料，实际上仅是间接证据，而非直接证据，如嫌疑人供述、证人证言等基本上不存在，这就说明间接证据本身必须尽可能地全面，以便互相印证，保证其客观真实。如在一般的刑事案件中，证明行为人具有相应的刑事责任能力足矣，而在毒品犯罪中，为了证明行为人对毒品系明知，可能除了收集行为人具有相应刑事责任能力外，还得收集行为人的籍贯、住所、生活阅历等方面的证据。例如，一个长期生活在毒品高发地区的人否定其所从事的行为对象是毒品，那么按照常理，推定其对毒品至少具有概括性认识就成为可能；而同样的情形对于一个生活在相对封闭且未见过甚至未听说过毒品的人来讲，推定其对毒品系明知的可能性就比较小。可见，要保证推定的客观性，就必须收集更多、更细致的证据，只有具备充足的基础材料，才能作出真正有效的推定，否则，很可能陷入"巧妇难为无米之炊"的尴尬境地。

2. 合理运用推定的规则——经验法则的运用

推定作为一种证明方法，在证明中必须严格遵循经验法则。因为推定本身就是打击毒品犯罪的司法实践经验的总结，要还原该规则的本来面目，就要求司法人员必须具有相应的司法经验，否则，同样的基础事实，不同的人可能会得出不同的结论。

合理运用推定规则的前提就是司法人员要掌握推定规则，并尽量收集可以用于推定的基础事实，并对基础事实予以证明；在没有相应推定规则的情况下，如果行为能得到刑法的全面评价，就不要轻易按照自己的主观认识去推定。推定的主体是人，为了保证推定规则被正确实施，要求司法人员积累打击毒品犯罪方面较丰富的经验，通晓社会常识。司法人员必须对基础事实、推定结果等有相对合理的判断，而这些判断的参照系就是社会的一般人，即应当以社会普遍承认的经验法则来判断行为人的行为是否符合常理，只有得到民众认可的推定才是恰当的。因此，司法人员应从长期从事的相关毒品犯罪方面的侦查、起诉、审判等工作中积累相当的经验，对毒品犯罪的相关法律、毒品常识、毒品形势等有一定的了解，以保证其作出的判断具有公信力。

3. 完善主观明知推定的程序——推定结论的公示

为了保证推定过程的客观性，司法人员在运用推定规则时，必须将推定依据的基础事实，推定的理由、过程，推定的结论等以书面的形式作出来，并将该书面材料的副本交于犯罪嫌疑人、被告人，以接受其质疑。同时，在一些条件具备的地方，可以将该推定过程的书面资料在案件的公告中予以公示，以接受民众的监督与批评，只有真正经受住犯罪嫌疑人、被告人等推敲的推定才是真正具有说服力的，也才能真正防止个人独断的错误判断代替社会普遍承认的经验法则。只有以公开的形式作出推定，才能保证该推定规则为犯罪嫌疑人、被告人等所接受，也才能真正贯彻国家宽严相济的刑事政策，即对毒品犯罪从严打击。但其打击的过程也必须严格依据法律，接受社会监督，这才能给犯罪嫌疑人、被告人的人权以保障。

4. 推定结论接受合理的质疑——全面反驳权的保障

推定的结论必须接受犯罪嫌疑人、被告人的质疑、反驳，这是推定的应有之意，也是举证责任倒置的根本含义。虽然国家赋予控诉方以推定的广泛权利，但是，没有否定犯罪嫌疑人、被告人的辩护权，只有接受反驳，才能使案件的实情真相大白，因此，充分考虑犯罪嫌疑人的辩解及辩护人辩护意见的合理性是推定中必须注意的一个问题。按照我国职权主义的诉讼模式，犯罪嫌疑人、被告人在刑事诉讼中明显处于劣势地位，这不但表现在其取证能力明显弱于侦查机关和检察机关，而且，侦查机关和检察机关均将犯罪嫌疑人、被告人置于对立的角色，在这种所谓的对抗下，公民个人在诉讼面前明显处于下风，因此，推定规则的运用，对犯罪嫌疑人、被告人而言，如果不能质疑、反驳，那就很容易出现罪刑擅断的后果。故在推定过程中，"不能以提起公诉的证据标准，即证据确实、充分作为反驳所要求达到的举证标准。犯罪嫌疑人、被告人的反驳只要求提供一定的证据或者证据的线索，反驳达到合理的程度就可以推翻推定结论"〔1〕。

（二）主观明知推定的排除性规则

按照推定的逻辑法则，推定的结果属于一种高度的盖然性，即在主观明知推定的过程中，推定的结果既可能成立，也可能不成立，两种结局的出现都是有可能的，而将其中一种确定为推定事实并不是逻辑推理的必然结果，而是基于二者并存的高度可能性及其相互联系的常态性而进行假定的结果，因此，必须经过严格的质疑、反驳、论证，才能使结论成为法律上的真实。

从以往的司法实践来看，运用推定就必须充分赋予被告人以反驳的权利，而且对于这种反驳，人民法院必须给予高度的重视，并站在公众的角度进行全面的考量。同样，犯罪嫌疑人、被告人的反驳也不能仅限于对推定结论的反驳，对于基础事实、推定规则、经验法则等的反驳，只要足以使审判人员对其合理性产生怀疑，就应当作出对嫌疑人、被告人有利的判决结果。

---

〔1〕　王凯石："主观明知推定的基本规则"，载《人民检察》2007年第21期。

因为推论毕竟只是一种盖然性的方法，并不是行为及结论本身。由于推定结论并不是用证据证明了的确凿事实，有出现误差的可能，因此，应当允许当事人对推定事实予以反驳。一般来讲，对推定进行反驳，可以遵循以下几个规则：

第一，推定结论若存在合理怀疑的，则应否定推定的成立。推定的结果是为了证明证明嫌疑人、被告人的行为是否构成犯罪以及构成何种犯罪，如果辩方能直接证明推定结论不成立，或者证明推定结论存在合理的怀疑，那么就应当推翻该结论。如，司法机关指控犯罪嫌疑人在某地进行交易，只要行为人证明其并未参与贩卖活动，并且不在现场，即可直接推翻指控。

第二，推定的基础事实发生动摇的，亦必须否定推定结论的成立。对控方的指控，犯罪嫌疑人、被告人可以对赖以进行推定的基础事实进行反驳，只要辩方能够列举相应的证据证实推定所赖以进行的基础事实不真实，或者使其真实性发生动摇，推定结论也就难以成立。如，司法机关以犯罪嫌疑人收取高额、不等额报酬为他人运输毒品，指控他人对毒品可能是明知的，嫌疑人只要证明其收取的报酬不高、属于正常的运费范围，即可否定推定结论。

第三，推定的基本规则不符合经验法则的，也应排除推定结论的成立。在反驳推定的过程中，对推定所依据的经验法则进行反驳是一个难度较大的问题，但这也是否定推定结论的有效方法。如果犯罪嫌疑人、被告人能证明该项经验法则并不可信，则推定的结论自然也就站不住脚了。允许对推定事实加以反驳，进一步保证了推定结论不致发生错误，即使出现错误也容易纠正。其例证就是，司法机关以犯罪嫌疑人收取高额、不等额报酬为他人运输毒品为由，指控犯罪嫌疑人对毒品可能是明知的，嫌疑人只要证明其在日常的运输过程中经常收取高额报酬，而且其收取高额报酬是因为其信誉较好，不在常态的报酬范围的，也可以否定推定结论。

通过这一保障性制度的设计，我们就可以最大限度地保障犯罪嫌疑人、被告人的合法权益，以免推定规则被滥用。

第二节　毒品犯罪死刑适用的限制

对毒品犯罪配置严厉的刑罚，是我国治理毒品犯罪的一贯立场。在死刑作为最严厉方法的刑罚体系下，对毒品犯罪配置死刑，就是我国刑事立法的必然选择，司法上也在坚决地贯彻这一立场，导致毒品犯罪成为实践中死刑适用率较高的一类犯罪。然而，当前社会转型的特殊历史时期要求我们必须端正对毒品犯罪的认知，客观评价与修正对毒品犯罪死刑的适用态度。

一、毒品犯罪死刑适用的现状与评价

（一）毒品犯罪死刑适用的现状

1. 国际社会对毒品犯罪死刑适用的现状

自贝卡里亚对死刑的正当化提出质疑以来，有关学理争议不断。但随着人类文明的进步，刑事立法轻缓化成为必然，限制和废除死刑成为国际社会的主流趋势。《公民权利和政治权利国际公约》期待缔约国甚至所有国家减少死刑的适用并最终实现死刑的废止，提出"在未废除死刑的国家，判处死刑只能是作为对最严重的罪行的惩罚"。联合国人权委员会在其后的一系列裁决中，明确将毒品相关犯罪列入非最严重犯的犯罪。[1]

与之相反，在实然层面上，毒品犯罪刑罚领域对死刑的依

---

[1]　[英] 罗吉尔·胡德著，刘仁文、周振杰译：《死刑的全球考察》，中国人民公安大学出版社 2005 年版，第 136 页。

赖却越来越明显。一方面，为毒品犯罪配置死刑的国家数量在20世纪80年代至21世纪初短短的二十年间急剧增长。1979年，世界上对不同类别的毒品犯罪规定死刑的国家只有10个……而截止到2000年，立法上对毒品犯罪规定死刑的国家数量至少有34个。[1]并且，考虑到近年来毒品犯罪越发严重的危险态势，也有国家有意复苏对毒品犯罪的死刑适用。

从实际的适用情况看，有些国家在废除或暂停执行死刑后，又出现了恢复死刑的情形。比如，印度尼西亚在2008~2012年期间没有执行过死刑，但有1人因为涉毒犯罪于2013年3月被执行死刑，另有3人于2013年5月被执行死刑。[2]国际人权组织大赦国际于2016年4月6日公布的有关死刑的报告显示："在伊朗2015年处决的977名犯人中，70%因为毒品买卖被判死刑。……此外，沙特阿拉伯也对从事毒品买卖者判处死刑。在该国2015年处决的158名人犯中，64人因为贩卖毒品被判死刑。"[3]

2. 我国毒品犯罪死刑适用的现状

在我国的司法实践中，毒品犯罪一直属于严厉制裁的对象，对于其中危害较大的毒品犯罪，最重可以判处死刑。对于我国死刑的判决和执行数量，因为没有准确的公布数据，因此学界一直无法获取准确有效的数据。当然，我们从毒品犯罪重刑率（被判处5年以上有期徒刑、无期徒刑和死刑所占被判处总人数的比例）的统计数据上也能理解毒品犯罪死刑的适用可能频率

〔1〕转引自：何荣功："'毒品犯罪'不应属于刑法中最严重的罪行"，载《辽宁大学学报（哲学社会科学版）》2014年第1期。

〔2〕毛立新："联合国关于死刑的政策与立场——联合国人权高专办考察报告"，载《河北法学》2014年第4期。

〔3〕"大赦国际称2015年全世界处决人犯数量破纪录"，载《环球时报》2016年4月6日。

不低。2005 年~2008 年 6 月，全国法院判决发生法律效力的毒品犯罪分子 143 273 人，其中被判处 5 年以上有期徒刑、无期徒刑直至死刑的 52 515 人，重刑率为 36.65%，高出同期全部刑事案件重刑率 19.7 个百分点。在毒品犯罪形势特别严峻的云南，重刑率高达 85.64%。[1] 2014 年全国法院审结毒品犯罪案件数、判处犯罪分子人数均突破 10 万，毒品犯罪案件的重刑率达 22.66%。[2] 到 2015 年，毒品犯罪"判决发生法律效力的犯罪分子 137 198 人，同比增长 25.08%。其中，被判处 5 年以上有期徒刑、无期徒刑至死刑的 27 384 人，同比增长 10.17%；重刑率为 19.96%，高出同期全部刑事案件重刑率 10.59 个百分点"。[3] 重刑率看似有所降低，但并未回落较多，而且适用重刑的案件总数呈上升趋势。重刑率的居高不下直接说明了毒品犯罪中严重刑罚高频适用的事实，也从侧面反映出毒品犯罪领域死刑适用占据相当比重，与国际上毒品犯罪对死刑的倚重发展轨迹相吻合。有资料显示，近年来在其他犯罪包括故意杀人罪死刑判处持续稳定甚至回落的情形下，毒品犯罪被判处死刑的数量却处于持续上升的态势，截至 2014 年，已跃居适用死刑罪名的第二位，仅次于故意杀人罪的死刑判处数量。[4]

虽然，国内外对于毒品犯罪适用死刑都非常倚重，但很明显，我国毒品犯罪死刑的适用不论基数还是比例相对来说可能

---

〔1〕　袁定波："最高法院要求重判毒案，我国毒品犯罪案重刑率高出其他刑案"，载《法制日报》2008 年 9 月 24 日。

〔2〕　莫洪宪、薛文超："'厉行禁毒'刑事政策下运输毒品罪的死刑废止"，载《广西大学学报（哲学社会科学版）》2016 年第 2 期。

〔3〕　"2015 年全国审结毒品犯罪案 13.9 万件，重刑率近两成"，载中国新闻网 2016 年 4 月 7 日。

〔4〕　何荣功："我国'重刑治毒'刑事政策之法社会学思考"，载《法商研究》2015 年第 5 期。

都是较高的。究其原因，一方面是因为毒品犯罪死刑的适用门槛非常低，比如走私、贩卖、运输、制造毒品往往以集团化的犯罪形式出现，很容易达到"首要分子"或"海洛因50克"等可以适用死刑的标准；另一方面，也是最关键的，就在于司法机关适用死刑的司法政策。

（二）现行毒品犯罪适用死刑的司法政策

在1997年《刑法》对毒品犯罪作出了相对成熟完善的规定之后，伴随着毒品犯罪形势的愈演愈烈，国家开始对毒品犯罪进行了持续的严打过程。但在严打过程中，世界性的刑罚轻缓化趋势又在一定程度上制约了毒品犯罪严打政策的贯彻。为了缓解严打和刑罚轻缓化之间的矛盾，国家提出了宽严相济的刑事政策，用以调和刑法在打击犯罪和人权保障之间的矛盾。于毒品犯罪而言，出台详细的操作规范以明确贯彻宽严相济的刑事政策就显得尤为紧迫。在此背景下，国家相继出台了一些司法解释、会谈纪要等，以细化宽严相济的刑事政策在毒品犯罪死刑中的运用。

2000年《南宁会议纪要》、2008年最高人民法院、最高人民检察院、公安部《办理毒品犯罪案件适用法律若干问题的意见》、2008年《大连会议纪要》、2015年《武汉会议纪要》都试图通过限制死刑的适用对象（区分主犯与从犯，对特定的群体如罪行较轻者，或者具有从犯、自首、立功、初犯等法定、酌定从宽处罚情节的毒品犯罪分子，依法给予从宽处罚）、调整毒品犯罪的证据认定（如只有被告人的口供与同案其他被告人供述吻合，并且完全排除诱供、逼供、串供等情形后，被告人的口供与同案被告人的供述才可以作为定案的证据。对于仅有被告人的口供和同案被告人的供述，因能相互印证而作为定案依据的，对被告人判处死刑立即执行要特别慎重）、区别对待涉案毒品的种类（对成分复杂的新类型毒品犯罪案件，被告人可能判处死刑的，应当对毒品作出含量鉴定；除了冰毒片剂和氯胺酮之外，涉案的其他新类型、混合型毒品一般不宜判处被告人死刑）等措施控制死刑的适用范围，以确保死刑只适用于极少数罪行极其严重的犯罪分子。

　　这些文件虽然强调了在毒品犯罪司法实践中应贯彻宽严相济的刑事政策，但事实上，宽严相济的刑事政策初始的针对对象是所有的刑事犯罪，毒品犯罪中死刑适用的宽严相济，实际上还是套用了这一原则性的规定，未进行具体的细化。而问题的关键也恰恰在于毒品犯罪死刑适用的立场、一贯做法，与一般的刑事案件相比，具有其特殊性。正如前文所言，遭受鸦片烟毒害百年的我国，无论是政府还是民众，对于毒品均怀有深深的仇恨，对于毒品犯罪分子更是将其视为洪水猛兽，而且多年的立法司法实践均秉持严打的立场，在这些观念根深蒂固的情况下，单纯通过一个原则性的政策就想让国家和民众彻底放弃严打的思想，无疑是不现实的。因此，我国在毒品犯罪死刑适用问题上更多地体现出"从严"打击态度，对"从宽"处理的一面则明显重视不够。比如《大连会议纪要》中规定，对毒品数量接近实际掌握的判处死刑的数量标准，但具有从重处罚情节的被告人，也可以判处死刑。刑法中"从重"与"加重"是两个意义完全不同的概念："从重"代表在法定量刑幅度内选择幅度较大的部分；"加重"却意味着对原法定刑幅度的突破。毒品数量接近判处死刑的数量标准就说明案件中查获的毒品数量并没有达到适用死刑的"量"的标准，按照罪刑相适应原则，是绝对不能用死刑来追究被告人的刑事责任的，即其相对应的法定刑最多也只能是无期徒刑，这是一个基本的要求。但该文件却将"具有从重处罚情节"作为数量接近判处死刑数量的法定刑升格的条件之一，突破了单纯以数量确定法定刑的规则，凸显了对于毒品犯罪的严厉打击。但这种以情节弥补数量不足来升格法定刑的做法，无疑体现了国家对毒品犯罪严厉打击的基本立场。

实际上，在严打政策之下，在法定刑设置了死刑的罪名中，死刑是一个经常被优先考虑的刑罚措施。这在目前我国的毒品犯罪刑事司法中，近乎成为一种常态。在当前的社会，肆虐的毒品犯罪激起了国家和民众对此类行为的仇恨，毒品犯罪被广泛地评价为社会危害性极其严重的犯罪，受到最严重的谴责，在没有其他措施能够有效避免毒品犯罪时，死刑就被视为打击毒品犯罪的最好工具，而这也具有深厚的政治和民众基础。虽然有学者从死刑政策出发，主张在可判处死刑的毒品犯罪案件中，应当坚决执行"保留死刑，严格控制和慎重适用死刑"政策，即若非"罪行极其严重"必须判处死刑，应当执行"可杀可不杀的，坚决不杀"的政策。但相关的规范性文件似乎给出了完全相反的结论，如《武汉会议纪要》中强调，涉及新型毒品时，对于司法解释、规范性文件明确规定了定罪量刑数量标准，且涉案毒品数量特别巨大，社会危害大，不判处死刑难以体现罚当其罪的，必要时可以判处被告人死刑。这些规定其实还是在强调对毒品犯罪适用死刑时，应当优先考虑毒品的数量，这在毒品犯罪高发，且呈扩散、扩大化的今天，是很容易满足此条件的。因此，学者所提出的相对抽象的限制死刑适用的条件，很容易就被具体的死刑适用条件的规定所否定。

在废除死刑成为世界性刑法发展趋势的背景下，对非暴力犯罪的毒品犯罪配置以死刑，并在司法实践中频繁适用，确实与现代刑事法治发展不协调。因此，死刑制度改革成为当前我国刑事法领域乃至整个法治领域最受关注的重大现实问题，而其中，如何在"宽严相济"刑事政策背景下调适毒品犯罪的死刑适用更是重中之重。

（三）现行毒品犯罪适用死刑的司法政策之评价

理论上，将具有普适性的贯穿刑法始终的基本刑事政策用来指导毒品犯罪死刑适用案件，并不存在任何逻辑上的缺陷。但不可否认的是，宽严相济政策的要求与实务中毒品犯罪历来的"严打"政策在融合过程中存在些许不可调和的矛盾。

一方面，宽严相济的刑事政策一直主张，在依法处罚不同种类的犯罪时，合理把握"宽"与"严"的性质，对待不同的犯罪和犯罪分子采取不同的方式，做到严中有宽、宽以济严，宽中有严、严以济宽。即对于罪责严重、社会危害性较大或行为人主观极其恶劣的案件，依法从"严"处置，但也不能忽视从宽情节，以实现"以宽济严"；对情节较轻、社会危害性不大或行为人主观恶性较小的犯罪，应当依法从"宽"惩办，同时还要密切关注是否存在法定或酌定从严处罚情形，切实"济之以严"。另一方面，毒品犯罪司法实务中持之以恒的"以严为主"的刑事政策有着坚实的历史因素和社会背景。中国近代百年的屈辱史正是由鸦片祸国开启的，近一个世纪的保家卫国使得公民对毒品深恶痛绝。改革开放后，经济的复苏与发展给毒品犯罪的滋生、发展提供了土壤，独特的地理位置使得我国成为毒品过境与消费并存的受害国。为了不再重蹈历史的覆辙，自我国 20 世纪 80 年代对毒品犯罪配置死刑以来，至今未作变更。虽然我国《刑法修正案（八）》《刑法修正案（九）》相继取消了 22 个罪名的死刑适用，但却未对属于典型非暴力犯罪的毒品犯罪废除死刑，立法上的严厉态度决定了对毒品犯罪"从严"打击的基本态度。每年的国际禁毒日，司法界都会开展联合行动，这期间也是毒品犯罪死刑判处和执行的高发阶段，虽说最终目的是追求社会治安的安稳，但不可否认这也是对"以严为主"政策的实务响应。而对于毒品犯罪的严厉打击，也已然成为国家维持社会稳定的重要甚至核心的内容之一。

当前，宽严相济刑事政策在毒品犯罪死刑的适用上更多体现的是"严"而非"宽"。毒品犯罪的危害性要求必须对其严厉惩办：以严为主，以宽辅之。"宽以济严"在强调以"严"为主的同时，尤其注意"宽"所起到的积极作用，但实践中长期对毒品犯罪采取的"严打"方针使得在司法操作中对"严"的把握较为熟练，而一遍遍重申的所谓"以宽辅之"并不具有现实可行性，只是提供了一个空泛的行为准则，对于如何落实却无从提及。

在我国，死刑在立法上的存在，仍是短期内无法避免的结果，因此，"保留死刑，严格控制和慎重适用死刑"政策是在考虑国际背景与我国特色的基础上，对死刑问题作出的理智的调和与回应。相较于宽严相济刑事政策指导范围的广泛，死刑政策适用的对象显得略微狭隘，仅在司法审判过程中对可能会被判处死刑的被告人发挥作用，但不可否认，这同样指导着毒品犯罪死刑适用案件的进行。

刑事惩罚服务于两个目的，且只服务于这两个最终目的：使作恶者受到应有的惩罚和预防犯罪。[1]作为最终的刑事制裁手段，死刑以剥夺人的生命为基本特征，其具有高度的不可逆转性和补救性。因此，对毒品犯罪判处死刑时，应当全面考察行为人所受到的惩罚与判决将发挥的预防犯罪的作用大小，不能毫无目的地为了满足报应的心理而随意判处死刑。一般来讲，对毒品犯罪分子判处死刑时，应考虑如下因素：

---

〔1〕〔美〕哈伯特 L. 帕克著，梁根林等译：《刑事制裁的界限》，法律出版社2008 年版，第 35 页。

首先，罪行极其严重是适用死刑的必要条件。毒品犯罪侵犯的同类客体是社会管理秩序，区别于传统自然犯侧重对公民人身权利的危害，其作用于国家对毒品的有效监管制度。行为人决定实施毒品犯罪的主要动因是对经济利益的渴求，而所谓的对公众健康的危害，也只是立法者对公众（包括吸毒者本人）健康的一种拟制性保护。事实上，毒品造成的严重危害是由行为人的犯罪行为、毒品的自身属性以及被害人的自甘冒险行为等多方面因素综合作用而间接引起的，不能将责任单独归咎于行为人。保证公众生存环境的安全与稳定当是国家和政府的应尽义务，而不该将义务转嫁，由被告人承担本不应由其承担的社会责任。因此，在毒品犯罪量刑中，理应联系行为人犯罪行为导致的危害后果来限定被告人责任。结合我国刑法的规定，死刑只适用于罪行极其严重的犯罪分子，绝对避免对非罪行极其严重者的死刑适用。

其次，罪行极其严重并非判处死刑的充分条件，是否适用死刑，还必须从刑罚目的的角度分析死刑是否为一般预防与特殊预防所必需。以下图表是根据1997年《刑法》实施后，公安机关每年破获的毒品犯罪案件数所制。

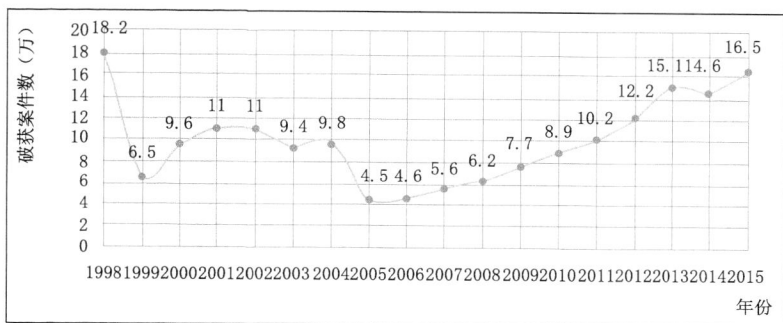

图 5-1　　（1998~2015 年）破获毒品犯罪案件数统计

可以清晰地看到：自死刑制度被引入毒品犯罪后，在短期内发挥了较为明显的积极作用，案件数目呈指数趋势锐减；然而，从长远来看，毒品犯罪并没有出现立法所期望的萎缩状态，而是相对较为稳定地维持着，甚至在近十年来表现为逐年递增的态势。也就是说，作为严打措施典型代表的死刑对毒品犯罪的威慑力是相当有限的。死刑带给人们的只有瞬时的冲击力，但是它远不如监禁等限制或剥夺人身自由的方式带给公众的长期痛苦感知来得长远。相较于死刑，刑罚的必然性与长期的可感知性更有助于实现对毒品犯罪的一般预防。

在特殊预防上，死刑对罪犯生命权的剥夺使得罪犯的再犯可能性骤减为零，特殊预防效果空前强大。但刑罚目的的正当并不当然意味着刑罚力度的正当，仅仅为了实现避免罪犯再次犯罪而判处死刑，显然处罚力度过重。一种正确的刑罚，它的强度只要足以阻止人们犯罪就够了。[1]当采用较轻刑罚就能达到有效阻止被告人再次犯罪的目的时，就应当放弃重刑的使用；只有当较轻的刑罚不足以抑制再犯的情况下，才可以考虑较重的刑罚。因此，在毒品犯罪中，权衡死刑的适用时还要特别关注其预防功能，对于采用其他非死刑措施就能实现犯罪预防目的的，就应当坚决避免选用死刑。

综上所述，宽严相济刑事政策在司法上更多地落实为"严"的一面，死刑政策"少杀、慎杀"的要求在一定程度上契合"宽"的追求，只有将二者有机结合起来，才能真正起到预防毒品犯罪的积极作用。

〔1〕 ［意］切萨雷·贝卡利亚著，黄风译：《论犯罪与刑罚》，北京大学出版社2008年版，第67页。

二、"严中有宽，少杀、慎杀"毒品犯罪死刑政策的提倡与落实

（一）"严中有宽，少杀、慎杀"毒品犯罪死刑政策的提倡

以"少杀、慎杀"死刑政策的"宽"接济毒品犯罪一贯的"严"，不仅是对宽严相济刑事政策的灵活适用，同样也是处理毒品犯罪死刑案件的良好行为准则。在毒品犯罪案件审理中，严格把握被告人的罪行程度，并以此为基础考虑犯罪预防对死刑的依赖，不得为实现预防犯罪而突破罪责，对非罪行极其严重者适用死刑；但对罪行极其严重者，不是必须判处死刑立即执行的，也应当尽量避免判处死刑（尤其是死刑立即执行），落实"严中有宽，少杀、慎杀"宽严相济刑事政策在毒品案件中的适用。

（二）"严中有宽，少杀、慎杀"毒品犯罪死刑政策的落实

落实毒品犯罪死刑政策，必须转变对宽严相济的原始印象，促进"严"与"宽"的再定义，在司法工作中充分贯彻"严中有宽，少杀、慎杀"的政策，切实主动地指导案件进行："严打"要从传统的强调对毒品犯罪分子的"严厉惩罚"转变到重视对毒品犯罪的"严厉追诉"上，尽可能严密法网，提高国家对毒品违法犯罪活动的追诉率；[1]在衡量是否对毒品犯罪处以死刑的问题上，要树立以人为本的基本理念，对于不是同时满足"罪行极其严重"和"犯罪预防要求"两个条件的，必须坚持"以宽待之"的"少杀、慎杀"政策，做到罪行相当，不枉不纵。

1. 毒品共同犯罪中"严中有宽，少杀、慎杀"政策的落实

共同犯罪在毒品犯罪中占据相当比例。据有的省份统计，

---

〔1〕　何荣功："当前我国毒品犯罪死刑限制与废除的主要障碍与对策"，载《法治研究》2013 年第 6 期。

该省毒品犯罪涉及共同犯罪的达到 80% 以上。伴随着行为人内部分工的专业化和细致化，违法行为的危害后果越来越严重，在量刑中极容易出现偏重于犯罪预防的实现，却降低了罪刑相适应原则基本要求的不良局面。从当前毒品犯罪的司法实践看，有相当一部分的毒品共同犯罪刑事判决过分追求犯罪预防的最大化，在同一个案件中判处多名被告人死刑。例如，2014 年，最高人民法院就吴雅、王杰、苏怀志、陈冬贩卖、制造毒品一案进行死刑复核，最终裁定核准对 4 名被告人判处死刑。[1]

实际上，在毒品共同犯罪中，行为人所起作用和罪责大小不可能完全相同。更何况，在确定危害性最为严重的主犯的情况下，对于其他主犯就没有必要再判处死刑，否则就可能存在死刑不能有效对应行为社会危害性的逻辑结论。因此，司法审判中应当全面综合考虑案件详情，以期在各行为人的量刑上有所差异：首先，要正确区分主犯和从犯。对主犯要严格遵循罪行极其严重和犯罪预防的要求来取舍死刑的适用，对于从犯，一律不能适用死刑。相对于主犯在案件中的重要作用，从犯在共同犯罪中所处的地位、对共同故意形成的作用、实际参与的程度、具体行为的样态、对结果所起的作用等是次要的[2]，仅充当辅助角色，依法应当从轻、减轻或免除处罚。这也就意味着对从犯要在刑度或刑种上和主犯区分开来，具体到毒品共同犯罪中，符合从犯性质的被告人绝对不适用死刑。其次，当一个毒品共同犯罪案件存在两个或两个以上主犯时，判决中也要尽量体现出不同的刑罚结果。国家工作人员在审判过程中要详细比较各主犯在共同犯罪中的作用大小、主观恶性和人身危险

---

[1] "吴雅、王杰、苏怀志、陈冬贩卖、制造毒品死刑复核刑事裁定书"，载中国裁判文书网，2015 年 1 月 5 日。

[2] 张明楷：《刑法学》，法律出版社 2011 年版，第 409 页。

性程度的差异，对非难可能性更大的主犯判处更重的刑罚。根据 2015 年《武汉会议纪要》，在毒品共同犯罪中，依法符合死刑判处条件的，仍坚持区别对待各主犯，一般仅对被告人中罪责最大的一位处以死刑。如果主犯们的非难可能性相当，难以明显区分，可以不判处死刑，对判处两人死刑时要特别慎重。

可以说，对待毒品共同犯罪适用死刑问题，早已存在宽严相济刑事政策的实务指导标准，只是在政策落实过程中出现了些许误差。为了最终实现宽严相济刑事政策的要求，当审理毒品共同犯罪案件时，司法工作人员应当以判处非死刑刑罚为原则、以判处死刑刑罚为例外的方式督促审判工作的顺利进行，限制死刑的适用，为实现"严中有宽，少杀、慎杀"政策而努力。

2. 运输毒品罪中"严中有宽，少杀、慎杀"政策的落实

《刑法修正案（八）草案》筹备期间，学界关于废止运输毒品罪死刑适用的呼声已非常高涨，鉴于彼时公众舆论争议较大，立法最终没有作出妥协。《刑法修正案（九）》取消走私武器、弹药罪，走私核材料罪，走私假币罪，伪造货币罪，集资诈骗罪，组织卖淫罪，强迫卖淫罪，阻碍执行军事职务罪，以及战时造谣惑众罪等 9 个罪名的死刑配置，但却同样未作出关于运输毒品罪死刑适用的变动。法律条文对运输毒品罪死刑配置的一成不变可以说是立法坚持"从严"的客观反映。通过考察该罪的具体表现，笔者并不主张对其配置极刑。

第一，从行为在犯罪体系中所起的作用来看，运输毒品行为并不具备促使犯罪实现的主要功能。在相当一部分毒品犯罪案件中，与其单独予以评价，不如将运输行为评价为实现走私、贩卖毒品目的的一种手段更为合理。而且笔者也一直主张，运输毒品行为实无单独设立罪名之必要，故对于非实行行为的运

输毒品，一般不宜考虑死刑的适用。实际上，将单纯的毒品运输行为评价为毒品犯罪的帮助行为更加合理，这一行为在整个犯罪系统中相较于制造、走私和贩卖毒品等关键环节，其地位类似于"从犯"角色，地位相对次要，理应排除死刑适用。但在立法还未作出相应变更的情况下，司法机关应当认识到运输毒品行为的性质及其危害性，尽量减少死刑的运用。

第二，从行为导致的危害后果来看，运输毒品罪不满足适用死刑所要求的罪行极其严重的条件。毒品犯罪的严重危害性主要体现在吸食人群的消费环节，毒品犯罪就是通过建立毒品与毒品消费者的联系来谋取不法利益的。不同于制造行为实现了毒品的从无到有和走私、贩卖行为直接将毒品扩散到社会的直接危害，运输行为作为毒品犯罪的中间环节仅起到过渡作用，社会危害性程度明显小于前述行为，刑事处罚上对此应当有明显区分，在刑种或刑度上予以削减，在死刑尚未废除的环境下绝对限制死刑适用。

第三，从行为主体来看，对运输毒品行为人处以极刑并不符合刑法追求的预防犯罪的目的。犯罪预防最核心的要求便是"因人而异"：当被告人实施犯罪秉持主观故意，人身危险性高，犯罪预防程度大，在罪责范围内选择较重幅度的刑罚则是法官自由裁量权公正的体现；而当行为人主观恶意小，实施犯罪乃是不得已而为之，人身危险性较低时，法律也要体现出人情的一面，对此有所容忍，在罪责范围内选择较轻的刑罚处罚。

实务中，运输毒品尤其是单纯运输毒品的，其行为主体多为社会中经济困难的下层人士，对这些弱势群体处以极刑不仅不能强化刑罚的威慑功能，还可能会因此面对由公众的同情心而引发的对刑罚残酷性的谴责。例如，在2004年，三名刚从校门走出的少女为了赚取少量报酬而被利诱用身体运输毒品，一审均被判处死刑〔1〕，引起公众热议。而在一些边境地区的贫困村庄，孕妇、老人、未成年人和残疾人士等在刑法上具有特殊地位的主体，为了赚取少量的生活费而被毒品犯罪集团有意雇用运输毒品来躲避刑法的严惩，这种因社会保障措施不完善而导致的犯罪行为并不适宜用极刑予以预防。相较于毒品犯罪的主要推动者，为获得少量钱财而进行毒品运输的受雇者多为社会中的经济弱势群体。这部分犯罪主体在整个毒品犯罪链条中所起作用不大，主观恶性较小，造成的社会危害性也很微弱。对这些人适用死刑，既难以达成一般预防之功效，更无法威慑隐藏在幕后的毒枭、职业毒贩。〔2〕因此，为了更好地贯彻宽严相济刑事政策，毒品犯罪中要严格依法惩治大毒枭等主要犯罪分子，对于运输者应当相对"从宽"惩治，严格执行"少杀、慎杀"的政策。

基于以上所述，在我国刑法还未作出变更运输毒品罪死刑的大环境下，对单纯运输毒品行为应当绝对限制执行死刑以落实"少杀"；对存在含运输等多个行为的毒品犯罪衡量死刑适用时，不能仅对运输行为作出评价，应当综合考虑各个行为的罪责程度以及犯罪预防的需要，以促进"慎杀"的贯彻，促进"严中有宽，少杀、慎杀"宽严相济刑事政策对毒品犯罪死刑案件的指导。

3. 新型毒品案件中"严中有宽，少杀、慎杀"政策的落实

不同于传统毒品对自然植物加工的制造工艺，新型毒品是通过对化学元素的再组合得到的新化学合成类毒品的，更多地体现出"创造性"。新型毒品多流行于娱乐休闲场所，传播范围

〔1〕　转引自袁林、李林："毒品犯罪死刑司法适用标准研究"，载《西南政法大学学报》2010年第5期。

〔2〕　赵秉志、阴建峰："论中国毒品犯罪死刑的逐步废止"，载《法学杂志》2013年第5期。

广且快，其对人体的危害虽小于传统毒品的侵蚀，但同样受到规制。刑法在对新型毒品犯罪处罚时，应当参照传统毒品犯罪进行处罚，但也应有所区分，对其在适用死刑时必须遵守"严中有宽、少杀、慎杀"的政策要求。

新型毒品当然归属于毒品概念的外延范畴，因此司法机关肯定新型毒品犯罪的死刑适用完全符合我国法律规定，但新型毒品的危害机理及其具体的危害，还需要专门的科学研究。因此，基于新型毒品自身的复杂性，判处刑罚时可以结合实践中已掌握的各种毒品犯罪的特征，对于适用死刑的新型毒品种类，仍持非常克制的态度，除冰毒外，只限于氯胺酮等极少数新型毒品类型；[1]对于其他成分的新型毒品犯罪，严格限制和慎重适用死刑。与此同时，重视毒品成分含量而非数量，更能如实反映行为人的罪责轻重以作出合理判决。

虽然宽严相济的刑事司法政策在我国已经被明确提出了十余年，而且在整个刑法立法、司法过程中也已经成为重要的指导思想，但是在毒品犯罪中，该政策却没有被很好地贯彻。我国现阶段毒品犯罪的治理，仍然是"严"的一极占据主导，虽然也有个别关于"宽"的规定，但这也仅是个别现象。在严厉禁绝毒品的政策指导下，死刑就成为一个合乎逻辑的选项，这已经成为我国毒品犯罪治理上的特色手段。但多年的经验已经表明，死刑在预防犯罪、维护社会秩序方面的意义是有限的，其在治理毒品犯罪方面的意义更是非常有限。在当前世界性废除死刑的浪潮下，严格限制乃至废止死刑就是一个合理的选项。以我国目前宽严相济的刑事政策为导向，在毒品犯罪的刑法立法、司法中严格贯彻"严中有宽、少杀、慎杀"的政策，有机

[1] 袁希利、何荣功："新型毒品犯罪的死刑判处要慎之再慎"，载《云南大学学报（法学版）》2012年第6期。

结合毒品犯罪"从严"打击和死刑适用"从宽"考虑两方面，合理限制死刑的运用，才是有效惩治毒品犯罪、保障人权的明智之举。

第三节　毒品再犯问题再审视

毒品再犯是一个重要的量刑情节，也是国家从严打击毒品犯罪刑事政策的表现形式之一。该量刑情节在我国《刑法》第356条具体表述为："因走私、贩卖、运输、制造、非法持有毒品罪被判过刑，又犯本节规定之罪的，从重处罚。"本条款源自《关于禁毒的决定》第11条第2款的规定："因走私、贩卖、运输、制造、非法持有毒品罪被判过刑，又犯本决定规定之罪的，从重处罚。"无论是理论界还是实务界，对于毒品再犯的称谓、成立条件、毒品再犯与累犯、发现新罪的数罪并罚的法律适用等方面都存在较大争议，这也是毒品犯罪"严打"的刑事政策所要关注的。

一、正名：毒品再犯概念之确立

如何称谓《刑法》第356条，学界存在不同看法，有常习犯说、毒品特别累犯说、法定从重处罚情节说、毒品再犯说之论争。

（一）常习犯论及评析

常习犯论者认为："《刑法》第356条是毒品犯罪的常习犯的规定，而不是所谓毒品再犯的规定，毒品再犯概念应予放弃。"[1]该理论以大陆法系的广义累犯说为基础，[2]具有一定

---

〔1〕曾粤兴、蒋涤非："毒品犯罪若干刑罚问题新议——以大陆刑法理论为研究视角"，载《北方法学》2007年第3期。

〔2〕马克昌：《比较刑法原理（外国刑法学总论）》，武汉大学出版社2003年版，第900页。

的合理性。按照日本刑法，广义累犯分为普通累犯和常习累犯。"所谓常习累犯，是指累犯者带有其犯罪的常习性，也简称为常习犯。……常习累犯是以行为人反复犯罪的危险性为核心的观念，在刑法学上被作为特别的考察对象。"[1]用毒品再犯来概括毒品犯罪的常习犯，本身并不恰当，因为，"一方面，再犯不是一个刑法理论的专业指导术语，至少在目前可见的官方认可的教科书中，几乎看不到有关再犯概念的分析内容，其内容不明，成立条件也无从知晓；另一方面，从字面上看，再犯既可以包括'刑罚执行完毕或者赦免以后，在 5 年以内的再犯'的累犯情况，也可以包括以毒品犯罪为习惯的常习犯，在对再犯概念作出说明之前，将常习犯现象包括在'再犯'概念中，二者之间的关系——'常习犯'与'再犯'是具有重合关系还是具有从属关系难以区分"[2]。

作为一类贪利性的犯罪，毒品再犯的规定本身就考虑了行为人反复实施毒品犯罪的可能性，从这个角度看，将其作为常习犯有一定的道理。因毒品犯罪受过刑罚处罚，又进行毒品犯罪，本身已经显示出行为人的人身危险性，故从刑罚处罚角度看，对其从重处罚具有一定的合理性。但是该观点的局限性在于：首先，我国刑法采用的是狭义累犯的概念，在累犯和常习犯在内涵、外延等方面均存在显著区别的情况下，将累犯作为常习犯的上位概念，无疑是不合理的；其次，该论者所提出的毒品再犯并非专有术语的说法，也是对理论与司法实践的误读；最后，按照我国刑法理论，常习犯是基于犯罪的常习性即反复

---

〔1〕 〔日〕大塚仁著，冯军译：《刑法概说（总论）》，中国人民大学出版社2003 年版，第 461 页。

〔2〕 曾粤兴、蒋涤非："毒品犯罪若干刑罚问题新议——以大陆刑法理论为研究视角"，载《北方法学》2007 年第 3 期。

实施犯罪的癖性的犯罪。由于刑法在构成要件上将常习犯类型化，因而预想行为人实施数次行为以构成常习犯，故行为人基于反复实施犯罪的癖性数次实施某种犯罪行为时，就被包含在一个构成要件中，只成立一罪。[1]常见的常习犯类型为赌博罪，而从社会相当性的角度考虑，毒品犯罪本身并未达到如此反复实施的程度。虽然在实践部门查获的案件中，的确有多次贩卖毒品或者以贩养吸的情形，如"以贩养吸"的行为人难以支付吸毒所欠的经济债务，或者在刑罚执行完毕后毒瘾复发，在经济难以为继的情况下重操旧业，但第356条所涉及的并非仅仅为贩卖毒品，除了前罪限定在走私、贩卖、运输、制造毒品、非法持有毒品罪以外，后罪则可以是任何一种毒品犯罪。故单纯界定在常习犯属性上，有失片面。

（二）毒品特别累犯说及其评析

有论者认为，《刑法》本条专门规定了一个毒品特别累犯，用意显然在于对毒品犯罪施以更严厉的惩罚。"事实上，刑法本条的适用对象，之所以被称为特别累犯，正是因为它与普通累犯有许多不同的地方。普通累犯的构成条件之一，是前后两罪有一定的间隔时间的限制，因此'前罪刑罚已执行完毕或被赦免'的条件，主要是为计算间隔时间的长短而设定的。而本条规定的毒品特别累犯，并无前后两罪间隔时间的限制，再考虑前罪从何时起算，岂非多余？"[2]在该论者看来，毒品特别累犯与总则中的一般累犯、特别累犯处于并列的地位，其立法目的、成立条件和特别累犯具有相似性。而刑法之所以将该特别累犯规定在分则中，主要是因为其与特别累犯除了在"犯过罪、判

〔1〕　张明楷：《外国刑法纲要》，清华大学出版社2007年版，第346页。
〔2〕　高铭暄、马克昌主编：《中国刑法解释》（下），中国社会科学出版社2005年版，第2502页。

过刑，又犯罪"等成立条件方面存在重大差别外，还因为本条款专门指向毒品犯罪，其针对性较强。

应当说，将本条界定为特别累犯，与总则的规定存在诸多不协调之处。我国的累犯，包括一般累犯和特别累犯，都是总则明确规定的量刑情节，其适用会导致禁止缓刑和禁止假释的配套后果；而毒品犯罪的这一特殊条款，目前还不能上升到影响总则的程度，故如果将其与总则中的特别累犯规定等同，势必要涉及对总则条款的解释或者变更，这在目前看来并不现实，正如有论者所言："对第356条的定性应立足于刑法的现有规定，特别要重视该条文在刑法中所处的体系地位。既然立法明确规定了危害国家安全累犯，而没有规定毒品累犯，且在表述上对二者加以区别，就应当认为第356条规定的是毒品再犯而不是毒品累犯。"[1] 事实上，从实定法的角度看，毒品再犯与毒品累犯是存在根本性区别的，故本观点的局限性还是比较明显的。

（三）法定从重处罚情节说

有的论者认为："我国《刑法》第356条规定了对再犯毒品犯罪的行为人从重处罚，此条规定不是已存的累犯制度，也不是将存的再犯制度，而是众多法定从重情节之一。"[2] 将本条直接认定为法定从重处罚情节，没有任何问题，即使上述几类观点也都可以归类于法定的从重处罚情节说，但关键在于，刑法设定本条的初衷仅仅是为了做一个特殊性的规定吗？理解为一个单纯情节，是否显得过于简单？故整体而言，在上述几类观

---

〔1〕 高贵君、方文军："数罪并罚情形中毒品再犯的认定问题"，载中国法院网，2007年9月26日。

〔2〕 常秀娇、吴旸："再犯毒品犯罪情节的定性与司法适用"，载《河南警察学院学报》2012年第1期。

点都无法有效表达的前提下，可以考虑该观点的成立，但是又有过于笼统之嫌。

（四）毒品再犯说及评价

毒品再犯说是目前的主流观点[1]，张明楷教授在其《刑法学》教科书中对累犯、再犯、常习犯的关系进行了深刻剖析，指出："在当今刑法理论中，累犯与再犯已不是等同概念。凡是第二次犯罪的，均可谓再犯，但累犯的成立条件比再犯更为严格。累犯与常习犯也存在严格区别。常习犯是反复实施某种犯罪而形成了犯罪习癖的情况。累犯仅具有形式的基准，即基于纯粹偶然的原因而再次犯罪的，也可能成立累犯；而常习犯的成立具有实质的标准，即必须是基于习癖而反复实施某种犯罪。累犯是因为无视刑罚的体验再次犯罪而被认为再犯罪可能性大；常习犯是因为具有反复实施犯罪的危险性格而被认为反复犯罪的可能性大。但常习犯中可能包含了累犯的情况，累犯也可能发展为常习犯。"[2]在此基础上，张明楷教授承认第356条的规定属于毒品再犯，并对其处理方法作出了论述。

事实上，毒品再犯本身属于再犯之一种，这样的认定，除了顾及行为人本身的危险性之外，更多的是考虑《刑法》总则虽然有累犯从重处罚的规定，但对于一些更加严重的行为，需要在总则确定的处罚条件之外再考虑相关的情节，以充分贯彻国家禁绝毒品的坚定立场。

通过以上的介绍及评述，笔者倾向于将第356条的规定认

---

〔1〕　以下文章中均明确使用了毒品再犯这一术语：朱建华："毒品犯罪再犯与累犯竞合时的法律适用"，载《人民检察》2006年第17期；李炜、华肖："论毒品再犯与一般累犯之适用关系"，载《法学》2011年第9期；李海滢："毒品再犯之我见"，载《当代法学》2002年第2期；张洪成、黄瑛琦：《毒品犯罪法律适用问题研究》，中国政法大学出版社2013年版。

〔2〕　张明楷：《刑法学》，法律出版社2011年版，第513页。

定为毒品再犯，其成立的理由除了再犯说论者的见解外，还包括：①以毒品再犯概括本条款非常恰当，这可以避免特别累犯说、常习犯说等存在的与总论的不协调问题，而事实也表明，要完成这一协调，并非朝夕之间可以实现的；②毒品再犯的概念已经被理论和司法实践广泛接受，相关的司法解释亦直接以毒品再犯概括本条，该概念已经成为一种约定俗成的称谓，用来特指第 356 条的内容；③毒品再犯具有相当的包容性，其法律后果则仅仅局限于本条款，并不会对整个刑法体系或者相关刑法理论产生冲击。故笔者认为，将《刑法》第 356 条概括为毒品再犯，是比较恰当的。

二、解读：毒品再犯之成立条件

正确理解毒品再犯，必须对以下几个基础问题进行正确把握：①毒品再犯成立之前后罪要求；②前后两罪的时间限制；③毒品再犯的主体可否为单位。下文将详细阐述之。

（一）毒品再犯成立之前后罪要求

1. 毒品犯罪成立之前罪要求

毒品再犯的前罪必须为走私、贩卖、运输、制造毒品罪或者非法持有毒品罪，这是比较确定的。但是前罪的附加要求"被判过刑"则是一个存在争议的概念。

由于"被判过刑"的外延较为宽泛，而且刑法亦未对其进行刑种上的限制，因此从理论上说，应当包括一切种类的刑罚，既包括主刑，也包括单独判处附加刑的情况，缓刑亦能涵括在"被判过刑"的范围之内。而定罪免刑和不起诉，则无法有效涵括在本条件之内。原因在于："免刑是免于处罚的意思，而刑法本条设定的条件是'被判过刑'，显然不相符合。但如果刑法的措辞是'受过刑事处分'的话，免刑就符合条件了，因为免刑是以有罪为前提的，判处免刑，也应当视为一种刑事处分；至于不起诉，表明案件在审查起诉阶段就已经了结了，尚未进入审判阶段，'被判过刑'自然也就无从谈起。"〔1〕

"被判过刑"理解上存在争议的另一个问题，就是被外国法院判处过走私、贩卖、运输、制造毒品罪，非法持有毒品罪的，是否属于毒品再犯的前罪范畴？对此，笔者认为，累犯成立条件的研究成果可以为本条之理解提供一定的借鉴。

关于行为人受到外国刑事审判，能否成立累犯，目前存在很大争议。否定说认为，根据我国《刑法》第 10 条关于在外国已经受过刑罚处罚，再依我国刑法处理的，可以免除或者减轻处罚的规定，"凡是受刑人在国外实施犯罪行为，经外国法院审判并执行刑罚，其罪依照我国刑法应负刑事责任，进入我国境内又犯罪的，应该不承认外国法院审判效力，国外之前罪与国内之后罪并合审理"〔2〕。按照此观点，"被判过刑"不应当包括外国法院的刑事判决之内容。

而肯定说则认为，行为人受外国司法机关审判并执行刑罚为有期徒刑以上之罪，依照我国刑法也应当追究刑事责任的，应承认其已受过刑罚执行，也可依我国刑法再次进行处理。该犯罪人如果在法定时间里在国内再犯应当判处有期徒刑以上刑罚之罪时，可以定其为累犯。〔3〕张明楷教授也认为："如果对国外的刑事判决采取积极承认的做法，则无疑应宣告为累犯。我国采取的是消极承认，尽管如此，仍然应认定为累犯。因为消极承认的前提是考虑到行为人在外国受到刑罚处罚的事实，而

〔1〕　高铭暄、马克昌主编：《中国刑法解释》（下），中国社会科学出版社 2005 年版，第 2502 页。
〔2〕　喻伟主编：《刑法学专题研究》，武汉大学出版社 1992 年版，第 359 页。
〔3〕　赵廷光主编：《中国刑法原理》，武汉大学出版社 1992 年版，第 590 页。

免除或者减轻处罚；同样，在行为人于我国犯新罪时，我国法院也应该考虑行为人在外国受到刑罚处罚的事实，如果符合我国刑法规定的累犯条件，就应以累犯论处。"[1]"显然肯定说符合刑法对于我国公民在外国犯罪的刑事管辖原则，既有利于维护我国对外的刑事管辖权，又有利于对累犯的打击和控制。"[2] 按照该观点，承认外国法院的刑事判决可以认定为"被判过刑"。

笔者认为，毒品犯罪作为国际罪行，各国刑法一般均规定对其具有普遍管辖权，我国也不例外。我国《刑法》第9条明确规定："对于中华人民共和国缔结或者参加的国际条约所规定的罪行，中华人民共和国在所承担条约义务的范围内行使刑事管辖权的，适用本法。"而我国加入的《1988年公约》第2条第1项就规定了各国应当采取可行措施，打击毒品犯罪："缔约国在履行其按本公约所承担的义务时，应根据其国内立法制度的基本规定，采取必要的措施，包括立法和行政措施。"毒品犯罪应当属于各缔约国均需采取必要措施予以严厉打击的行为。该公约第4条第2款第2项规定："当被指控的罪犯在其领土内，并且不把他引渡到另一缔约国时，也可采取可能必要的措施，对其按第3条第1款确定的犯罪，确立本国的管辖权。"这就表明，毒品犯罪属于我国加入的国际公约所明确规定的可以行使普遍管辖权的案件。对于此类案件，我国除了行使管辖权，也存在对国外相关判决、裁定的承认问题。

从毒品犯罪管辖权的国际公约来看，毒品犯罪与普通刑事犯罪的区别在于，普通刑事案件因各国或者地区的特殊情况，可能导致犯罪圈划定、刑罚权行使及其限度等存在较大差别；

---

[1] 张明楷：《刑法学》，法律出版社2011年版，第515页。

[2] 马克昌主编：《刑罚通论》，武汉大学出版社1999年版，第423~424页。

而毒品犯罪属于普遍管辖权范围的刑事案件，各国在条约规定的范围内，应当尽量保持其犯罪圈、处罚限度等层面的一致性。与之紧密相关的就是对犯罪人的人身危险性、社会危害性等应当在处罚范围内尽量地保持一致，由此就决定了对于外国相关刑事判决的承认，易言之，这一承认并不是消极的承认，而应当是强制性承认，是对相关公约的贯彻与执行。所以，在毒品犯罪中，对国外法院作出的毒品犯罪的判决，尤其是走私、贩卖、运输、制造毒品罪，非法持有毒品罪的判决必须成为毒品再犯成立条件中的前罪的范围。只要行为人因为上述犯罪被相关的缔约国进行过刑罚处罚，均可认为达到我国刑法所规定的成立毒品再犯的前提条件。

2. 毒品犯罪成立之后罪要求

按照刑法本条之用语，毒品再犯成立后罪之要求的"毒品犯罪"，"是指违反禁毒法规，破坏毒品管制活动，具有严重的社会危害性，依法应受刑罚处罚的行为"[1]。从我国的刑事立法看，是指12个具体的毒品罪名，既包括前罪之外的10个罪名，也包括走私、贩卖、运输、制造毒品罪和非法持有毒品罪本身。

有论者认为存在特殊情况，"比如刑法第352条规定的非法买卖、运输、携带、持有毒品原植物种子、幼苗罪，由于该法条不像《刑法》第347条那样包含一个走私毒品行为，也不像《刑法》第350条那样包含一个走私制毒物品行为，所以对走私毒品原植物种子或幼苗的行为，就只能定普通的走私罪，而不能定毒品罪。从而也就不能构成毒品罪的特别累犯"[2]。正确

---

〔1〕　张洪成：《毒品犯罪争议问题研究》，法律出版社2011年版，第20页。

〔2〕　高铭暄、马克昌主编：《中国刑法解释》（下），中国社会科学出版社2005年版，第2502~2503页。

理解该条款，就涉及对毒品犯罪的理解。笔者认为，毒品犯罪应当是一种统称，凡是《刑法》分则第六章第七节规定的犯罪，均可谓毒品犯罪，这也是现行法理论和实践的一致看法，不在此范围内的行为，自然不应纳入毒品犯罪的范围。

（二）前后两罪的时间限制

第 356 条的表述并未体现时间上的限制，由此就带来了争议。有论者认为，成立毒品再犯，必须具备"前罪刑罚已执行完毕或被赦免"的条件[1]。这一理解建立在对累犯认知的基础上，应当说比较机械，因为《刑法》第 65 条所规定的普通累犯，其条文明确表述了时间上的要求。如果直接套用第 65 条的累犯规定来解决毒品再犯问题，毒品再犯就没有独立存在的必要了。

另有论者就明确指出，虽然累犯的规定中确实有"刑罚执行完毕或者赦免以后"一语，但是不能想当然地就将其适用于毒品再犯。"对一个因毒品罪而正在服刑且又犯了新的毒品罪的行为人来说，完全可以并且应当既适用数罪并罚，又按毒品罪特别累犯从重处罚。在司法实践中，这种情况也是完全可能发生的。比如在假释期间又犯了走私毒品罪，或者在劳改农场改造期间又犯了非法持有毒品罪，等等。"[2]这一论断具有相当的合理性，因为刑法本条只规定了"被判过刑"，而未明确要求刑罚执行完毕。从其字面理解，只要是被人民法院定罪并判处了相应的刑罚，即可谓"被判过刑"。而且本条的立法初衷正是为严厉打击毒品犯罪，在行为人已经被法院确定有罪的情况下，

〔1〕 参见刘家琛主编：《新刑法条文释义》（下），人民法院出版社 1997 年版，第 1560 页。

〔2〕 高铭暄、马克昌主编：《中国刑法解释》（下），中国社会科学出版社 2005 年版，第 2503 页。

仍然实施毒品犯罪，反映了其严重的人身危险性，出于对社会公众健康等权利的维护和对社会秩序的维持，对其从重处罚亦完全有必要。故笔者认为，前后两罪不需要时间上的限制，后罪亦并不以前罪执行完毕或被赦免为已足。从法律效果看，其也不会产生第 65 条累犯的法律效果，如假释、缓刑等的限制等，即本条只是出于严峻的毒品犯罪形势而采取的一种严厉打击的态度，对其他条款并无普遍的法律效力。

（三）毒品再犯主体之确定

关于累犯是否适用于单位，一直存在较大争议，马克昌教授认为，"单位犯罪的特点决定了不符合累犯制度的立法意图"[1]，故应当否定单位累犯。而很多学者持相反观点。如有论者指出："单位作为承担刑事责任的主体类型，同样具有人身危险性，这是单位累犯成立的实质根据和解决单位累犯实践问题的基点。单位主管人员或直接责任人员的变动，不能改变单位的整体性人格实体，只要单位主体的人身危险性无根本性消减，单位累犯的成立就有正当根据。"[2]

笔者认为，单位构成累犯应当不存在任何障碍。因为按照刑法典的规定，单位和自然人一样可以成为犯罪主体，这就意味着其已经被赋予一定的人格，虽然这种人格要通过特定的方式来实现，但是并不能否定其犯罪性；将其排除出累犯的范围，亦无充分的根据。既然单位本身可以构成累犯，那么对于成立规格相对更为简单的毒品再犯来讲，更应当不成问题。

在现有的 12 个毒品犯罪罪名中，有 4 个是涉及单位犯罪的，而且毒品再犯的前罪中，走私、贩卖、运输、制造毒品罪

---

[1]　马克昌主编：《刑罚通论》，武汉大学出版社 1999 年版，第 412 页。
[2]　陈伟："单位累犯的内在结构与理论剖析"，载《当代法学》2012 年第 1 期。

就属于单位犯罪。笔者认为，如果前罪属于单位所犯的走私、贩卖、运输、制造毒品罪，后罪又是单位实施的可以由单位构成的犯罪，则完全应当按照毒品再犯的规定进行处罚。

三、毒品再犯之处罚原则及评析

毒品再犯之处罚，主要应当考虑其与《刑法》第 65 条累犯、第 71 条发现新罪的数罪并罚之关系问题，因为这涉及是否重复评价以及如何实现罪刑的均衡。

（一）毒品再犯与累犯竞合之法律适用

2000 年《南宁会议纪要》第 4 条规定："对依法同时构成再犯和累犯的被告人，今后一律适用刑法第 356 条规定的再犯条款从重处罚，不再援引刑法关于累犯的条款。"自该文件出台起，学界对其质疑的声音就未曾中断过。2008 年《大连会议纪要》对这一条款进行了重新解读，其中的第 8 条对毒品犯罪的再犯采取以下处理方法：①只要因走私、贩卖、运输、制造、非法持有毒品罪被判过刑，不论是在刑罚执行完毕后，还是在缓刑、假释或者暂予监外执行期间，又犯毒品犯罪的，都是毒品再犯，应当从重处罚；②因走私、贩卖、运输、制造、非法持有毒品罪被判刑的犯罪分子，在缓刑、假释或者暂予监外执行期间又犯毒品犯罪的，应当在对其所犯新的毒品犯罪适用毒品再犯从重处罚的规定确定刑罚后，再依法数罪并罚；③对同时构成累犯和毒品再犯的被告人，应当同时引用刑法关于累犯和毒品再犯的条款从重处罚。

以上两个规范性文件在毒品再犯和累犯不发生交叉的情况下，其处理方法一致，即均按照毒品再犯的规定从重处罚；而在二者发生竞合的情况下，采取的立场则存在着差别。《南宁会议纪要》认为应当排斥累犯规定的适用，这就意味着符合累犯条件的毒品再犯可能产生相较于累犯为轻的法律后果，这显然是不公平的。《刑法》第 356 条是鉴于毒品犯罪的严重性才作出再犯规定的，如果对符合累犯条件的也仅适用该再犯规定，则意味着对符合累犯条件的毒品犯罪人可以适用缓刑、假释，而其他犯罪的累犯则不得适用缓刑与假释，这显然有失公允。《大连会议纪要》则采取双重的从重处罚的立场，其做法也存在疑问，即对于同一个量刑情节，是否有双重评价的嫌疑。有论者就认为："这一规定也并非没有疑问。亦即，同时构成累犯和毒品再犯的，是否具有两个法定从重处罚情节？如果持肯定回答，显然是对一个事实进行了不利于被告人的重复评价。如果持否定回答，就意味着完全没有必要同时引用刑法总则关于累犯和分则关于毒品再犯的条款，只需要引用总则关于累犯的规定即可。"[1]故《大连会议纪要》也存在过于武断的嫌疑。

　　针对累犯和毒品再犯出现竞合时的处理方法，有观点认为："当犯罪人的行为满足累犯条件时，不可适用《刑法》第 356 条而放纵犯罪人，而应适用第 65 条的累犯条款；当犯罪人的行为满足数罪并罚的条件时，不可适用《刑法》第 356 条，而应适用第 71 条的数罪并罚。"[2]即因走私、贩卖、运输、制造毒品罪和非法持有毒品罪被判过有期徒刑以上刑罚，在刑罚执行完毕或者赦免以后 5 年以内，又犯《刑法》分则第六章第七节规定的毒品犯罪的，应当判处有期徒刑以上刑罚，符合累犯成立条件的，都应当适用刑法总则关于毒品累犯的规定，承担累犯的法律后果，从而避免法律适用之间的极大不平衡；只有在其不符合累犯规定的情况下，才适用《刑法》第 356 条的规定。

---

〔1〕　张明楷：《刑法学》，法律出版社 2011 年版，第 1013 页。

〔2〕　常秀娇、吴旸："再犯毒品犯罪情节的定性与司法适用"，载《河南警察学院学报》2012 年第 1 期。

有论者作出了更为详尽的论述："应当以刑法系统解释和目的解释方法来正确解释《刑法》第356条的适用。对于符合累犯条件的毒品再犯，直接适用刑法总则关于累犯的条款从重处罚，不适用缓刑和不得假释，不再适用分则第356条再犯的规定。换句话说，刑法分则第356条的规定仅仅适用于不符合累犯条件的毒品再犯。唯有这样，才符合立法原意，才真正体现刑法对毒品犯罪严厉打击的立法目的。"[1]也只有这样处罚，才能真正实现毒品再犯和累犯在法律后果上的协调，并充分体现国家严厉打击毒品犯罪的态度。

应当说，以上对两个纪要的评价都是比较客观的，而且相关论者对毒品再犯与累犯竞合时的法律适用方法的分析，为深入研究提供了一定的借鉴。笔者认为，正确适用毒品再犯与累犯，归根结底要从累犯、毒品再犯设置之初衷、设置毒品再犯之价值考量等角度来寻找答案。以累犯为例，刑法规定累犯主要着眼于行为人敌视法规范的态度，而对这种敌视的态度必须进行严格的限制，因为"不能简单地从重新犯罪的事实中推论行为人的顽固的反规范性，重新犯罪可能是因为单纯的意志薄弱，也可能是受第三者的影响"[2]。因此，为了避免过分扩张累犯可能形成的重复评价或者将本不属于犯罪性的因素纳入刑法评价范畴，形成罚不当罪的情况，德国现行刑法用"前科"取代累犯概念，并将其限制在非常狭窄的范围内，即"只有行为人在自己以前实施同种犯罪或类似犯罪而被判刑后对社会规范的效力很清楚的情况下，自然反抗社会规范，因此刑罚被提

[1] "关于审理毒品犯罪再犯案件的几个问题"，载 http://www.110.com/ziliao/article-214727.html，2011年4月25日。
[2] 张明楷：《外国刑法纲要》，清华大学出版社2007年版，第408页。

高的，才属于这种情况。"[1]事实上，无论是累犯还是前科的概念，均考虑了行为人反规范的人格态度，而这种态度应当限定在与犯罪的密切联系上。由德国立法例可以发现，对累犯、前科、再犯等之所以加重处罚，其更多的还是立足于行为人的人身危险性。虽然我国的累犯制度考虑了时间上的限制，但是对于前后罪之种类的关系则考虑较少。于毒品再犯而言，则恰好考虑了前后罪之种类，这契合了德国刑法中所设立的作为从重处罚情节之一的前科制度。从这个角度看，毒品再犯所反映的行为人的主观恶性，或者行为人对法规范蔑视的态度远远超过一般的累犯，故我国的毒品再犯从重处罚，应当认为其重点关注的是行为人敢于同国家禁毒规范直接敌视的法态度。

从适用的法律效果看，毒品再犯的规定，是在刑法总则规定的累犯无法有效覆盖相关行为时的一种补充性规定，因此，从处罚的周延性上讲，毒品累犯属于毒品再犯的下位概念，所有的毒品累犯均属于毒品再犯的范畴。因此，毒品犯罪再犯的成立条件并不必然受到累犯的影响，因此，刑法修正案所修正的累犯概念及其成立范围，并不必然影响本条款的成立范围。笔者认为，从成立主体上讲，只要具备相应刑事责任能力的人都可以成立毒品再犯，单纯的未成年人并不能成为排斥毒品再犯的成立条件，即使未成年人不构成累犯，对之也可适用毒品再犯的规定；从主观方面看，其罪过形式也应当理解为既包括故意，也包括过失，这和累犯的成立存在着重大差别，但是限于毒品犯罪的罪过形式均为故意，故此区别的意义不明显，但从理论上可以作此界定。

毒品再犯的条文设置，亦是从严打击刑事政策的基本要求，

---

[1]　[德] 汉斯·海因里希·耶塞克、托马斯·魏根特著，冯久生译：《德国刑法教科书（总论）》，中国法制出版社 2001 年版，第 1064 页。

表明了我国在毒品犯罪治理上的坚定立场——坚决从严、从重打击。虽然现在刑事犯罪治理的策略转变为宽严相济，但没人否定，在毒品犯罪的治理中仍然是严厉打击的思想占据主导地位。故从这个基本的刑事政策出发，可以断言，我国刑法规定毒品再犯的最终立足点仍然是"严打"，故在行为人同时符合总则关于累犯的规定、分则关于毒品再犯规定的情况下，优先采用可能对犯罪人处罚较重的条款。这与当前世界两极化刑事政策的立场亦是一致的。笔者认为，在行为同时符合累犯和毒品再犯条件时，应当优先适用累犯条款；在行为不符合累犯条款时，则适用毒品再犯的条款，从而达到从重处罚的目的：既包括量刑上的罪刑均衡（包括不允许缓刑），也考虑行刑中的假释等。采用择一从重的处罚原则，不会违背立法本意与现行的毒品犯罪刑事政策。

（二）毒品再犯与《刑法》第71条竞合之法律适用

行为人因走私、贩卖、运输、制造、非法持有毒品，被判处相应的刑罚，在刑罚执行期间，又犯毒品犯罪的，按照《刑法》第71条的规定应当进行"先减后并"的数罪并罚，即"判决宣告以后，刑罚执行完毕以前，被判刑的犯罪分子又犯罪的，应当对新犯的罪作出判决，把前罪没有执行的刑罚和后罪所判处的刑罚，依照本法第69条的规定，决定执行的刑罚。"相较于第70条对漏罪"先并后减"的并罚原则，"先减后并"在起点刑期与总和刑期上都可能加重行为人的刑事责任。而毒品再犯的处理方法也是从重处罚。如果两个条款之间发生竞合，能否同时适用两个条款，分别进行处罚？分别处罚会否违反行为中的禁止重复评价原则？有论者对此展开过详细的论证，认为即使同时采用这两个条款，也并不必然导致评价上的重复。"即使这种双重评价客观上不能完全忽略，考虑到刑法对毒品再犯的构成条件作了特别规定，这种特别规定应优先于禁止双重评价原则而得到遵守和适用，故不妨把此种情形下对毒品再犯的双重评价和双重从重处罚理解为对禁止重复评价原则的一种例外，其目的在于加大对毒品再犯的惩罚力度，以遏制毒品再犯。"[1]通过特殊的立法方法来淡化可能出现的重复评价，也是一种思路，毕竟毒品再犯和第 71 条的立法目的、价值取向等存在重大差别。

　　而有的论者则直接认为，对毒品再犯同时适用第 356 条和第 71 条并罚，并不违反禁止重复评价的基本原则，因为"如果将这种特别规定视为违反禁止重复评价原则不予适用，那么对毒品再犯的处罚与其他再犯（不包括累犯）的处罚均仅适用第 71 条之规定实行'先减后并'的并罚方法进行处罚，则《刑法》第 356 条对毒品再犯从重处罚的'特殊'规定就形同虚设，无法彰显，试图通过特别立法来加大对毒品再犯惩罚力度的目的也就无法实现"[2]。

　　事实上，第 71 条规定的对犯新罪采用"先减后并"的并罚原则，就表明在毒品再犯和第 71 条竞合时，应当首先根据第356 条对新犯的毒品犯罪基于从重的要求进行量刑，然后根据第71 条进行并罚。但在并罚时，可以通过适度的限制加重方法来弥补量刑上的畸重情形。而在理论上，如果必须探究《刑法》第 71 条是否违背"禁止重复评价"原则，也应当将之放在整个刑法理论中探讨，因为在"先减后并"的适用过程中，只要涉及后罪从重处罚的——无论是法定的还是酌定的，均应当分析

---

　　〔1〕　高贵君、方文军："数罪并罚情形中毒品再犯的认定问题"，载中国法院网 2007 年 9 月 26 日。

　　〔2〕　"关于审理毒品犯罪再犯案件的几个问题"，载 http://www.110.com/ziliao/article-214727.html，2011 年 4 月 25 日。

是否存在重复评价的问题。而从现行的司法过程看，这似乎并不是一个问题。笔者认为，第71条仅仅是一个立法技术问题，而并不涉及从重或者重复评价的问题。这种"先减后并"司法技术的操作完全可以通过相应的自由裁量权来适当限制，从而避免所谓的双重评价问题，毒品再犯和第71条的关系亦是如此。

毒品再犯是一个成熟且恰当的称呼，用其指代《刑法》第356条不存在任何障碍。而从毒品再犯的成立条件及其与累犯的相互关系来看，应当认为，毒品再犯的成立范围远大于毒品累犯，而且在一定范围内二者存在竞合的可能。当一个毒品犯罪行为无法满足毒品累犯的规定时，直接援引第356条关于毒品再犯的规定，从重处罚即可；而在行为同时符合毒品再犯和累犯的条件时，直接适用累犯的规定即可达到从重处罚、罪刑均衡的法律效果。行为人在刑罚执行期间又犯毒品犯罪的，可以同时适用第356条和第71条，并通过适当的刑罚裁量权，来实现罚当其罪的目的。

第四节　毒品犯罪中毒品纯度与数量关系的司法认定

毒品的质量表现为毒品的纯度与数量，二者在毒品犯罪的定罪量刑中具有举足轻重的地位。毒品的数量对于行为的定罪量刑具有重要作用，这在我国现行《刑法》中已有明文规定。而毒品的纯度对毒品犯罪的作用也是不容忽视的，虽然我国《刑法》第357条第2款规定："毒品的数量以查证属实的走私、贩卖、运输、制造、非法持有毒品的数量计算，不以纯度折算。"但事实上，毒品的纯度与毒品的数量存在天然的紧密联系，如果否定纯度的意义，就很难解释毒品对一般公众权利侵害的现实。从另外一个角度看，如果不考虑毒品的纯度，那么，于情于理都不合适，极易引起人们对于法律适用僵硬化的担忧。而 2007 年最高人民法院、最高人民检察院、公安部印发的《办理毒品犯罪案件适用法律若干问题的意见》亦规定："可能判处死刑的毒品犯罪案件，毒品鉴定结论中应有含量鉴定的结论。"因此，毒品的纯度是毒品犯罪中无法回避的一个问题。在国外及我国的香港、台湾地区，无论是刑法还是其他相关的取缔毒品的法律法规，均对毒品的纯度给予了高度的重视。从现在各国、各地区的毒品犯罪刑事立法上看，毒品的数量与纯度具有紧密的关系，二者共同决定行为的社会危害性。

一、域外法律中毒品纯度与毒品数量的关系

在英国，常见毒品的数量是根据纯度折算的，因为 100%纯度的毒品是不存在的，不纯的海洛因或安非他命都需要折算为 100%纯度的同样的毒品，根据折算后的数量定罪量刑。

美国法律及司法实践对毒品犯罪行为人进行量刑时，主要考虑的还是毒品的数量，而在特定毒品的量刑上，则对其纯度予以关注。一般而言，毒品的数量都不以纯度折算，但对于某些毒品，如苯环哌啶、安非他命和甲基安非他命，如果折算成纯品量刑更重的，则应当予以折算；对于高纯度的毒品，量刑时可以从重或加重处罚，上述判决的依据就是《美国量刑指南》中《毒品数量表》的注释。这样的做法在美国之所以能够得到民众的支持，很大的原因在于，美国对毒品犯罪的量刑均不是非常高，毒品是否以纯度折算，对犯罪嫌疑人、被告人的影响不大。但折算以后，无疑给人一种量刑公正的感觉。

我国香港地区的毒品管制法规及相关判例所认定的精神科物质或制剂的重量，是以该种物质的净含量为标准的，亦即毒品的纯度对量刑具有不可低估的影响；而我国台湾地区的规定也要求对毒品进行纯度的鉴定，只不过这种纯度的鉴定是为了准确确定毒品的数量，以正确量刑。从我国香港、台湾地区的相关规定可以看出，对毒品的纯度进行一定的鉴定具有积极的意义，因为从化学角度看，纯的物质与含有其他物质的混合物有质的区别，同样重量的纯毒品与混合物在交易上也有不同的价位，由此导致其行为的社会危害性及其对国民的身心健康权利的侵害是不同的，尤其是在将毒品犯罪的侵害客体界定为公众健康权利的现代社会。

整体上看，计算毒品的纯度和重量的做法，具有一定的优势，其不但可以为司法机关提供统一的定罪量刑标准，而且按照涉案毒品的纯正数量来认定行为，更容易给民众一种执法公正统一的感觉。但是，人们也担心，单纯地以纯度作为考量的标准，容易在法律认定上忽视行为人的主观恶性，与犯罪的主观意识不符；在篡改了行为人对其犯罪行为的社会危害性的认识程度的同时，也使主客观相一致的归罪原则遭到破坏；违反了罪、责、刑相适应的原则，从而造成罚不当罪的后果。

我国澳门特别行政区的刑法关于走私、贩卖、运输、制造毒品罪的规定，对涉案毒品的纯度在之前的相关法律中并未明确是否需要进行毒品纯度的计算。有学者曾指出："应当参考内地刑法规定的以查证属实的数量计算、不以纯度计算的规定，制定明确可行又能达到有效打击刑事犯罪目标的刑事法律规范。"[1]但在 2009 年公布实施的《禁止不法生产、贩卖和吸食麻醉药品及精神药物的法律》明确了毒品犯罪必须进行毒品纯度的计算，按照澳门学者的看法，这是对毒品犯罪的刑事制裁采取相

---

[1] 赵奕："澳门特区禁毒政策与法规—有关毒品犯罪的法律适用问题"，载《中国药物滥用防治杂志》2003 年第 3 期。

对宽和态度的体现。[1]

二、我国法律中毒品纯度与毒品数量的关系

针对我国刑法中"毒品犯罪以查证属实的数量计算，不以纯度折算"的规定，有论者认为，我国刑法作如是规定，主要是考虑到毒品犯罪的数量对毒品犯罪的定罪量刑具有重要的意义。实践中，一定种类的毒品，其中真毒品的含量不同，纯度高的毒品比纯度低的毒品危害更大，对犯罪分子的吸引力也更大。但是，犯罪分子不是以毒品的含量作为单位交易的，况且所有毒品都必须掺入添加剂方可吸食，如果强调对毒品纯度折算后再确定毒品的数量，就忽视了毒品犯罪的危害性和犯罪分子的人身危险性。[2]一般来讲，司法机关所查获的毒品数量就是犯罪分子主观上意欲进行走私、贩卖、运输、制造的毒品犯罪的数量，毒品的纯度只是影响刑罚轻重的一个酌定情节。

在我国，司法机关缴获的毒品几乎都是几经转手，纯度较低，原因既可能是加工工艺的落后，也可能是行为人倒卖过程中人为地掺杂掺假。在这种情况下再对毒品进行折算，人为地改变毒品数量，并以此为根据定罪量刑，似乎有悖于罪刑相适应原则。与此同时，我国毒品犯罪的保护客体是社会管理秩序，数量的多少直接决定了行为对社会秩序的妨害程度，所以，我国在对毒品犯罪量刑时，不以纯度折算毒品。

不过，对于大量掺假，毒品含量微小，可能影响处刑的，应适当考虑毒品的含量。特别是那些掺假之后，毒品的数量才达到判处死刑标准的，一般不应判处死刑立即执行。这在《大

---

〔1〕　徐京辉："澳门特区毒品犯罪及刑事法规制"，http://www. 中国法治 . net/fzjt/2010/0815/29821. html.

〔2〕　周光权：《刑法各论讲义》，清华大学出版社 2003 年版，第 481 页。

连会议纪要》第 2 条 "毒品犯罪的死刑适用问题" 中得到了明确的体现："毒品数量达到实际掌握的死刑数量标准，具有下列情形之一的，可以不判处被告人死刑立即执行：……③经鉴定毒品含量极低，掺假之后的数量才达到实际掌握的死刑数量标准的，或者有证据表明可能大量掺假但因故不能鉴定的；……" 这体现了严格适用死刑的精神，但具体能否判处死刑，毒品的纯度在其中扮演着非常重要的角色。

不能否认，"不以纯度折算" 的做法体现了我国现阶段对毒品犯罪的 "严打" 精神，但此规定有悖于我国刑法罪责刑相适应的原则。因为从普遍的观点看，纯度不同的毒品，其无论是对社会，还是对公民个人健康的危害均是不同的。仅从数量上考虑，而不问毒品的纯度，对行为人来讲，无疑是不公平的。但如果将毒品犯罪的侵害客体界定为对社会公众的危害及对国民的健康权利造成潜在的威胁，那么，单纯以数量计算，而不考虑纯度是情有可原的。毕竟数量越大，其对社会的危害相应也越大。另外，也有论者认为，刑法之所以规定毒品犯罪的涉案毒品不以纯度折算，主要原因是："强调'纯度折算'，有过于强调毒品的物理作用和危害，而忽视犯罪的整体危害和犯罪分子的主观恶性及人身危险性。它体现了从严从重的精神，操作起来也简便易行。"[1] 我国目前毒品犯罪保护客体的设定及《刑法》第 357 条的规定为我们不以纯度折算提供了正当化根据。

但正如前所分析的，对涉案的毒品不考虑纯度，而仅考虑数量，对于法定刑配置相对较高的毒品犯罪来讲，无疑存在风险。如某毒贩甲贩卖了 50 克海洛因，海洛因的纯度为 20%，而

---

[1] 褚建新、包朝胜："涉毒案件毒品定量鉴定是量刑的重要节点"，载《中国司法鉴定》2008 年第 5 期。

同样的某乙也是贩卖毒品，其贩卖的毒品数量是 40 克，纯度为80%。按照《刑法》的规定，甲的行为在量刑的起点上就是 15 年有期徒刑、无期徒刑或者死刑。也就是说，甲的行为有被判处的刑罚，即使不是死刑，最低也是 15 年有期徒刑；反观乙的行为，因为其涉案的毒品数量为 40 克，那么其量刑幅度是 7 年以上 15 年以下有期徒刑，即乙的行为最高法定刑也就是 15 年有期徒刑。试分析以下，如果按照纯度折算，甲的涉案毒品数量为 10 克纯海洛因，而乙则为 32 克纯海洛因，从社会公众的角度看，无疑是乙的行为的社会危害性更大，但是二人可能判处的刑罚却有天壤之别，从罪刑相当的角度看，肯定是不合理的。司法实践也印证了不考虑纯度、仅考虑数量的弊端。

因此，毒品的数量固然对案件的定性具有举足轻重的作用，但毒品的纯度也是对行为人进行正确定罪量刑的重要因素，故"毒品不以纯度折算"应并不排斥进行含量分析。因为"纯度折算"是根据毒品含量计算毒品数量（或重量），含量鉴定是根据毒品含量辨别毒品的质量（或品质），前者解决"量"的问题，后者解决了"质"的问题，二者虽有联系，但目的不同。折算纯度必须先做含量分析，但做含量分析并不一定折算纯度，也不必然导致纯度折算。因此，毒品不以纯度折算和对毒品进行含量鉴定没有矛盾之处，二者可以并行不悖。[1]毒品的数量是决定行为的性质，进而决定量刑的根本依据，而毒品的纯度则在一定程度上反映了行为的社会危害程度，这在行为可能涉及死刑的判决上显得尤为明显。

---

〔1〕 褚建新、包朝胜："涉毒案件毒品定量鉴定是量刑的重要节点"，载《中国司法鉴定》2008 年第 5 期。

三、"掺假"后出卖毒品的数量认定

掺假毒品，是指在真毒品中掺入其他物质，如头疼粉、味精等非毒品物质。对于贩卖毒品的人来讲，将毒品加价贩卖固然是其常用的贩卖方式，但是在毒品中掺入其他物质，以增加毒品数量的，亦很常见。

实践中，有的毒贩为了牟取高额的利润，购入纯度较高的毒品，掺假增大毒品的数量再出售牟利。对于这样的行为，按照刑法典的规定，毒品数量以查证属实的数量计算，不以纯度折算，因此，应以查获的数量计算，而不能以查获前购入的毒品数量来认定。

有论者指出，一定种类的毒品，其中真毒品的含量不同，可能造成的社会危害性大小也不同。如果把不同含量的犯罪毒品总量都作为量刑的数量依据，那就把非毒品按毒品对待了，就会造成罚不当罪。[1]也有学者认为："如果犯罪嫌疑人能够证明其所走私、贩卖、运输的毒品从他人处获得时纯度较高，但是为了降低毒品的纯度而加以稀释或者掺杂使假，导致毒品的纯度下降而数量上升的，则考虑适用原来的毒品数量。"[2]上述观点的依据是最高人民法院1994年的《关于执行〈关于禁毒的决定〉的若干问题的解释》中所规定的"海洛因的含量在25%以上的，可视为《决定》和本解释中所指的海洛因。含量不够25%的，应当折合成含量为25%的海洛因计算数量"。

笔者认为，在特定时期，上述观点具有充分的法律依据，

---

[1] 张华封："如何确定毒品犯罪中量刑的毒品数量标准"，载《人民司法》1991年第12期。

[2] 赵秉志、于志刚：《毒品犯罪》，中国人民公安大学出版社2003年版，第112页。

但是在现行《刑法》完全否定了对毒品进行折算的规定以后，上述观点的正当性根据就消失了。之所以以查证属实的数量作为量刑的重要基点，其原因在于数量越多，扩散就越广，导致吸毒的人就越多，对社会的危害就越大，这与我国刑法在考虑毒品犯罪的犯罪客体时虽然注重其对公众健康的危害，但更看重其对社会管理秩序的保护这个立场是息息相关的，数量大的毒品扩散面肯定更广泛，其对社会管理秩序的威胁也就更大，所以，正如前文所言，毒品的纯度对定罪量刑不起主导作用，我们也不会按照毒品纯度的高低将其折算成特定含量的毒品。因此，在掺杂、掺假中，直接以掺杂、掺假后的毒品数量计算，符合现行的法律规定。

应当注意的是，对于查获的毒品能证明大量掺杂、掺假，经查明毒品含量极低，掺杂、掺假量大的，在处刑时应酌情从轻处理。特别是掺假之后的数量才达到死刑标准的，若无其他情节，原则上不判处死刑立即执行。如果毒品经过大量掺杂、掺假，一般应适当考虑毒品的含量〔1〕。如果经过鉴定，很难检测到毒品成分的，可以考虑对行为人作相应犯罪的未遂处理。

四、毒品含量鉴定在混合型、新类型毒品案件中的应用

随着制毒工艺的不断发展，在司法实践中出现了一些新型毒品，而有些案件中也出现了犯罪人将几种毒品混合在一起出售的现象。对于此类案件，如何确定毒品的数量就成为问题。如果在司法中机械地按照主要的毒品种类来确定数量，可能会带来不公平，那么如何正确计算数量以实现罚当其罪，就成为一个重要问题。

---

〔1〕　周光权：《刑法各论讲义》，清华大学出版社2003年版，第482页。

鉴于以上情况，《大连会议纪要》要求各地法院在刑事审判工作中参照该规定执行，在执行中如果遇到问题，要及时报告最高人民法院。该规定要求："对可能判处被告人死刑的毒品犯罪案件，应当作出毒品含量鉴定；对涉案毒品可能大量掺假或者系成分复杂的新类型毒品的，亦应当作出毒品含量鉴定。"这一规定从司法上对死刑的适用进行了有效的控制。

而对于几种毒品掺杂在一起的涉案毒品的数量确定问题，该规定亦给出了明确的意见："对于含有 2 种以上毒品成分的毒品混合物，应进一步作成分鉴定，确定所含的不同毒品成分及比例。"在混合毒品中，如果存在毒性较大的海洛因、甲基苯丙胺等毒品的，则将其他混杂的毒品忽略不计，而以海洛因、甲基苯丙胺作为毒品名称，并适用《刑法》第 357 条第 2 款确定毒品的数量。若不存在此两类毒品的，则以毒性较大的毒品成分确定种类；无法确定毒性或毒性相当的，则以其中比例较大的毒品成分确定毒品种类，并在量刑时综合考虑其他毒品成分、含量和全案所涉毒品数量。对于刑法、司法解释等已规定了量刑数量标准的毒品，按照刑法、司法解释等规定适用刑罚；对于刑法、司法解释等没有规定量刑数量标准的毒品，有条件折算为海洛因的，参照国家食品药品监督管理局制定的《非法药物折算表》，折算成海洛因的数量后适用刑罚。

在司法实践上，公安部目前只规定了几类常见毒品和海洛因、甲基苯丙胺之间的折算比例，对于毒品目录中的很多毒品，因为其在实践中不常见，故其和海洛因、甲基苯丙胺之间没有明确的折算标准，而我国刑法中目前所确定的定罪量刑标准也是以海洛因、甲基苯丙胺等为基础的，这就造成了司法实践中对不常见毒品进行定罪量刑时的困难。针对这一情况，《大连会议纪要》作出了明确规定："对于国家管制的精神药品和麻醉药品，刑法、司法解释等尚未明确规定量刑数量标准，也不具备折算条件的，应由有关专业部门确定涉案毒品毒效的大小、有毒成分的多少、吸毒者对该毒品的依赖程度，综合考虑其致瘾癖性、戒断性、社会危害性等依法量刑。因条件限制不能确定的，可以参考涉案毒品非法交易的价格因素等，决定对被告人适用的刑罚，但一般不宜判处死刑立即执行。"

REFERENCE ▶

参考文献

一、著作类

1. 高铭暄、马克昌主编：《刑法学》，北京大学出版社、高等教育出版社 2016 年版。

2. 张明楷：《刑法学》，法律出版社 2016 年版。

3. 刘建宏主编：《外国禁毒法律概览》，人民出版社 2015 年版。

4. 刘建宏主编：《中国禁毒法律通览》，人民出版社 2014 年版。

5. 张洪成、黄瑛琦：《毒品犯罪法律适用问题研究》，中国政法大学出版社 2013 年版。

6. 张蕊燕：《民国烟毒秘档》，中国文史出版社 2013 年版。

7. 牛何兰：《中外禁毒史》，云南人民出版社 2012 年版。

8. 林山田：《刑法各论》，北京大学出版社 2012 年版。

9. 何荣功：《毒品犯罪的刑事政策与死刑适用研究》，中国人民公安大学出版社 2012 年版。

10. 覃珠坚、张晓春：《中国禁毒法规介评与适用》，中国人民公安大学出版社 2012 年版。

11. 张明楷：《刑法原理》，商务印书馆 2011 年版。

12. 郑伟：《毒品罪三疏两议》，法律出版社 2011 年版。

13. 张洪成：《毒品犯罪争议问题研究》，法律出版社 2011 年版。

14. ［日］大谷实著，黎宏译：《刑事政策学》，中国人民大学出版社 2009 年版。

15. 金伟峰、崔浩：《禁毒法律制度研究》，浙江大学出版社 2009 年版。

16. 苏智良、刘效红：《全球禁毒的开端：1909 年上海万国禁烟会》，上海三联书店 2009 年版。

17. 杨兴培、李翔：《经济犯罪和经济刑法研究》，北京大学出版社 2009 年版。

18. ［英］理查德·达文波特—海因斯：《搜寻忘却的记忆：全球毒品 500 年》，译林出版社 2008 年版。

19. 罗文波、冯凡英译：《加拿大刑事法典》，北京大学出版社 2008 年版。

20. 张明楷：《外国刑法纲要》，清华大学出版社 2007 年版。

21. 高巍：《贩卖毒品罪研究》，中国人民公安大学出版社 2007 年版。

22. 陈兴良、周光权：《刑法学的现代展开》，中国人民大学出版社 2006 年版。

23. 储槐植：《美国刑法》，北京大学出版社 2006 年版。

24. 陈忠林主编：《违法性认识》，北京大学出版社 2006 年版。

25. ［英］罗吉尔·胡德：《死刑的全球考察》，中国人民公安大学出版社 2005 年版。

26. 高铭暄、马克昌主编：《中国刑法解释》（下），中国社会科学出版社 2005 年版。

27. 陈界融译：《美国联邦证据规则（2004）》，中国人民大学出版社 2005 年版。

28. 白建军：《关系犯罪学》，中国人民大学出版社 2005 年版。

29. 肖怡译：《芬兰刑法典》，北京大学出版社 2005 年版。

30. ［英］罗伊·波特、米库拉什·泰希主编：《历史上的药物与毒品》，商务印书馆 2004 年版。

31. 刘仁文：《刑事政策初步》，中国人民公安大学出版社 2004 年版。

32. 白建军：《罪刑均衡实证研究》，法律出版社 2004 年版。

33. ［美］本杰明·内森·卡多佐：《法律的生长》，贵州人民出版社 2003 年版。

34. ［日］大塚仁著，冯军译：《刑法概说》，中国人民大学出版社 2003 年版。

35. 马克昌：《比较刑法原理（外国刑法学总论）》，武汉大学出版社 2012 年版。

36. 陈兴良：《刑法的启蒙》，法律出版社 2003 年版。

37. 周光权：《刑法各论讲义》，清华大学出版社 2003 年版。

38. 赵秉志、于志刚：《毒品犯罪》，中国人民公安大学出版社 2003 年版。

39. ［德］汉斯·海因里希·耶塞克、托马斯·魏根特著，译：《德国刑法教科书》，中国法制出版社 2001 年版。

40. 郑蜀饶：《毒品犯罪的法律适用》，人民法院出版社 2001 年版。

41. ［德］弗兰茨·冯·李斯特著，徐久生译：《德国刑法教科书》，法律出版社 2000 年版。

42. 何家弘、张卫平主编：《外国证据法选译》（增补），人民法院出版社 2000 年版。

43. 马克昌主编：《刑罚通论》，武汉大学出版社 1999 年版。

44. 刘家琛主编：《新刑法条文释义》，人民法院出版社 1997 年版。

45. 胡康生、李福成：《中华人民共和国刑法释义》，法律出版社 1997 年版。

46. 赵秉志主编：《刑法学》，中国人民公安大学出版社 1997 年版。

47. 杨春洗、刘生荣、王新建：《香港刑法与罪案》，人民法院出版社 1996 年版。

48. 张文峰主编：《当代世界毒品大战》，当代世界出版社 1995 年版。

49. 赵主编：《中国毒品问题研究》，中国大百科全书出版社 1993 年版。

50. 欧阳涛、陈泽宪主编：《毒品犯罪及对策》，群众出版社 1993 年版。

51. 赵廷光主编：《中国刑法原理》，武汉大学出版社 1992 年版。

52. 桑红华：《毒品犯罪》，警官教育出版社 1992 年版。

二、论文类

1. 莫洪宪、薛文超："'厉行禁毒'刑事政策下运输毒品罪的死刑废止"，载《广西大学学报（哲学社会科学版）》2016 年第 2 期。

2. 丁波文："墨西哥禁毒政策及其对中国的启示"，载《中国人民公安大学学报（社会科学版）》2016 年第 6 期。

3. 莫洪宪、任娇娇："毒品犯罪严打整治行动理论反思与对策革新"，载《政法论丛》2015年第5期。

4. 何荣功："我国'重刑治毒'刑事政策之法社会学思考"，载《法商研究》2015年第5期。

5. 何荣功："'毒品犯罪'不应属于刑法中最严重的罪行"，载《辽宁大学学报（哲学社会科学版）》2014年第1期。

6. 毛立新："联合国关于死刑的政策与立场——联合国人权高专办考察报告"，载《河北法学》2014年第4期。

7. 陈兴良："刑法的刑事政策化及其限度"，载《华东政法大学学报》2013年第4期。

8. 赵秉志、阴建峰："论中国毒品犯罪死刑的逐步废止"，载《法学杂志》2013年第5期。

9. 张洪成："中国没收财产制度的困境与出路"，载《大连海事大学学报（社会科学版）》2013年第4期。

10. 王海："对我国未成年人犯罪刑事政策的思考"，载赵秉志主编：《刑法论丛》（2012年第2卷），法律出版社2012年版。

11. 陈伟："单位累犯的内在结构与理论剖析"，载《当代法学》2012年第1期。

12. 赵国玲、刘灿华："毒品犯罪刑事政策实证分析"，载《法学杂志》2011年第5期。

13. 卢建平、刘春花："我国刑事政策的演进及其立法影响"，载《人民检察》2011年第9期。

14. 黄太云："《刑法修正案（八）》解读（一）"，载《人民检察》2011年第6期。

15. 何荣功："毒品犯罪死刑适用的国家考察及其对我国的启示"，载赵秉志主编：《刑法论丛》（2011年第2卷），法律出版社2011年版。

16. 李炜、华肖："论毒品再犯与一般累犯之适用关系"，载《法学》2011年第9期。

17. 张亚飞："二战后美、英、法、日刑事政策对中国的启示"，载《甘肃政法学院学报》2011年第4期。

18. 刘科、任宝强："未成年人毒品犯罪刑法适用若干问题研究"，载《法学杂志》2010 年第 9 期。

19. 严励、卫磊："毒品犯罪刑事政策探析"，载《学术交流》2010 年第 7 期。

20. 袁林、王力理："毒品犯罪死刑配置的理性思考"，载《东岳论丛》2010 年第 2 期。

21. 王宏玉、杨少锋："我国未成年人犯罪刑事政策探析"，载《中国人民公安大学学报（社会科学版）》2010 年第 2 期。

22. 柳忠卫："刑事政策刑法化的一般考察"，载《法学论坛》2010 年第 3 期。

23. 潘娟、邹舟："我国禁毒政策的沿革与发展"，载《上海政法学院学报·法治论丛》2010 年第 3 期。

24. 董晓松、李世清："毒品犯罪重刑化的正当性拷问"，载《云南大学学报（法学版）》2010 年第 5 期。

25. 何荣功、莫洪宪："毒品犯罪死刑裁量指导意见（学术建议稿）"，载《中国刑事法杂志》2009 年第 11 期。

26. 杜文俊、陈洪兵："容留行为的中立性"，载《国家检察官学院学报》2009 年第 6 期。

27. 张洪成、黄瑛琦："包庇毒品犯罪分子罪研究"，载《犯罪研究》2009 年第 2 期。

28. 李晓明："欧美'轻轻重重'刑事政策及其借鉴"，载《法学评论》2009 年第 5 期。

29. 康均心、杜辉："对未成年人犯罪出罪化解释的刑事政策审视"，载《青少年犯罪问题》2008 年第 4 期。

30. 许桂敏："扩张的行为与压缩的解读：毒品犯罪概念辨析"，载《河南省政法管理干部学院学报》2008 年第 5 期。

31. 汪建成、何诗扬："刑事推定若干基本理论之研讨"，载《法学》2008 年第 6 期。

32. 姚建龙："美国少年司法严罚刑事政策的形成、实践与未来"，载《法律科学（西北政法学院学报）》2008 年第 3 期。

33. 梅传强、张异："论毒品犯罪刑罚适用中的宽严相济"，载《重庆工学院学报（社会科学版）》2008 年第 2 期。

34. 褚建新、包朝胜："涉毒案件毒品定量鉴定是量刑的重要节点"，载《中国司法鉴定》2008 年第 5 期。

35. 王牧："犯罪概念：刑法之内与刑法之外"，载《法学研究》2007 年第 2 期。

36. 卢建平："刑事政策与刑法关系的应然追求"，载《法学论坛》2007 年第 3 期。

37. 姜敏："祖国大陆与我国香港地区毒品犯罪比较"，载《西南政法大学学报》2007 年第 2 期。

38. 马骊华："内地与香港毒品犯罪之立法例分析比较"，载《云南大学学报（法学版）》2007 年第 1 期。

39. 于志刚："'应当知道'与'可能知道'的差异与并存"，载《人民检察》2007 年第 21 期。

40. 崔敏："查处毒品犯罪中的疑难问题与解决问题的思路"，载《中国人民公安大学学报（社会科学版）》2004 年第 6 期。

41. 刘志伟："主观明知的内容、程度及证明"，载《人民检察》2007 年第 21 期。

42. 张寒玉："毒品犯罪主观'明知'的认定"，载《人民检察》2007 年第 21 期。

43. 李武清："引入概括性认识的概念"，载《人民检察》2007 年第 21 期。

44. 周光权："应考虑公众的一般认识标准"，载《人民检察》2007 年第 21 期。

45. 王凯石："主观明知推定的基本规则"，载《人民检察》2007 年第 21 期。

46. 梅传强、徐艳："毒品犯罪的刑罚适用问题思考——兼论毒品犯罪限制适用死刑"，载《甘肃政法学院学报》2006 年第 3 期。

47. 陈兴良："宽严相济刑事政策研究"，载《法学杂志》2006 年第 2 期。

48. 裴苍龄："再论推定"，载《法学研究》2006 年第 3 期。

49. 刘仁文："论刑事政策的概念与范围"，载《法学评论》2004 年第

6 期。

50. 周洪波、单民："论刑事政策与刑法"，载《当代法学》2005 年第 6 期。

51. 张永红："刑法的刑事政策化论纲"，载《法律科学（西北政法学院学报）》2004 年第 6 期。

52. 陈荣娇、杨红："浅析贩卖毒品罪的一般认定问题"，载《江西社会科学》2003 年第 11 期。

53. 陈华、顾文："从一起案件谈认定容留类犯罪的问题"，载《上海政法学院学报：法治论丛》2003 年第 5 期。

54. 高琴、赵永红："对毒品犯罪案件量刑情节的分析"，载《西北民族学院学报（哲学社会科学版）》2002 年第 5 期。

55. 李海滢："毒品再犯之我见"，载《当代法学》2002 年第 2 期。

56. 赵秉志、肖中华："论运输毒品罪和非法持有毒品罪之立法旨趣与隐患"，载《法学》2000 年第 2 期。

57. 王勇："营利目的仍是引诱、容留、介绍他人卖淫罪的构成要件"，载《法学杂志》1991 年第 6 期。

58. 张华封："如何确定毒品犯罪中量刑的毒品数量标准"，载《人民司法》1991 年第 12 期。

后 记

　　写作一部毒品犯罪刑事政策方面的专著，是我多年从事毒品犯罪研究的重要计划之一。自从 2005 年硕士研究生毕业以来，围绕毒品犯罪的相关内容，我初步完成了相关学术论文的写作，攻读博士学位期间，我又以毒品犯罪作为自己的学位论文选题，这进一步加深了我与毒品犯罪的情缘。在多年从事毒品犯罪教学、研究的基础上，我先后出版了《毒品犯罪争议问题研究》《毒品犯罪法律适用问题研究》两部专著，对毒品犯罪的基本问题发表了粗浅的看法。2014 年，我又以毒品犯罪刑事政策作为研究选题，进入西南政法大学博士后流动站继续从事毒品犯罪的研究，使我在毒品犯罪研究的道路上又向前迈进了一大步。

　　从近些年我国毒品犯罪的发展趋势看，毒品犯罪愈演愈烈是一个不争的实事，而在治理的具体路径选择上，我国更加重视在立法、司法过程中强化对重刑的运用。事实表明，这一策略在实践中遇到了强力的挑战。如何通过对立法、司法等制度的具体阐释，从更深入的宏观层面对现行毒品犯罪的刑事政策进行反思，并设计既切合我国毒品犯罪形势、又充分尊重刑法基础理论的毒品犯罪刑事政策就显得尤为必要。本书就是在这一动议的基础上，最终付诸实施的。本书从动笔至今，已持续了近两年的时间。在写作过程中，除了查阅大量的文献资料外，还需要时刻关注刑法基础理论、法律实务及相关毒品犯罪政策文件的更新等，因此其中倾注了笔者大量的心血。本书定稿的提交，可以让笔者暂时放松一下紧张的神经，但后续还有更多相关毒品犯罪的课题需要研究。对于在本书写作过程中，没有能够深入研究的问题，仍然需要花费大量的时间与精力去继续探究。

本书的完成，需要感谢的人太多，首先我要感谢安徽财经大学法学院的领导、老师的关心和帮助，自2011年调入安徽财经大学法学院工作以来，各位同事都对我们的工作、生活给予了很多帮助，在本书的写作过程中，也给了我充足的时间，可以全身心地投入专著的写作与校对工作中；其次，我还要感谢西南政法大学博士后流动站各位老师的热情帮助，在合作导师梅传强教授的指导下，我选取了毒品犯罪刑事政策作为自己的博士后研究内容，经过前期的研究，初步形成了这一阶段性成果；最后，尤其要感谢我的爱人黄瑛琦博士的大力支持和帮助，书稿从开始的写作到最终的完成，她都付出了艰辛的劳动，而且她承担了全部的家庭工作，也使得我有充足的时间从事书稿的写作与完善，没有她的全力支持，本书基本上没有完成的可能。对于以上人士，笔者致以最诚挚的祝福和感谢。本书为四川省犯罪防控研究中心立项资助项目，同时，本书的出版受到安徽财经大学法学院大力支持，特此表示感谢。

张洪成

2017年8月于安徽财经大学法学院